Ralf Meyer / Robert Müller

Vorsorgekonzepte verständlich verkaufen

edition winterwork

Bibliografische Informationen der Deutschen Nationalbibliothek:
Die Deutsche Nationalbibliothek verzeichnet diese Publikation in der Deutschen Nationalbibliographie. Detaillierte bibliographische Daten im Internet über http://www.d-nb.de abrufbar.

Nachdruck oder Vervielfältigung nur mit Genehmigung des Verlages gestattet. Verwendung oder Verbreitung durch unautorisierte Dritte in allen gedruckten, audiovisuellen und akustischen Medien ist untersagt. Die Textrechte verbleiben beim Autor, dessen Einverständnis zur Veröffentlichung hier vorliegt. Für Satz- und Druckfehler keine Haftung.

Impressum

Ralf Meyer / Robert Müller
»Vorsorgekonzepte verständlich verkaufen«
www.edition-winterwork.de
© 2012 edition winterwork
Alle Rechte vorbehalten.
Satz: Robert Müller
Umschlag: edition winterwork
Lektorat: Stephan Naguschewski, Werder/Havel
Druck und Bindung: winterwork Borsdorf

ISBN 978-3-86468-192-9

Ralf Meyer / Robert Müller

Vorsorgekonzepte verständlich verkaufen

Ein Leitfaden für Praktiker

Vorwort von Dirk Kreuter

Dirk Kreuter – „Trainer des Jahres 2010" – ist der führende Experte für Neukundengewinnung im deutschsprachigen Raum. Er ist Autor, Co-Autor und Mit-Herausgeber von über 15 Fachbüchern, DVDs, E-Books, Newslettern und Hörbüchern. Als Expertenmitglied im Club 55, Professional Speaker GSA, Lehrbeauftragter der Steinbeis Universität und Gründungsmitglied der SALESMASTERs® steht er im ständigen Austausch mit Vertriebsexperten. Gleichzeitig bleibt sein Praxisbezug durch regelmäßige Coachings im Außen- und Innendienst sowie durch Workshops mit Führungskräften aller Branchen und Unternehmensgrößen immer lebendig.
Kontaktdaten: dirk kreuter – neukunden mit garantie
Massenbergstraße 9-13, D - 44787 Bochum
info@DirkKreuter.de; Tel: 0800/5738837; www.dirkkreuter.de

Verkaufen bedeutet: Menschen (Kunden) motivieren (Kauf-)Entscheidungen zu treffen! Beraten ist Absicht, Verkaufen ist Wirkung! Wir alle werden nicht für die Absicht, sondern für die Wirkung, also die Resultate bezahlt.

Doch noch immer sehen sich die meisten im Vertrieb Tätigen als Berater: Der Kunde wird umfassend informiert und dann mit seiner Kaufentscheidung alleingelassen.

Gerade in der Vorsorgeberatung verbessert der Kunde seine Situation nur, wenn er auch eine Entscheidung trifft. Wichtig ist dabei natürlich, dass die dort hinführende Beratung auch genau seine Ziele, Wünsche und persönliche Situation berücksichtigt.

In diesem Buch geht es um einen Paradigmenwechsel in der Vorsorgeberatung. Die Strategie der Vergangenheit „Produkt sucht Kunde" ist nicht mehr zeitgemäß. Der Kunde erwartet einen Berater, der sich konsequent an seinen Bedürfnissen ausrichtet. Das Motto der Zukunft heißt: „Kunde sucht Produkt".

Den Autoren gelingt es in diesem Buch in hervorragender Weise, pragmatische und leicht verständliche Strategien und Methoden zur Vorsorgeberatung zu vermitteln. Selbst erfahrene Kundenberater können hier noch eine Menge dazulernen. Auch für mich waren viele interessante Ideen dabei.

Sie erhalten ganz konkrete Empfehlungen für Ihren Vertriebsalltag. Die mehr als 20-jährige Erfahrung der Autoren in der Anlage- und Vorsorge- und ganzheitlichen Beratung garantiert Ihnen eine Vielzahl praxisnaher und sofort umsetzbarer Ideen für Ihr Verkaufsgespräch.

Ralf Meyer und Robert Müller knüpfen mit diesem Buch an die Systematik des ersten Buches *Alternative Investments verständlich verkaufen: Ein Leitfaden für Praktiker* an. Dessen hoher Praxisbezug und die gute Umsetzbarkeit werden in den durchwegs positiven Bewertungen bei amazon.de ausdrücklich hervorgehoben.

Wer seine Vorsorgeberatung an den Inhalten dieses Buches ausrichtet, ist auf die Herausforderungen der Zukunft vorbereitet, den Mitbewerbern einen Schritt voraus und wird seinen Erfolg mit Sicherheit steigern.

Ihr

Dirk Kreuter

Inhaltsverzeichnis

Vorwort von Dirk Kreuter 5

1. Einleitung 12
   1.1 „Vorsorgekonzepte" 13
   1.2 „Verständlich Verkaufen" 14
   1.3 Gastbeitrag „Klartext statt Kauderwelsch" von Prof. Dr. Frank Brettschneider 17

2. Leistungen der gesetzlichen Sozialversicherungen als Ansatzpunkte zur Kundenansprache 25
   2.1 Ansatzpunkte aus der gesetzlichen Rentenversicherung 26
   2.2 Ansatzpunkte aus der gesetzlichen Hinterbliebenenabsicherung 31
   2.3 Ansatzpunkte aus der gesetzlichen Erwerbsminderungsrente 33
   2.4 Ansatzpunkte aus der gesetzlichen Pflegeversicherung 37
   2.5 Ansatzpunkte aus der gesetzlichen Unfallversicherung 41

3. Erfolgsfaktoren im Umgang mit Kunden 45
   3.1 Charismatische Persönlichkeit entwickeln 45
   3.2 Den anderen verstehen 52
   3.3 Basis für erfolgreiche Gespräche legen 56

4. Bedürfnisse der Kunden 62
   4.1 Beweggründe des Kunden 62
   4.2 Interesse an einem Vorsorgegespräch wecken 64
   4.3 Durchbrechen Sie den Informationspanzer des Kunden 67

5. Begeistern Sie Ihre Kunden durch eine qualifizierte Kundenanalyse 72
   5.1 Einstieg in das Analysegespräch 73
   5.2 Persönliche Situation 77
   5.3 Vorsorgeziele des Kunden 78
   5.4 Treffen Sie konkrete Vereinbarungen 87
   5.5 Aktuelle finanzielle Situation des Kunden 90
   5.6 Analyse nach Wertpapierhandelsgesetz 102
   5.7 Überleitung zum Präsentationstermin 106

6. Nutzen Sie Ihre wichtigste Ressource optimal 107
   6.1 Individualität des Kunden sinnvoll nutzen 109
   6.2 Erfolgsfaktoren für die Präsentation bei verschiedenen Kundentypen 111

7. Lösungen verständlich präsentieren 113
7.1 Erfolgsfaktoren der verständlichen Präsentation................................ 115
7.1.1 Vorsorgevorschläge nutzenorientiert präsentieren............................. 116
7.1.2 Umgang mit Einwänden des Kunden 118
7.1.3 Wirkungssteigernde Sprachmuster.. 119
7.1.4 Bilder, Metaphern und Geschichten wirkungsvoll einsetzen............ 125
7.1.5 Überzeugen durch Beweise 127
7.1.6 Gastbeitrag „Gütesiegel" vom Institut für Vorsorge und Finanzplanung............ 129
7.1.7 Preise erfolgreich verkaufen.. 132
7.2 Beispielpräsentationen inklusive Einwandbehandlung........................... 137
7.2.1 Beispielpräsentation Berufsunfähigkeitsabsicherung 141
7.2.2 Beispielpräsentation Hinterbliebenenvorsorge 145
7.2.3 Beispielpräsentation Altersvorsorge 149
7.2.4 Beispielpräsentation Pflegeabsicherung.................................... 158
7.2.5 Beispielpräsentation Unfallabsicherung.................................... 163
7.3 Kunden zum Abschluss führen 166
7.4 Zusatzverkauf 168
7.4.1 Unfallversicherung mit Beitragsrückgewähr 168
7.4.2 Zusatzverkauf Sachversicherungscheck 170
7.4.3 Zusatzverkauf Rürup-Rente 171
7.4.4 Zusatzverkauf betriebliche Altersvorsorge 174

8. Umgang mit unentschlossenen Kunden 178

9. Kundenbindung stärken 181

10. Fazit 186

Anhang: Beispiel für einen Beratungsbogen 189

Anhang: Beispiel für einen Selling-Guide zur Vorsorgeberatung.... 197

Praxisbericht von Reiner Zeller 200

Praxisbericht von Peter Kunze 202

Abbildungsverzeichnis 204

Ralf Meyer: Mit System zum Verkaufserfolg - GARANTIERT! 206

Robert Müller: Versicherungsvermittler: Verantwortung oder Umsatz? 210

Wie werde ich erfolgreicher?

> *„Die Schwierigkeit ist nicht neue Ideen zu finden,
> sondern den alten zu entkommen."*
> John Maynard Keynes

Sie sind so erfolgreich in der Beratung, weil Sie Ihre Beratungsgespräche so führen, wie Sie sie führen. Vielleicht ist Ihnen diese Erkenntnis am Anfang zu einfach.

In dieser scheinbar einfachen Erkenntnis liegt jedoch der Schlüssel dazu, erfolgreicher zu werden! Wenn Sie erfolgreicher werden wollen, dann ist es erforderlich, Gespräche künftig anders zu führen als bisher.

Ein kleines Beispiel: Wenn Sie Rot und Gelb im gleichen Verhältnis mischen, dann erhalten Sie Orange. Egal wann und wo Sie Rot und Gelb mischen, Sie erhalten als Ergebnis immer Orange. Möchten Sie eine andere Farbe, dann geht das nur, wenn Sie etwas ändern.

Genau so ist es bei Ihrer Gesprächsführung. Nur wenn Sie etwas ändern, können Sie erfolgreicher werden. Was hält uns aber davon ab, Verhaltensweisen zu ändern? Hier gibt es verschiedene Gründe.

1. Angst vor Verschlechterung

Gerade wenn Sie erfolgreich sind, haben Sie viel zu verlieren, wenn Sie sich auf Neuerungen einlassen. Aber mal Hand aufs Herz: Weshalb sind Sie schon so lange erfolgreich? Wenn Sie darüber nachdenken, dann fällt Ihnen auf, dass Sie in der Vergangenheit schon immer viel Neues ausprobiert haben.

Natürlich gehören Sie zu den Menschen, die Neuem aufgeschlossen gegenüberstehen, sonst würden Sie dieses Buch nicht lesen. Wahrscheinlich ist auch Ihr Motto: „Wer aufhört, besser zu werden, hat aufgehört, gut zu sein."

2. Macht der Gewohnheit

Routinen geben Sicherheit. Sie schaffen Freiräume, weil nicht jede Vorgehensweise neu geplant werden muss. Dadurch sparen Sie Zeit und Energie. Allerdings schaffen Gewohnheiten gerade dann Probleme, wenn sich die Umstände ändern. Vergleichen Sie nur einmal, welche Routine Sie morgens im eigenen Bad haben und wie bewusst Sie im Bad eines Hotels agieren müssen. Da sich in der Vorsorgeberatung der Markt ständig ändert, ist eine regelmäßige Anpassung oder zumindest Überprüfung der eigenen Routine unbedingt erforderlich.

3. Eigene Einstellung

In diesem Buch gibt es viele Beispiele, Ideen und konkrete Tipps zum Thema Vorsorgeberatung. Ob diese Sie jedoch erfolgreicher machen oder nicht, hängt davon ab, wie Sie sich ihnen nähern. Sie können mit der Einstellung „Warum ist das bei mir alles ganz anders?" herangehen. Dann werden Sie viele gute Gründe finden, warum diese Ideen bei Ihnen nicht funktionieren.

Sie können aber auch mit der Einstellung „Wie kann ich diese Ideen in meiner Situation anwenden?" herangehen. Erfolg ist kein Zufall, sondern folgt dem Gesetz von Ursache und Wirkung. Überlegen Sie, wie Sie die Beispielformulierungen und Tipps anwenden können. Wir versprechen Ihnen, dass Sie sehr viele nützliche und leicht umsetzbare Ideen finden werden. Mit deren Umsetzung entscheiden Sie selbst über Ihren Erfolg.

Wir haben nun einige Umstände betrachtet, die uns hindern, unser Verhalten zu ändern. Jetzt stellt sich die Frage, was uns bei der Umsetzung neuer Ideen unterstützt. Amerikanische Pädagogikforschungen haben gezeigt, dass sich Menschen in einer Präsentation von 20 Minuten im Schnitt nur vier Fakten merken können.

Wie viel wir uns merken, ist auch abhängig davon, wie wir die Informationen erhalten.

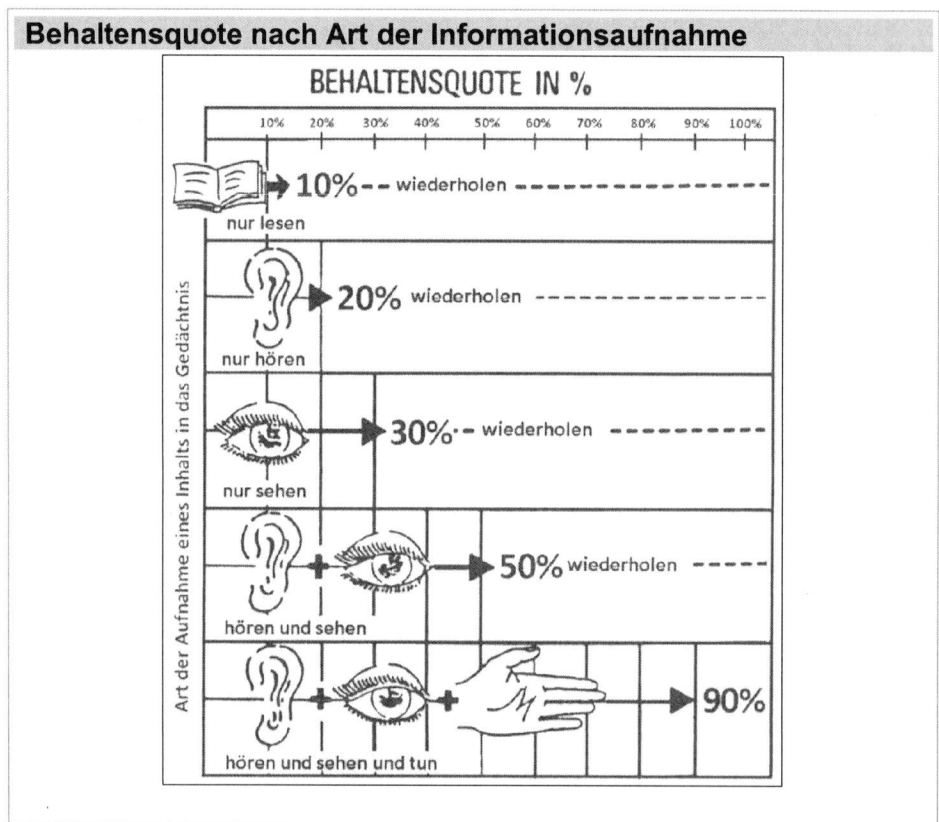

Abbildung 1: Behaltensquoten nach Art der Informationsaufnahme

Je mehr Wahrnehmungskanäle angesprochen werden, umso höher ist der Lerntransfer, also die Behaltensquote beim Menschen. Durch Üben und Wiederholung der Inhalte werden die Behaltensergebnisse verbessert, und somit kann mehr Erlerntes erfolgreich genutzt werden.

Steigern Sie Ihren Nutzen, indem Sie in diesem Buch die wichtigsten Stellen mit einem Textmarker kennzeichnen. So sammeln Sie viele Ideen, wie Sie Vorsorgegespräche künftig verständlicher führen können. Um diese Erkenntnisse erfolgreich anwenden zu können, bearbeiten Sie auch die Aufgaben.

Viel Erfolg bei der Umsetzung und immer gute Geschäfte wünschen Ihnen von ganzem Herzen

Ralf Meyer   und   Robert Müller

1. Einleitung

> *„Verständlichkeit ist der kommunikative Schlüssel, um Menschen zu erreichen. Nur so gibt es eine Chance auf gegenseitiges Verstehen und Vertrauen."*
> Prof. Dr. Gerd Antos

Der Bedarf an Versicherungen und Finanzdienstleistungen ist da. Der Markt existiert. Der Bevölkerung ist bewusst, dass existenzgefährdende Risiken des täglichen Lebens und ein gutes Auskommen im Alter mithilfe von Banken und Versicherungen abgedeckt werden können.

Versicherungen und Finanzdienstleistungen müssen also nur noch verkauft werden. Dennoch ist es eine Herausforderung, im Bereich der Versicherungen und Geldanlagen erfolgreich zu sein.

Den Schlüssel zum nachhaltigen Erfolg nennen die Kunden selbst. In einer repräsentativen Studie, veröffentlicht in *ALLIANZ Bank Money Trends* I/2010, erklären 65 Prozent der Befragten, dass ihnen die Berücksichtigung ihrer finanziellen Gesamtsituation bei der Beratung sehr wichtig ist. Wichtiger sogar als das Vertrauen in den Berater und der gute Ruf des Anbieters.

Wenn es dem Kunden also sehr wichtig ist, dass seine Gesamtsituation in die Empfehlung seines Beraters mit einfließt, dann muss dieser Aspekt in der Beratung berücksichtigt werden. Der Kunde muss sich im Angebot des Beraters mit seinen Wünschen, Zielen und Plänen wiederfinden.

Diese Anforderungen erfüllen Sie mit dem Einsatz eines Vorsorgekonzeptes.

Ein weiterer Schlüssel zum Erfolg ist das Vertrauen des Kunden in den Berater. Jedoch hat das allgemeine Vertrauen in Banken und Versicherungen deutlich gelitten. Die GfK Marktforschung stellt in ihrer Studie zum Vertrauen der Deutschen in Banken und Versicherungen fest, dass sich insgesamt eine deutliche Grundskepsis gegenüber den Finanzinstituten erkennen lässt. Lediglich 17 Prozent der Deutschen haben volles Vertrauen in die Banken, bei den Versicherungen sind es sogar nur 13 Prozent.

Mehr als die Hälfte der Bank- und Versicherungskunden glauben laut dieser Studie, dass ihnen ihr Berater auch Produkte verkauft, die sie nicht benötigen.

„Die Botschaft entsteht beim Empfänger." Es geht nicht darum, wie wir etwas meinen, sondern wie es der andere versteht. Sprachwissenschaftler Prof. Dr. Gerd Antos bringt es mit dem oben genannten Zitat auf den Punkt.

Vertrauen erreichen Sie also durch Verständlichkeit. Verständlichkeit stellen Sie her, indem Sie transparent, nachvollziehbar und mit klarer Sprache vorgehen.

In diesem Buch sagen wir Ihnen nicht nur was oder warum etwas gemacht werden soll, sondern auch ganz konkret wie. Sie finden viele Formulierungen, die Sie im Kundengespräch einsetzen können.

Umfang, Aufbau und Ablauf einer Beratung sind die wichtigsten Einflussgrößen für eine Kaufentscheidung des Kunden, so die Ergebnisse einer Versicherungsstudie aus dem Jahr 2009 der QUALIANCE Unternehmensberatung.

„Die Entscheidung von Kunden zum Abschluss eines Vorsorgeprodukts wird stärker vom Verhalten des Beraters beeinflusst als von den Inhalten der Beratung. So lautet eine wichtige Erkenntnis aus der aktuell zum fünften Mal durchgeführten Studie der Unternehmensberatung Qualiance. [...]

Ein ausreichender Umfang einer Beratung, ein logischer Aufbau und ein zielgerichteter Ablauf, das sind die wichtigsten Einflussgründe auf eine Abschlussentscheidung, so die Ergebnisse der Studie. Darüber hinaus ist es wichtig, dass die Kundenwünsche aufgenommen werden und der Bedarf richtig ermittelt wird.

Die Ergebnisse der Studie zeigen auch in diesem Jahr, dass Banken und Versicherungen auf dem Weg zur optimalen Beratung noch eine Strecke zurückzulegen haben. Zwar sind Verbesserungen erkennbar, aber nur 62% der (Test-)Kunden hätten wirklich einen Vertrag abgeschlossen und nur 69% würden die Beratung weiterempfehlen. Immerhin wurden in 81% der Beratungen alle offenen Fragen beantwortet und 4 von 5 Testern bewerten den Berater als überzeugend. [...]

Fazit aus Sicht von Qualiance: Die Steigerung der Beratungsqualität bleibt ein wichtiges Thema der Vorsorgeanbieter. Dabei ist dem Beratungsablauf genauso viel Bedeutung zu schenken wie den Beratungsinhalten. Nur ein stringenter Ablauf von der Bedarfsermittlung bis zur Abschlussempfehlung sichert die Abschlussbereitschaft beim Kunden. Inhaltlich sind vorhandene Schwankungen bei der Empfehlung von Produkten möglichst zu reduzieren. Die Einführung von Beratungsstandards und deren regelmäßige Überprüfung ist geeignet, die Beratungen zu verbessern und damit die Ausschöpfung beim Kunden zu steigern."

Quelle: QUALIANCE GmbH; Qualität im Kundenkontakt
    Studie zur Beratungsqualität Vorsorgeprodukte 2009

1.1 *„Vorsorgekonzepte"*

Vorsorgekonzepte sind darauf ausgerichtet, die Gesamtsituation des Kunden zu erfahren, zu erfassen und auszuwerten und dem Kunden eine Rund-um-Lösung zu bieten.

Es geht ausdrücklich darum, einen ganzheitlichen Ansatz zu pflegen. Eine optimale Vorsorge muss alle dem Kunden bedeutsamen Aspekte berücksichtigen.

Das Leben der Kunden unterliegt ständigen Veränderungen. Deshalb muss auch die Vorsorgesituation regelmäßig überprüft und gegebenenfalls angepasst werden. Ein gutes Vorsorgekonzept muss diese Dynamik beachten.

Wichtig ist, dass der Leitfaden einen strukturierten Verlauf des Gesprächs gewährleistet. Dies erreichen Sie mit einem Beratungsbogen oder einer Beratungssoftware. Auf diese Weise wird sichergestellt, dass im Gesprächsverlauf keine wichtigen Aspekte vergessen werden.

Mit einem Beratungsbogen auf Papier machen Sie sich unabhängig von unerwartet auftretenden technischen Schwierigkeiten. Die Erfahrung zeigt auch, dass bei der sofortigen Erfassung am Computer während des Kundengesprächs die Aufmerksamkeit des Beraters schnell dem Bildschirm und nicht dem Kunden gilt. Dafür sind die Daten sofort erfasst und auswertbar. Entscheiden Sie selbst, welche Variante für Sie die Bessere ist.

Ein Vorsorgekonzept gliedert sich in mehrere Schritte. Zu Beginn klären Sie mit dem Kunden dessen Erwartungen und besprechen die Vorgehensweise. Daran schließt sich die Informationsgewinnung und -aufnahme an. In der Regel wird der Berater vor einem zweiten Termin die Daten des Kunden auswerten und Empfehlungen ableiten. Bei einem Folgetermin werden dem Kunden die Ergebnisse präsentiert und die Empfehlungen im Idealfall anschließend komplett umgesetzt.

Dreh- und Angelpunkt ist immer der Berater. Es liegt in seinem Geschick, die Beratung so durchzuführen, dass sich der Kunde öffnet und die Informationen gibt, die für die Erstellung eines individuellen Vorsorgekonzepts erforderlich sind. Dazu sind am Anfang des Gesprächs vertrauensbildende Maßnahmen erforderlich.

Im weiteren Gesprächsverlauf werden die Wünsche, Ziele und Pläne des Kunden erfasst. Dazu gehören auch die Fragen nach den vom ihm bereits getroffenen Maßnahmen, um diese Ziele zu erreichen. Die Kundenangaben werden anschließend ausgewertet und Angebote erstellt.

Sie erarbeiten einen Vorschlag, bei dem die Wünsche des Kunden im Rahmen seiner jetzigen finanziellen Möglichkeiten abgedeckt werden. Kann sich der Kunde die Erfüllung aller Wünsche und Ziele im Moment nicht leisten, werden Rahmenbedingungen vereinbart, bei deren Eintritt der nächste Schritt unternommen werden soll. Das kann z.B. das Studienende eines Kindes oder die vollständige Rückzahlung eines Darlehens sein. Dadurch verbessert sich in der Regel der finanzielle Spielraum Ihres Kunden.

In diesem Buch wird auf Lösungen eingegangen, die vor den finanziellen Folgen von Unfall, Krankheit oder Tod schützen bzw. der finanziellen Absicherung im Alter dienen. Dies sind die (Risiko-)Lebens-/Rentenversicherung, die Berufsunfähigkeitsversicherung sowie die Unfall- und Pflegeversicherung.

1.2 „Verständlich Verkaufen"

Was ist der wichtigste Satz im Verkauf? – Der Umsatz. Allerdings: Was hilft es, wenn der Kunde bei Ihnen abschließt, ohne dass er verstanden hat, worum es eigentlich geht?

Reklamationen, Vorwürfe und Kundenabwanderung können die Folge sein. Zusätzlich schreckt die negative Mund-zu-Mund-Propaganda andere potenzielle Kunden davon ab, mit Ihnen Geschäfte zu machen.

Das Meinungsforschungsinstitut IPSOS erstellte im Auftrag der Allianz Deutschland AG eine Studie über die Informationen, die Kunden bei Abschluss einer Versicherung erhalten. Bei insgesamt 1507 befragten Kunden deutscher Versicherungsunternehmen stellte sich klar heraus, dass insbesondere die Verständlichkeit der Formulierungen als verbesserungswürdig angesehen wurde. Den vollständigen Leistungsumfang ihrer Versicherung verstand ein Drittel der Befragten erst nach Rückfrage.

Auch der Ombudsmann für Versicherungen bemerkt in seinem Jahresbericht 2010, dass ein nicht unwesentlicher Teil der Beschwerden darauf zurückgeht, *„dass die Bedingungswerke für Versicherungsnehmer nicht leicht zu durchschauen sind. Die vergleichsweise vielen Risikoein- und -ausschlüsse erschweren das Verständnis."*

Stellen Sie in den Vordergrund Ihrer Beratung, dass der Kunde auch versteht bzw. verstehen kann, was er tut. Für jeden Kunden ist es wichtig, dass er nachvollziehen kann, was seine Unterschrift unter einem Vertrag bedeutet. Damit erreichen Sie eine deutliche Differenzierung zum Wettbewerb. Durch eine konsequente Ausrichtung des Beratungsprozesses auf „Verständlichkeit" schaffen Sie Vertrauen, als die wichtigste Grundlage einer Zusammenarbeit.

Klartextinitiative
Grundsätze für eine bessere Verständlichkeit an Beispielen

- Wir formulieren einfache, kurze und verständliche Sätze.
- Wir schreiben, wie wir sprechen (Alltagssprache) ohne Umgangssprache zu verwenden.
- Wir stellen das wichtigste an den Satzanfang und bilden klare Sätze ohne Verschachtelungen.
- Wir vermeiden Fachausdrücke und Fremdwörter. Wenn Fremdwörter oder Fachausdrücke notwendig sind, werden diese erklärt.
- Wir teilen dem Kunden mit, was durch ihn zu tun ist und nennen ihm alle Optionen, die er hat.
- Wir stellen unsere Kosten für den Kunden klar, nachvollziehbar und transparent dar.
- Wir sagen, was versichert ist und was nicht.

Zusammenarbeit mit der Universität Hohenheim

Abbildung 2: Klartextinitiative der ERGO
Quelle: Präsentation ERGO zum Pressegespräch 1. März 2011 – Torsten Oletzky

Wenn die Finanzdienstleister ihren Beratungsprozess nicht konsequent in Richtung „Verständlichkeit" ausrichten, wird es weitere gesetzliche Regelungen geben. Einige Anbieter in der Branche haben den Trend schon erkannt. „Nicht umsonst werben ING-DiBa und die ERGO-Versicherung mit ihrem Bemühen um Verständlichkeit", so Prof. Dr. Frank Brettschneider, Kommunikationswissenschaftler an der Universität Hohenheim.

Diese Grundsätze zum Thema „Verständlichkeit" sind in der schriftlichen Kommunikation, am Telefon und auch im Beratungsgespräch wichtig. Ziel von „Verständlich Verkaufen" ist, dass der Kunde nach der Präsentation in der Lage ist, die Konsequenzen seiner Entscheidungen zu bewerten, also die Folgen richtig einzuschätzen. Die Bereitschaft Ihres Kunden zu kaufen und sich dem Kauf auch verpflichtet zu fühlen, hängt wesentlich von der Verständlichkeit Ihrer Lösungspräsentation ab.

1.3 Gastbeitrag „Klartext statt Kauderwelsch" von Prof. Dr. Frank Brettschneider

Prof. Dr. Frank Brettschneider ist seit April 2006 Inhaber des Lehrstuhls für Kommunikationswissenschaft an der Universität Hohenheim. Zu seinen Forschungsschwerpunkten zählen das Communication Performance Management, die Medienwirkungsforschung, die Wahl- und Einstellungsforschung sowie das Themenmanagement in Wirtschaft und Politik. Besonderen Wert legt er auf die Verbindung von Theorie und Praxis.
Kontaktdaten:
Prof. Dr. Frank Brettschneider
Universität Hohenheim, Institut für Kommunikationswissenschaft
Fruwirthstraße 46, 70599 Stuttgart
Tel. 0711-459-24030; frank.brettschneider@uni-hohenheim.de
https://komm.uni-hohenheim.de/

Wie man verständlich mit Kunden kommuniziert

Erfolgreiche Kommunikation mit den Kunden setzt Verständlichkeit voraus. Doch die Verständlichkeit vieler Finanzdienstleister lässt zu wünschen übrig. Verständlichkeits-Management und das Einhalten einfacher Regeln können dies ändern.

Verständlichkeit als Voraussetzung für Erfolg

Nur wer verstanden wird, kann andere Menschen überzeugen. Überzeugung tut Not, und nach der Wirtschafts- und Finanzkrise mehr denn je. Banken und auch Versicherungen haben viel Kredit in der Öffentlichkeit verspielt, ihr Ansehen hat gelitten. Umso wichtiger ist es, verloren gegangenes Vertrauen zurückzugewinnen. Dazu braucht es – neben guten Produkten und Dienstleistungen – auch eine gute Kommunikation. Verständlichkeit ist ein wesentliches Merkmal guter Kommunikation.

Verständliche Kommunikation zahlt sich in vielerlei Hinsicht aus – und das bei allen relevanten Zielgruppen. Die Mitarbeiter erwarten beispielsweise Orientierung über den Kurs des Unternehmens. Dazu müssen sie die interne Kommunikation verstehen – die Artikel in der Mitarbeiterzeitschrift oder die Beiträge im Intranet. Verständliche Kommunikation der Führungskräfte kann sie motivieren und in die Lage versetzen, nach außen als Botschafter des Unternehmens aufzutreten. Ist die interne Kommunikation unverständlich, wird sie nicht wahrgenommen. Dann haben etwa die von Mitarbeitern oft als Phrasen empfundenen Visionen und Leitbilder für das eigene Handeln keine Relevanz. Auch im Kundenkontakt treten Mitarbeiter weniger überzeugend auf, wenn sie nicht einmal selbst das Kleingedruckte der vielfältigen Anlagemöglichkeiten verstehen. Nicht selten liefert dies Munition für organisierte Verbraucherschützer und für Journalisten.

Auch die Öffentlichkeit erwartet Informationen und Transparenz. Damit Journalisten diese Informationen vermitteln können, müssen die Pressemitteilungen den Ansprüchen der Journalisten genügen. Pro Tag erhält eine Redaktion 2.000 bis 3.000 Agenturmeldungen und von PR-Abteilungen zugesendete Texte. Ob eine

Meldung überhaupt weiter verfolgt wird, entscheidet sich da oft innerhalb weniger Sekunden: Ist das Thema interessant und relevant? Enthält die Pressemitteilung neben harten Fakten auch eine anschauliche Geschichte? Lässt sich diese visualisieren? Ist die Pressemitteilung verständlich geschrieben? Ist sie es nicht, wird sie in der Regel aussortiert. Damit verschenkt man nicht nur eine Kommunikations-Chance, sondern mitunter leidet darunter auch die Reputation des Unternehmens, sein guter Ruf. Dieser gute Ruf ist der wichtigste „weiche" Vermögenswert.

Gleiches gilt nicht zuletzt für die Kunden: Sie wollen die Produkte verstehen, die ihnen angeboten werden. Sie wollen nicht nur über deren Chancen aufgeklärt werden, sondern auch über deren Risiken. Dabei stellen Kunden wachsende Ansprüche an die Finanzdienstleister und sind selbstbewusster geworden. Verständlichkeit ist in der Kundenkommunikation zu einem wichtigen Wettbewerbsfaktor geworden. Denn bei Unzufriedenheit ist die Alternative für die Kunden oft nur einen Mausklick entfernt. Der Wechsel des Dienstleisters stellt im Online-Zeitalter keine große Hürde mehr dar. Klartext statt Finanz-Kauderwelsch hingegen kann die Kundenzufriedenheit steigern, die Kundenbindung stärken und im Wettbewerb um Neukunden zum Vorteil werden. Durch verständliche Kommunikation kann man sich positiv von den Wettbewerbern abheben. Auch führt sie in den Call-Centern zu sinkenden Kosten – denn wer Produktblätter versteht, braucht seltener nachzufragen. Das verschafft den Mitarbeitern den nötigen zeitlichen Freiraum, um sich intensiv um die Kunden kümmern zu können.

Verständlichkeitshürden in der Finanzkommunikation

Es gibt also viele Gründe für Versicherungen, Banken und Sparkassen, sich verständlich auszudrücken. Doch tun sie es auch? Die häufige Verwendung von Wortungetümen, Fachbegriffen, Anglizismen, Bandwurmsätzen, Schachtelsätzen und Passiv-Formulierungen lassen daran Zweifel aufkommen. Dass diese Zweifel begründet sind, zeigt eine Studie, für die wir die Kommunikation von 39 Geldinstituten unter die Lupe genommen haben. Neben Volks- und Raiffeisenbanken sowie einigen Sparkassen haben wir auch die Deutsche Bank, die Postbank, die ING-DiBa, die HypoVereinsbank, die norisbank und die Targo Bank in die Analyse einbezogen. Zum einen haben wir Texte untersucht, die direkt für die Kunden bestimmt sind – etwa die AGB, die Kontoeröffnungsunterlagen und die Datenschutzerklärungen. Zum anderen haben wir Texte analysiert, die sich an Journalisten richten – vor allem Newsletter und Pressemitteilungen. Die Ergebnisse ähneln denen einer zweiten Studie, in der wir 2011 die Produktinformationsblätter zu 31 Zertifikaten von Finanzdienstleistern untersucht haben. Diese Erkenntnisse decken sich mit Beobachtungen zur Kommunikation von Versicherungsunternehmen.

Das Vorgehen ist einfach: Eine zusammen mit dem H&H CommunicationLab entwickelte Software berechnet Lesbarkeitsformeln und einzelne Textmerkmale, die für die Verständlichkeit von Texten wichtig sind – objektiv und schnell, auch für größere Textmengen. Zu den überprüften Merkmalen gehören zum Beispiel die Länge der Sätze, die Anzahl der Fremdwörter und die Verwendung von Schachtelsätzen. Alle diese Werte gehen dann in den „Hohenheimer Verständlichkeitsindex" ein. Er reicht von 0 bis 20. Dabei steht 0 für einen formal völlig unverständlichen Text, der Wert 20 für einen sehr verständlichen Text. Zum Vergleich: Eine politikwissenschaftliche Dissertation erreicht im Durchschnitt einen

Wert von 4,3. Politik-Artikel in der *Bild* liegen hingegen bei 16,8. Die Wirtschaftsberichterstattung etwa der *Frankfurter Allgemeinen Zeitung* oder der *Süddeutschen Zeitung* ist – je nach Thema – zwischen 11 und 13 angesiedelt.

Im Folgenden werden lediglich die Ergebnisse der ersten Studie dargestellt. Das Ergebnis der Analyse von insgesamt 295 Dokumenten ist ernüchternd. Die durchschnittliche Verständlichkeit der untersuchten Texte liegt bei 9,98. Dabei ist die Bandbreite recht groß. Sie reicht von 7,79 bis 12,86. Den Spitzenwert von 12,86 erreicht die Stadtsparkasse München, die demnach am verständlichsten kommuniziert. Knapp dahinter liegt die Sparkasse Esslingen-Nürtingen mit 12,56 auf dem zweiten Platz, und die Volksbank Stuttgart kommt mit 11,95 auf den dritten Platz. Überhaupt fällt auf, dass die großen Institute im Schnitt schlechter abschneiden als die Sparkassen sowie die Volks- und Raiffeisenbanken. Möglicherweise sind die Sparkassen und die Genossenschaftsbanken hier näher an den Kunden und sprechen auch eher ihre Sprache. Zudem gleichen sie ihre Ressourcenschwäche geschickt durch die Nutzung von Angeboten ihrer Verbände und Dienstleister aus. Ein positives Beispiel sind Muster-AGB, die bei beiden Bankengruppen vergleichsweise gut abschnitten.

Einige Banken und Sparkassen machen ihre Kommunikationsarbeit sehr gut, viele könnten es aber auch noch deutlich besser machen. Dennoch: Kein Kreditinstitut war in allen Bereichen gleich stark. Einige fielen durch gute AGB auf, hatten dann aber schlechte Pressemitteilungen – oder umgekehrt. Daraus lässt sich schließen, dass keines der getesteten Geldhäuser einer durchgängigen „Verständlichkeits-Policy" folgt. Offenbar gibt es zwar eine erste Sensibilität für die Notwendigkeit, verständlich mit den Kunden und der Öffentlichkeit zu kommunizieren. Konsequent in die Unternehmenspolitik integriert ist das Bemühen um Verständlichkeit hingegen noch kaum. Auch die qualitative Bandbreite der Texttypen ist sehr groß. Dabei überrascht es nicht, dass die Pressemitteilungen in der Regel verständlicher sind als die AGB oder die Datenschutzerklärungen.

Noch ein Ergebnis ist bemerkenswert: Bei sämtlichen Banken und Sparkassen finden sich Verstöße gegen grundlegende Verständlichkeitsregeln. Ein Jargon aus Fremdwörtern und Anglizismen macht die Finanzprodukte für viele Kunden unverständlich. Fast 40 Prozent der Bevölkerung stehen Lehnwörtern aus dem Englischen kritisch gegenüber. Außerdem werden Fremdwörter oft nicht verstanden. Aber insgesamt kommen von den 295 untersuchten Dokumenten nur sieben ohne Fremdwörter und 35 ohne Anglizismen aus. Dabei gibt es für Anglizismen oft deutschsprachige Entsprechungen, die leichter verständlich sind. Muss man Personalverantwortliche wirklich als „Human Resource Manager" bezeichnen? Auch Fremdwörter wie „Bonität" oder „Votum" bedürfen für die meisten Leser einer Erklärung. Gleiches gilt für „Zahlungsdiensterahmenvertrag", „Fluktuationsquote", „Schlussüberschussanteil" oder „Risikoinventur". Nicht immer lassen sich solche Begriffe vermeiden. Wenn man sie aber schon verwenden muss, dann sollte man sie erklären. Warum wird von „Bonität" gesprochen, statt von „Zahlungsfähigkeit"? Selbst wenn man „Bonität" verwenden muss, warum schreibt man „Zahlungsfähigkeit" nicht in Klammern dahinter?

Daneben erwiesen sich Bandwurmsätze als Problem. Der längste Satz, den wir gefunden haben, besteht aus 81 Wörtern. Am Ende des Satzes weiß man nicht mehr, wie er angefangen hat – wenn man ihn überhaupt zu Ende liest. Oft gehen die Bandwurmsätze mit Schachtelsätzen einher, die das Verständnis ebenfalls deutlich erschweren. Zudem steht beinahe jeder zehnte Satz bei den untersuchten Geldinstituten im Passiv. Passivsätze können für die Verständlichkeit in bestimmten Kontexten eine Barriere darstellen, da sie verschleiern, wer handelt. Sie wirken unpersönlich und schaffen dadurch eine Distanz zwischen Bank und Kunde. Ein Negativbeispiel aus einer Datenschutzerklärung: „Dabei wird Ihnen von uns jeweils der Zweck angegeben, zu dem die Daten im Falle Ihrer Einwilligung erhoben und verarbeitet werden". Statt dieser umständlichen Formulierung könnte man auch einen einfachen Satz wählen: „Wir erläutern Ihnen jeweils den Zweck, weshalb wir Ihre Daten erheben und verarbeiten."

Vielfältige Gründe für mangelnde Verständlichkeit

Mangelnde Verständlichkeit der Kommunikation von Versicherungen und Banken hat viele Ursachen. Zum einen müssen viele Texte „rechtssicher" sein. In diesem Zusammenhang schreibt der Gesetzgeber oft auch schon bestimmte Formulierungen vor. Der Spielraum für verständliches Formulieren ist dann zwar klein, er kann aber dennoch genutzt werden. Das belegen auch die untersuchten „rechtssicheren" Texte, denn bei ihnen fand sich eine erhebliche Bandbreite der Verständlichkeit. Oder anders formuliert: Man kann auch rechtssichere Texte verfassen, die verständlich sind. Niemand zwingt einen, juristische Sätze als Bandwurm- und Schachtelsätze zu formulieren.

Eine weitere Ursache für mangelnde Verständlichkeit sind die Fachabteilungen im eigenen Haus. Pressemitteilungen werden in den zahlreichen Abstimmungsschleifen zwischen den Fachabteilungen einerseits und der Kommunikationsabteilung andererseits nicht immer verständlicher. Oft ist das Gegenteil der Fall. Das ist ein typisches Problem der Experten-Laien-Kommunikation. Wenn sich Experten austauschen, machen sie das mit Fachausdrücken. Komplexe Sachverhalte legen sie in einer eigenen Sprache dar. Sie vergessen dann häufig in der Kommunikation mit dem Kunden, ihr Fachwissen in Alltagssprache zu übersetzen. Das Problem findet man jedoch nicht nur bei Versicherungen, Banken und Sparkassen. Es lässt sich lösen, indem der Vorstand der Kommunikationsabteilung den Rücken stärkt. In der Kommunikationsabteilung sitzen die Experten für Verständlichkeit. Sie sollten daher auch das Sagen haben, wenn es darum geht, wichtige Informationen aus dem Unternehmen heraus zu seinen Zielgruppen zu transportieren. Die Fachabteilungen sind dann nur Zulieferer. Sie können Themen anregen, sie können den Inhalt fachlich überprüfen – das verständliche Formulieren sollten sie im Interesse des gesamten Hauses jedoch den Kommunikatoren überlassen.

Eine dritte Ursache, die immer wieder festzustellen ist, ist der Zeitdruck. In den Kommunikationsabteilungen vieler Finanzdienstleister herrschen ein enormer Arbeitsdruck und Ressourcenknappheit. Geraten Menschen unter Zeitdruck, nutzen sie die Sprache, die sie gewohnt sind – selbst wenn diese für den Empfänger unverständlich ist. Man hat dann zwar den Brief versendet oder die Pressemitteilung verschickt, die beabsichtigte Wirkung wird sich aber selten einstellen.

Verständlichkeit führt zu Verstehen

Dabei darf man zwei Dinge nicht übersehen. Erstens kann man auch den größten Unsinn formal verständlich ausdrücken. „Die Erde ist eine Scheibe" ist zwar formal verständlich, aber inhaltlich falsch. Die formale Lesbarkeit muss natürlich mit der inhaltlichen Richtigkeit Hand in Hand gehen. Dies ist in Kooperation mit den Fachabteilungen zu gewährleisten. Zweitens ist Verständlichkeit stets das Ergebnis des Zusammenspiels zwischen der eigenen Kommunikation einerseits und den Merkmalen der Kunden andererseits. Ein und derselbe Text wird etwa von Kunden mit unterschiedlicher Bildung und unterschiedlichem Vorwissen auch unterschiedlich verstanden. Zudem spielen das Alter, das Interesse und die eigene Betroffenheit für das Verstehen eines Textes eine wichtige Rolle. Anglizismen beispielsweise werden oft von Jüngeren besser verstanden als von Personen über 65 Jahren. Personen mit einem größeren Vorwissen werden sich mit Texten leichter tun, auch wenn diese Fachbegriffe enthalten. Welche Verständlichkeit man anstrebt, hängt daher ganz wesentlich von den Adressaten der Kommunikation ab.

Nun kann man diese Empfängermerkmale nicht ändern, aber man kann seine eigene Kommunikation an die Erwartungen und Fähigkeiten der Leser anpassen. Wie gut lesbar ein Text ist, hat man selbst in der Hand. Wir prüfen beispielsweise, ob die Inhalte formal guter Texte wirklich besser verstanden werden. Dafür testen wir u.a., ob sich die Leser besser an den Inhalt eines formal verständlichen Textes erinnern. Bringt man einen formal unverständlichen Text in eine verständliche Form, verbessert sich das inhaltliche Erinnern schlagartig um 30 bis 50 Prozent – je nach Güte des Ausgangstextes. Verständlichkeit wird nicht nur von jenen Kunden geschätzt, die über eine unterdurchschnittliche Bildung verfügen. Auch formal hoch gebildete und interessierte Kunden schätzen es, wenn man sich um Verständlichkeit bemüht.

Verständlichkeits-Management

Verständlichkeit sollte man also bewusst planen und steuern. Aber wie sieht ein „Verständlichkeits-Management" aus? Zunächst lassen sich verschiedene Qualitätsstufen des Verständlichkeits-Managements identifizieren. Im Verständlichkeits-Management ist zwar in Ansätzen ein Problembewusstsein bei den Führungskräften und unter den Mitarbeitern vorhanden. Richtlinien für verständliche Kommunikation existieren jedoch kaum – oder sie sind unvollständig und unsystematisch. Verständliche Kommunikation ist dann eher ein Zufallsprodukt, das sich spontan einstellt – oder eben nicht. Im fortgeschrittenen Verständlichkeits-Management hingegen gibt es neben dem Problembewusstsein auch systematische und umfassende Leitlinien für verständliche Kommunikation. Gelegentlich werden Texte auf Verständlichkeit hin optimiert, ein Controlling findet aber nicht statt. Ein Verständlichkeits-Management auf Premium-Niveau setzt hier an: Problembewusstsein und Leitlinien existieren. Ihre Umsetzung ist zudem institutionalisiert, d.h. Verständlichkeit hat im Prozess des Verfassens von Texten einen festen Stellenwert. Auch werden die Mitarbeiter dabei unterstützt, verständlich zu kommunizieren – entweder durch externe Hilfe oder durch Software, die analog zu einem Rechtschreibprogramm auf Verständlichkeitshürden in Texten hinweist. Die Verständlichkeit der eigenen Kommunikation wird gemessen, um Fortschritte erkennen zu können. Auch werden die Wirkungen auf der Seite der Kunden systematisch erfasst. Der Gewinn, den man daraus zieht, ist allemal größer als der damit verbundene Aufwand.

Die meisten Finanzdienstleister sind von dieser Premium-Qualitätsstufe noch weit entfernt. Eine Ausnahme stellt die ERGO-Versicherungsgruppe dar. Sie betreibt mit ihrer „Klartext-Initiative" nicht nur intensives Marketing, sondern nimmt auch das „Klartexten" ernst. Die Verständlichkeitsregeln der ERGO-Versicherungsgruppe sind exzellent. Sie erfüllen die relevanten Merkmale, konzentrieren sich dabei auf zentrale Aspekte und verbinden sie mustergültig. Das allein garantiert aber noch nicht zwingend eine verständliche Kommunikation. Entscheidend ist die praktische Umsetzung durch die Mitarbeiter. Unterstützende Instrumente sind hier ebenso wichtig wie eine systematische Herangehensweise. ERGO steht hier an der Spitze des Verständlichkeits-Managements. Um spürbar verständlicher als die Mitbewerber zu sein, sind eine durchgängige Integration in den Arbeitsalltag und die konsequente Umsetzung in den unterschiedlichsten Prozessen unerlässlich. Das Ziel ist erst erreicht, wenn die Kunden die Informationen nachweislich besser verstehen.

Die ERGO lässt sich hier beim Wort nehmen: Die Verstehensgarantie gilt für jedwede Form der Kommunikation. „Unser Ziel ist es, den Kunden vom „Hä?" zum „Ah!" zu bringen. Und das garantieren wir ihm auch", sagt Joachim Fensch, bei der ERGO zuständig für die Verstehensgarantie. Die Verstehensregeln gelten nicht nur für Standardtexte, sondern sollen auch für individuelle Briefe sowie in den Vertriebsaktivitäten angewendet werden. Zahlreiche Schreiben, die sich an Kunden richten, sowie erste Versicherungsbedingungen wurden bereits deutlich verständlicher formuliert. Bei den Versicherungsbedingungen handelt die ERGO u.a. nach dem Prinzip „weniger ist mehr". So wird der Umfang von Versicherungsbedingungen drastisch gekürzt – von über 30 Seiten auf vier bis sechs Seiten, und dies ohne Leistungseinschränkungen für die Kunden. Die Verständlichkeit der Texte wird systematisch verbessert. Bei der privaten Haftpflichtversicherung für Singles wurde so ein Wert von 10,92 auf dem Hohenheimer Verständlichkeitsindex erreicht – für Versicherungsbedingungen ein sehr guter Wert. Die Initiative kommt nicht nur bei Kunden gut an, sondern auch bei den Vertriebspartnern der ERGO.

Aber auch wenn man die Premium-Qualitätsstufe noch nicht erreicht hat: Schon mit einigen wenigen Schritten wäre der Verständlichkeit bereits gedient. Die Regeln für verständliches Kommunizieren sind ganz einfach. Sie sind kein Geheimnis, sondern finden sich in zahlreichen Ratgebern (u.a. in *Gut und verständlich schreiben in zehn einfachen Schritten* von Ingrid Glomp oder in *Deutsch für Profis* von Wolf Schneider).

Die Regeln für verständliches Formulieren sind in den „Fünf Klartext-Basisregeln" (Abbildung 3) sowie in der „Klartext-Checkliste" (Abbildung 4) festgehalten.

> **Die fünf Klartext-Basisregeln**
>
> Klartext schreiben kann jeder. Nur wie? In der Ratgeber-Literatur finden sich zahlreiche Verständlichkeits-Tipps. Für die „Klartext-Initiative" der Universität Hohenheim haben wir sie zu fünf einfachen Basisregeln zusammengefasst, die sich jeder merken kann:
>
> **Vermeiden Sie unnötig lange Sätze:** Die meisten langen Sätze lassen sich ohne Probleme in zwei oder mehr kurze Sätze zerlegen. Und das, ohne dass dabei Informationen verloren gehen. Im Gegenteil: Wer darauf achtet, dass ein Satz nur ein bis zwei Informationen enthält, erleichtert dem Leser die Informationsaufnahme sehr.
>
> **Vermeiden Sie unnötig schwere Wörter:** Oft verwendet man im Austausch mit anderen Experten komplizierte Wörter. Dabei fällt einem gar nicht mehr auf, dass sie (für Laien) schwirig zu verstehen sind. Das nennt man den „Fluch des Wissens". Mit ein bisschen Übung lässt sich dieser aber überwinden. So wird ein „Überwerfungsbauwerk" dann wieder zur „Brücke". Und der „leverage effect" wieder zur „Hebelwirkung".
>
> **Vermeiden Sie Passiv- und Nominalstil:** Wissenschaftssprache und Amtssprache haben eines gemeinsam: Es wimmelt nur so von Passivsätzen und Nominalisierungen. Das führt dazu, dass ein Text schwerer lesbar wird. Nur selten sind diese Formulierungen zwingend nötig. In der Alltagssprache kommen wir ja auch weitgehend ohne sie aus.
>
> **Vermeiden Sie unnötige Detailinformationen:** Ein guter Klartexter erspart dem Leser unnötige Detailinformationen. Das ist keine Heimlichtuerei, sondern lenkt die Aufmerksamkeit auf die wirklich wichtigen Informationen.
>
> **Führen Sie den Leser durch eine klare Struktur:** Häufig verstecken sich hinter komplizierten Texten relativ einfache Botschaften. Der Grund: Es fehlt eine klare Struktur oder Gliederung. Durch Zwischenüberschriften und Aufzählungen kann auch der eilige Leser schnell erfassen, um was es geht. Das ist bei Texten fürs Internet besonders wichtig.

Abbildung 3: Die fünf Klartext-Basisregeln

Fazit

Verständlichkeit ist für den eigenen Erfolg wichtig. Sie ist kein Luxus, sondern eine Grundvoraussetzung für gelungene Kommunikation. Einige Finanzdienstleister gehen mit gutem Beispiel voran. Bei ihnen fanden wir Dokumenttypen, die verständlich formuliert sind. Aber viele Versicherungen, Banken und Sparkassen verschenken nach wie vor ein großes Potential für eine aktive, transparente und verständliche Kommunikation mit ihren Kunden. Und dies, obwohl Verständlichkeit ein wichtiger Wettbewerbsfaktor ist. Diese Finanzdienstleister sollten die organisatorischen Voraussetzungen für ein Verständlichkeits-Management schaffen.

Wichtiger noch als organisatorische Fragen ist aber die Haltung der Unternehmensspitze. Sie sollte verständliche Kommunikation als wichtige Aufgabe begreifen und das Problembewusstsein fördern. Das fängt im Kleinen an: So gilt es, beim Verfassen von Texten immer an die Adressaten zu denken, also in erster Linie an die Kunden. Man sollte selbstkritisch prüfen, ob ein Text verständlich ist. Die ersten Schritte lauten: Sätze kurz halten, Aktivsätze formulieren, nur gebräuchliche Wörter verwenden und Fachausdrücke erläutern, Phrasen vermeiden sowie eine sinnvolle Gliederung im Auge behalten. Die Kunden werden es einem ebenso danken wie die allgemeine Öffentlichkeit. Denn jeder möchte gerne verstehen.

Die Klartext-Checkliste

- ✓ **Sprechen Sie den Leser persönlich, freundlich und offen an.** Erklären Sie Verwaltungshandlungen, verzichten Sie auf Amts- oder Befehlston.

- ✓ **Meiden Sie das Passiv, wann immer Sie können.** Wenn Sie die Handelnden kennen, machen Sie sie zum Subjekt des Satzes.

- ✓ **Benutzen Sie keine Verneinungen, wenn es ein positives Wort gibt.** Und vermeiden Sie doppelte Verneinungen ganz.

- ✓ **Verwenden Sie möglichst kurze und bekannte Begriffe.** Ersetzen Sie ein Fremd- oder Fachwort wenn möglich durch ein übliches deutsches Wort. Dasselbe gilt für vermeidbare Anglizismen (z.B. Location, Challenge).

- ✓ **Erklären Sie unverzichtbare Fachbegriffe und unbekannte Abkürzungen bei der ersten Verwendung in Klammern oder in einem eigenen Satz.**

- ✓ **Verwenden Sie so wenig Substantive und „schwache" Verben wie möglich.** Schwach sind Verben wie „erfolgen", „durchführen" oder „betreffen". Starke Verben sind aktiv, konkret und aussagekräftig.

- ✓ **Konzentrieren Sie sich auf das Wesentliche.** Streichen Sie unnötige Füllwörter. Verzichten Sie auf unwichtige Detailinformationen.

- ✓ **Stellen Sie eindeutige Bezüge zwischen Wörtern, Satzteilen und Sätzen her.** Verwenden Sie insbesondere eine einheitliche Wortwahl. Verzichten Sie möglichst auf „zerrissene" (zweiteilige) Verben. Prüfen Sie am Ende noch einmal alle Bezüge (v.a. nach Kürzungen oder Änderungen).

- ✓ **Knacken Sie Bandwurmsätze.** Kürzen oder teilen Sie Sätze, die länger als 20 Wörter sind. Zwischen Subjekt und Prädikat (sowie den zwei Teilen eines Prädikats) sollten nicht mehr als sechs Wörter stehen.

- ✓ **Achten Sie auf eine klare Struktur.** Ein gut strukturierter Text besteht aus einem Hauptteil, der einem erkennbaren roten Faden folgt (Zwischenüberschriften, Hervorhebungen). Einstieg und Schluss sind besonders leicht verständlich. Bei Aufzählungen empfehlen sich Listen, in denen Sie die einzelnen Punkte untereinander anordnen.

- ✓ **Stellen Sie Gesetze ans Ende.** Rechtsquellen sollten in Klammern ans Ende eines Satzes gestellt werden, um den Lesefluss nicht zu behindern.

- ✓ **Verzichten Sie auf Beamten- und Kanzleideutsch.** Schreiben Sie „informieren" statt „in Kenntnis setzen", schreiben Sie „trotz" statt „ungeachtet". Verzichten Sie auf bürokratische Abkürzungen wie „a.a.O.", „i.H.v.", „u.A.w.g.", „i.d.F.", „i.V.m." oder „i.S.d.G.".

Abbildung 4: Die Klartext-Checkliste

2. Leistungen der gesetzlichen Sozialversicherungen als Ansatzpunkte zur Kundenansprache

Die deutsche Sozialversicherung als Solidargemeinschaft bietet Schutz bei Krankheit, Arbeitslosigkeit, Arbeitsunfällen, Pflegebedürftigkeit, Todesfall und im Alter. Nacheinander entstanden die gesetzliche Krankenversicherung, die gesetzliche Unfallversicherung, die gesetzliche Rentenversicherung, die Arbeitslosenversicherung und zuletzt die gesetzliche Pflegeversicherung.

Ansatzpunkt: Gesetzliche Sicherungssysteme sichern nur eine Grundversorgung

Die staatliche Vorsorge hat das Ziel, existenzbedrohende Risiken abzusichern und den Betroffenen eine Grundversorgung zu bieten. Der derzeit erreichte Lebensstandard und das für das Alter gewünschte Niveau lassen sich mit den Einnahmen aus den gesetzlichen Versorgungssystemen nicht halten, da diese Leistungen grundsätzlich nur die Lebensgrundlage absichern.

Ansatzpunkt: Demografische Entwicklung verstärkt Druck auf die gesetzliche Sozialversicherung

Langfristige Effekte, wie die ungünstige demografische Entwicklung mit stark rückläufigen Geburten und steigender Lebenserwartung, haben zur Folge, dass die gesetzlichen Sozialversicherungen in eine finanzielle Schieflage geraten. Das Umlageverfahren, bei dem die Beiträge der Versicherten eingesetzt werden, um die anfallenden Ausgaben zu decken, wird in absehbarer Zeit nicht mehr die Kosten für die Leistungsempfänger aufbringen können.

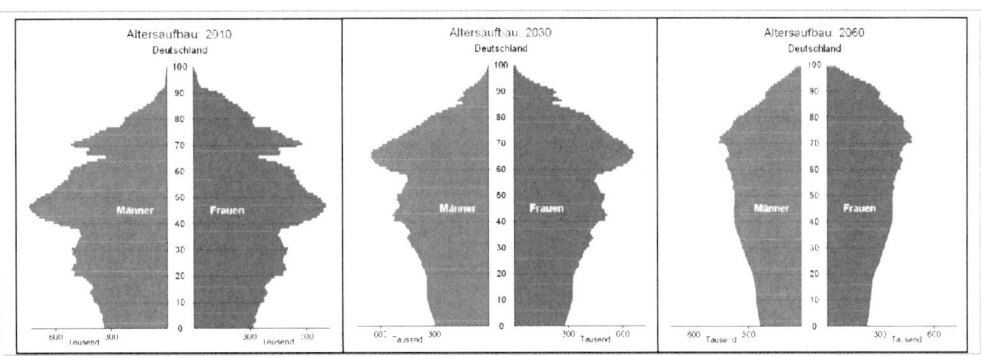

Abbildung 5: Altersstruktur der Bevölkerung im Jahr 2010, 2030 und 2060
Quelle: Statistisches Bundesamt; 12. koordinierte Bevölkerungsvorausberechnung 2009

Abbildung 5 zeigt, dass der Anteil der über 60-Jährigen deutlich ansteigen wird. Gleichzeitig werden die Menschen immer älter. Im Sprachgebrauch ist immer noch von der Alterspyramide die Rede. Dies galt sicherlich für den Bevölkerungsaufbau Anfang des 20. Jahrhunderts. Die Pyramide wurde zunächst zum Baum und gleicht in der Prognose für 2060 und später eher einer Urne.

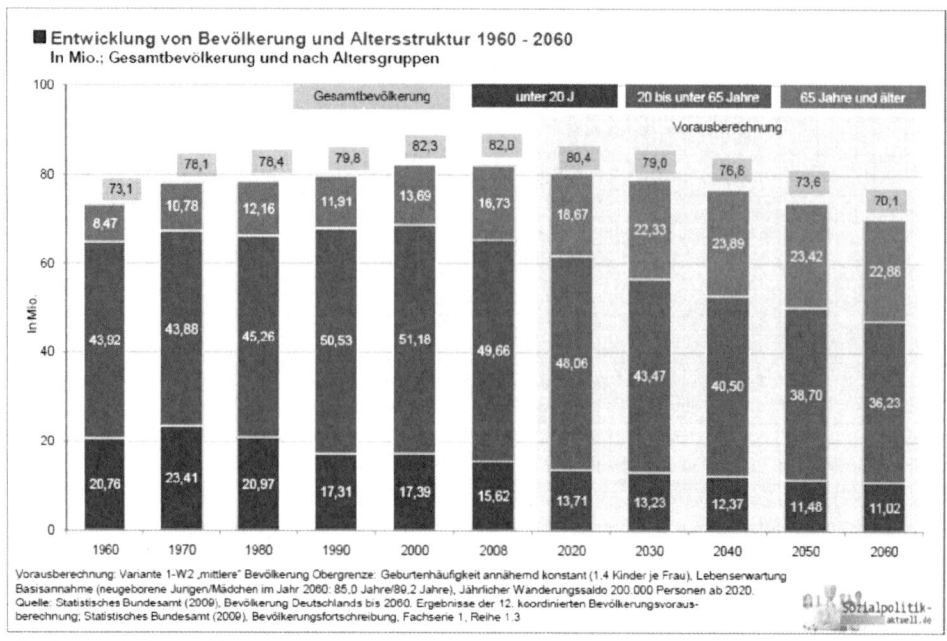

Abbildung 6: Entwicklung von Bevölkerung und Altersstruktur 1960 - 2060
Quelle: Internet-Portal „Sozialpolitik-aktuell"

Der Druck auf die Erwerbsbevölkerung wird sich in den kommenden Jahren also deutlich erhöhen. Nach den Berechnungen des statistischen Bundesamts aus dem Jahr 2010 versorgten 100 Personen im Erwerbsalter 34 ältere Personen. Im Jahr 2030 wird sich diese Zahl auf 52 und im Jahr 2060 sogar auf 65 erhöhen.

Bezieht man Kinder und Jugendliche in diese Berechnungen mit ein, werden im Jahr 2060 100 Erwerbstätige den Lebensunterhalt von 96 weiteren Personen mitverdienen müssen.

Diese Situation bietet Chancen und damit ausreichend Ansatzpunkte für einen guten Berater. Suchen Sie mit Ihren Kunden das Gespräch und decken Sie deren Bedarf ab.

2.1 Ansatzpunkte aus der gesetzlichen Rentenversicherung

„Haben Sie eine Vorstellung, wie hoch Ihre gesetzliche Rente einmal ausfallen wird? Stapeln Sie lieber etwas tiefer. Der durchschnittliche monatliche Rentenzahlbetrag – also das, was Rentner nach Abzug der Beiträge für Kranken- und Pflegeversicherung tatsächlich ausbezahlt bekommen – lag 2008 für Männer bei 1049 und für Frauen bei 528 Euro.
Auf höhere Beträge von 1500 und mehr Euro im Monat kamen in Westdeutschland nur etwa zehn Prozent der Männer, in den neuen Ländern gar nur halb so viele. In Zukunft wird das Niveau noch weiter sinken, denn während der Anteil der Bürger im Rentenalter wächst, schrumpft der der Einzahler in das staatliche Altersvorsorgesystem.

Die gesetzliche Rente wird künftig wohl nur dazu reichen, die notwendigsten Ausgaben im Leben wie Miete und Lebensmittel zu bestreiten. Um den wohlverdienten Ruhestand richtig genießen zu können, ist eine zusätzliche private Vorsorge vonnöten. Doch keine Panik – wer früh startet und stetig anspart, muss dafür keine großen Entbehrungen auf sich nehmen."
Editorial von Frank Pöpsel, Chefredakteur von Focus Money: Vorsorgen statt Panik schieben
Quelle: FOCUS-Money Online vom 08.09.2010

Kein Zweifel, es wird weiterhin eine gesetzliche Rente geben. Es bleibt allerdings die Ungewissheit, in welcher Höhe Zahlungen in Zukunft noch erwartet werden können. Die Einnahmen der Deutschen Rentenversicherung kommen zu rund 23 Prozent, in der Prognose für 2012 sind das 81,6 Milliarden Euro, aus Bundeszuschüssen. Wie lange sich diese Zuschüsse angesichts der steigenden Staatsverschuldung, Eurokrise und anderer drängender gesellschaftlicher Aufgaben noch aufbringen lassen, bleibt fraglich.

Welche Entwicklungen gibt es in der gesetzlichen Rentenversicherung?

Ansatzpunkt: Jede Rentenreform hatte Leistungskürzungen zur Folge

Seit 2001 hatten insgesamt fünf Reformen Leistungskürzungen in der gesetzlichen Rentenversicherung zur Folge. Flankiert wurden diese Gesetzesänderungen von weiteren Maßnahmen, die sich konkret in den Geldbörsen der Rentner und Rentnerinnen auswirkten. So wird die 2007 beschlossene Rente im Alter von 67 Jahren von Experten nur als erster Schritt in diese Richtung gewertet. Ob dies eine Anhebung des Rentenalters auf 70 sein wird oder die Erhöhung der Rentenabschläge bei vorzeitigem Ruhestand, bleibt abzuwarten.

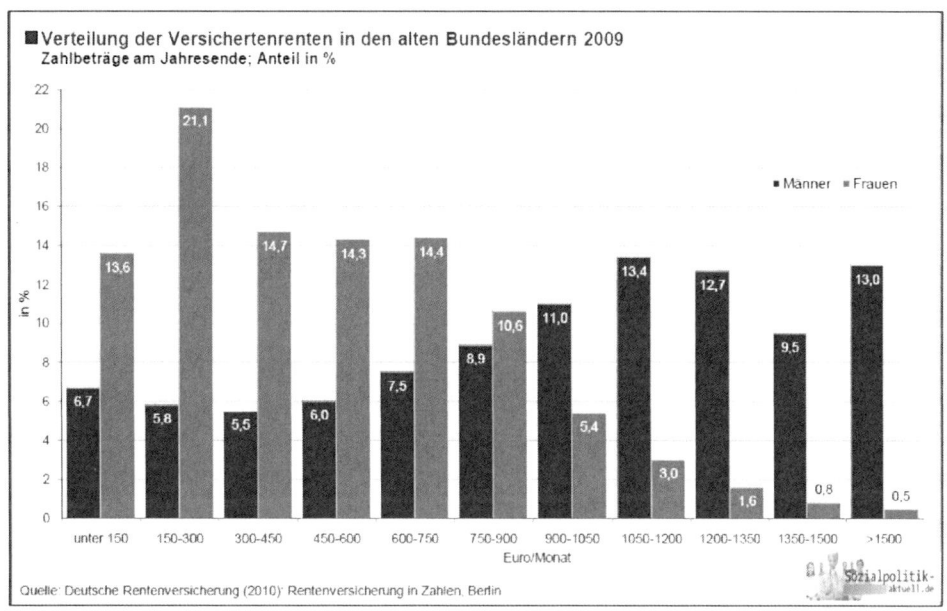

Abbildung 7: Verteilung der Versichertenrenten in den alten Bundesländern 2009
Quelle: Internet-Portal „Sozialpolitik-aktuell"

Ansatzpunkt: Gesetzliche Rentenversicherung bietet nur eine Grundversorgung

Lag das Netto-Rentenniveau vor Steuern im Jahr 2000 noch bei 52,8 Prozent, so betrug es zehn Jahre später nur noch 48,1 Prozent. Es ist also ein Minus von rund 5 Prozentpunkten zu verzeichnen.

Rentenzahlbetrag nach Geschlecht 2007 bis 2010				
Durchschnittlicher Zahlbetrag der Altersrente	2010	2009	2008	2007
männlich	998,93 Euro	1.004,61 Euro	983,92 Euro	980,97 Euro
weiblich	535,30 Euro	533,17 Euro	516,29 Euro	511,13 Euro

Abbildung 8: Rentenzahlbetrag nach Geschlecht 2007
Quelle: Statistisches Bundesamt

Der Rentenversicherungsbericht 2010 rechnet mit einem weiteren Absinken des Rentenniveaus in den kommenden Jahren. Das Rentenniveau soll demnach auf 47 Prozent im Jahr 2020 und auf 46,3 Prozent im Jahr 2023 sinken.

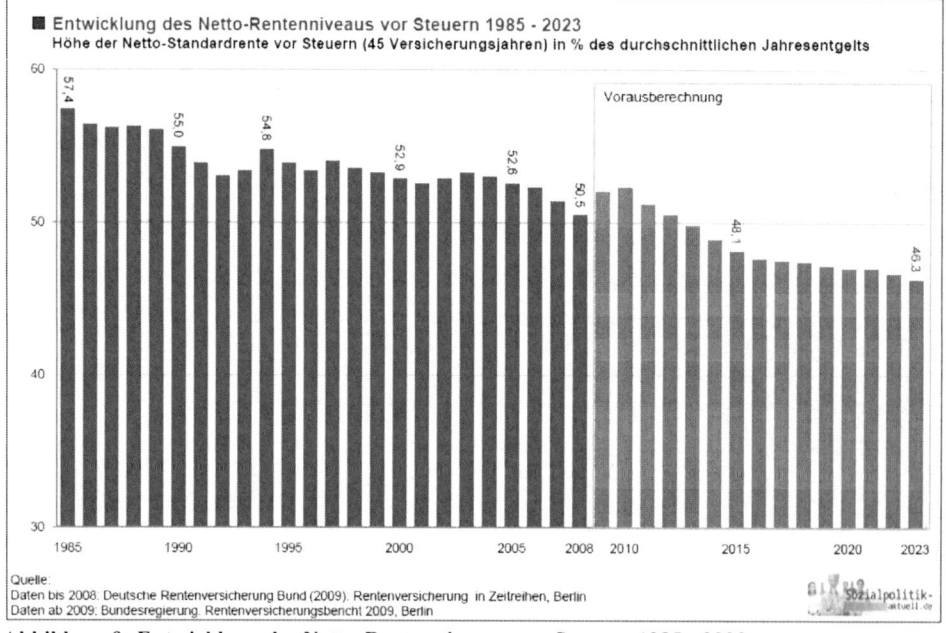

Abbildung 9: Entwicklung des Netto-Rentenniveaus vor Steuern 1985 - 2023
Quelle: Internet-Portal „Sozialpolitik-aktuell"

Ansatzpunkt: Versteuerung der Rente führt zu Einnahmenkürzungen der Rentner

Seit 2005 muss jeder Rentnerjahrgang einen steigenden Anteil seiner gesetzlichen Rente versteuern. Diese sogenannte nachgelagerte Besteuerung führt dazu, dass die Altersbezüge nach und nach steuerpflichtig werden. Bei Einführung im Jahr 2005 waren es 50 Prozent der Rentenzahlung. Dieser Anteil steigt in den nächsten Jahren, bis ab 2040 die volle Rente besteuert wird. Der bei Rentenbeginn ermittelte Teil der Rente, der nicht der Besteuerung unterliegt (im Jahr 2012 bspw. 64 Prozent), wird betragsmäßig festgeschrieben. Dies führt dazu, dass bei jeder Rentenerhöhung der Erhöhungsbetrag voll besteuert wird.

Ansatzpunkt: Die Inflation führt zu realem Kaufkraftverlust der Rentner

Nicht nur die nominale Entwicklung der Renten bietet Anlass zur Sorge. In den vergangenen Jahren waren die Rentenerhöhungen selten ausreichend, um den Kaufkraftverlust durch Inflation auszugleichen. In den Jahren 2001 bis 2010 lagen die Rentenanpassungen fast immer niedriger als der Anstieg der Verbraucherpreise. Von 2004 bis 2006 und auch 2010 gab es sogar Nullrunden.

Rentenerhöhung und Inflation von 2001 bis 2010

Jahr	2001	2002	2003	2004	2005	2006	2007	2008	2009	2010
Inflationsrate	1,8%	1,4%	1,0%	1,6%	1,5%	1,6%	2,3%	2,7%	0,8%	1,1%
Rentenanpassung	1,9%	2,2%	1,0%	0,0%	0,0%	0,0%	0,5%	1,1%	2,5%	0,0%

Abbildung 10: Rentenerhöhung und Inflation von 2001 bis 2010
Quelle: Deutsches Institut für Altersvorsorge 2011

Ansatzpunkt: Alle Bevölkerungsgruppen müssen mit Rentenlücken rechnen

Die Zeitschrift *Finanztest* hat in der Ausgabe 11/2007 sehr detaillierte Berechnungen zur Rentenlücke angestellt. Bei den Berechnungen wurde angenommen, dass der Rentner ein Versorgungsziel von 80 Prozent seines letzten Nettoeinkommens hat.

Berechnung der Rentenlücke

Bruttoverdienst 2007 in Euro	Rentenlücke			
	alleinstehend		verheiratet	
	in Euro	in Prozent	in Euro	in Prozent
Rentenlücke beim Jahrgang 1965				
2.000	494	26,0	763	34,1
2.500	572	25,4	851	31,9
3.500	713	24,9	926	27,3
4.500	903	25,0	1.193	28,1
Rentenlücke beim Jahrgang 1975				
2.000	666	30,2	970	37,4
2.500	782	29,9	1.096	35,4
3.500	993	29,4	1.251	31,8
4.500	1.264	30,2	1.616	32,8

Die Rentenlücke entspricht der Differenz zwischen Rente und 80 Prozent des letzten Nettolohns. Der Arbeitnehmer bekommt nur eine gesetzliche Rente.

Abbildung 11: Berechnung der Rentenlücke
Quelle: Finanztest 11/2007

In die Berechnungen flossen die voraussichtlichen Nettorenten und Bruttolohn- und Bruttorentensteigerungen ein. Bei den Ergebnissen wurde der steuerpflichtige Anteil ebenso berücksichtigt wie die Rente mit 67.
Die Abbildung zeigt, dass die Rentenlücke vor allem vom Alter und dem Familienstand abhängt. Bei jüngeren Menschen ist sie größer als bei älteren, Verheiratete haben weniger zu erwarten als Ledige.

Ansatzpunkt: Rente mit 67 führt zu Rentenkürzungen

Bisher wurde die Regelaltersgrenze mit 65 Jahren erreicht. Die Rente mit 67 Jahren ist mittlerweile beschlossenes Gesetz. Seit 2012 steigt das Rentenalter schrittweise auf 67 Jahre. Alle nach 1947 Geborenen müssen über das 65. Lebensjahr hinaus arbeiten. Die Jahrgänge nach 1964 müssen generell bis zum Alter von 67 Jahren arbeiten, wenn sie keine Rentenkürzungen hinnehmen wollen.

Versicherte nach 45 Jahren Pflichtbeiträgen können unverändert mit 65 Jahren abschlagsfrei in den Ruhestand gehen.

Im Jahr 2010 nahmen mehr als die Hälfte der 856.000 Beschäftigten, die aus Altersgründen oder wegen Erwerbsminderung in Rente gingen, Abschläge wegen vorzeitigen Rentenbeginns in Kauf. Diese knapp 500.000 Frührentner gingen im Durchschnitt mehr als drei Jahre vor ihrem regulären Rentenbeginn in Ruhestand. Dafür akzeptierten sie im Schnitt Kürzungen von ca. 100,- Euro monatlich.

Mit der Anhebung des Rentenalters auf 67 Jahre verstärkt der Gesetzgeber die Entwicklung, Rentner mit Leistungskürzungen aus dem Berufsleben zu entlassen. Es ist damit zu rechnen, dass in den folgenden Jahren die maximale Rentenkürzung von 10,8 Prozent öfter als bisher greift. Die Rente mit 67 bedeutet also eine Rentenkürzung.

Variante 1: Ansprache auf ein Konzept

Berater: „Herr Kunde, wir haben ein Konzept zur Altersvorsorge. Hier besprechen wir mit Ihnen,
1. wie Ihre finanzielle Zukunft aussieht,
2. was Sie im Alter aus der gesetzlichen Altersvorsorge erwarten können,
3. was sie heute noch tun können, um Ihre Altersvorsorge aktiv zu gestalten.
Was halten Sie davon?"

Variante 2: Ansprache auf ein Produkt

Berater: „Mit einer Rentenversicherung unseres Versicherungspartners bieten wir unseren Kunden eine sehr gute Möglichkeit, sich zu attraktiven Bedingungen gegen die Konsequenzen permanenter Rentenkürzungen abzusichern. Wann nehmen Sie sich die Zeit, sich mit mir über dieses wichtige Thema zu unterhalten?"

Variante 3: Ansprache auf ein Problem, das viele haben

Berater: „Viele meiner Kunden machen sich Sorgen um ihre finanzielle Zukunft, insbesondere im Alter. Welches Vertrauen haben Sie denn in die gesetzliche Rentenversicherung?"

2.2 Ansatzpunkte aus der gesetzlichen Hinterbliebenenabsicherung

Die Versorgung des Ehepartners bzw. des Partners aus einer eingetragenen Lebenspartnerschaft wird von der gesetzlichen Rentenversicherung übernommen. Genauso wie die Versorgung der Kinder nach dem Tod der Eltern. Leistungen sind die Witwen- bzw. Witwerrente und die Waisenrente.

Die folgenden Aussagen zur Witwenrente gelten entsprechend für die Witwerrente.

Im Jahr 2010 verstarben ca. 140.000 Bundesbürger zwischen 25 und 65 Jahren, in einem Alter also, in dem viele der Verstorbenen Familien oder Ehepartner zurücklassen.

Hat der verstorbene Ehepartner die Wartezeit von mindestens fünf Jahren erfüllt oder bereits eine Rente bezogen, besteht für den überlebenden Ehepartner Anspruch auf Witwenrente.

Die Voraussetzungen für die große Witwenrente sind dann erfüllt, wenn der überlebende Ehepartner
- das 45. Lebensjahr vollendet hat (ab dem 31.12.2011 erhöht sich die Altersgrenze schrittweise auf 47 Jahre) oder
- ein waisenrentenberechtigtes Kind erzieht, welches das 18. Lebensjahr noch nicht vollendet hat, oder
- für ein behindertes Kind sorgt oder
- selbst vermindert erwerbsfähig ist.

Ansatzpunkt: Gesetzliche Witwenrente sichert nicht den erreichten Lebensstandard

Die Rentenzahlung beträgt aktuell 55 Prozent der Rente, die der verstorbene Ehepartner bezogen hätte oder die er bereits bezogen hat. Ist der Ehepartner vor dem vollendeten 63. Lebensjahr gestorben, wird die große Witwenrente um einen Abschlag gemindert. Die große Witwenrente wird zeitlich unbegrenzt gezahlt.

Sind die Voraussetzungen für die große Witwenrente nicht erfüllt, so kommt die kleine Witwenrente in Betracht. Diese beträgt 25 Prozent der Rente, auf die der Ehepartner zum Zeitpunkt seines Todes Anspruch gehabt hätte oder bereits bezogen hat. Die kleine Witwenrente wird längstens für 24 Monate gezahlt.

Bei Versicherungsfällen seit dem 31.12.1985 wird auf die Witwenrente ein eigenes Einkommen oder eine eigene Rente angerechnet, wenn der Freibetrag überschritten wird.

Heiratet die Witwe erneut oder geht eine eingetragene Lebenspartnerschaft ein, enden sowohl die kleine als auch die große Witwenrente.

Ansatzpunkt: Gesetzliche Waisenrente sichert nicht den erreichten Lebensstandard

Versterben Vater, Mutter oder beide Eltern, erhalten Kinder und Jugendliche eine Waisenrente, wenn der/die Verstorbene die allgemeine Wartezeit von fünf Jahren erfüllt hat oder bei Tod bereits Rente bezog. Eine Waisenrente erhalten leibliche und adoptierte Kinder, Stief- und Pflegekinder und auch Enkel und Geschwister, die im Haushalt des Verstorbenen lebten.

Anspruch auf Waisenrente besteht bis zum 18. Geburtstag des Kindes. Falls sich die Waise noch in Schul- oder Berufsausbildung befindet, verlängert sich die Leistung bis maximal zur Vollendung des 27. Lebensjahres.

Die Halbwaisenrente beträgt zehn Prozent, die Vollwaisenrente 20 Prozent der Versichertenrente, auf die der Verstorbene Anspruch gehabt hätte oder die er bereits bezogen hat. Zur Waisenrente wird zusätzlich ein Zuschlag gezahlt, der sich nach den zurückgelegten rentenrechtlichen Zeiten des verstorbenen Elternteils bzw. der Eltern richtet.

Durchschnittliche Witwen- und Waisenrenten 2007 bis 2010				
Durchschnittlicher Zahlbetrag der ...	2010	2009	2008	2007
... Witwenrente	567,44 Euro	568,57 Euro	554,84 Euro	551,42 Euro
... Witwerrente	252,70 Euro	251,88 Euro	244,03 Euro	241,52 Euro
... Waisenrente	158,64 Euro	160,08 Euro	157,34 Euro	157,61 Euro

Abbildung 12: Durchschnittliche Witwen- und Waisenrenten 2007 bis 2010
Quelle: Statistisches Bundesamt

Ansatzpunkt: Leistungen für Witwen und Waisen nach Arbeitsunfall oder Berufskrankheit aus der gesetzlichen Unfallversicherung sichern nicht den erreichten Lebensstandard

Verstirbt die versicherte Person infolge eines Arbeitsunfalls oder einer Berufskrankheit, wird dem Ehegatten bzw. Partner einer eingetragenen Lebenspartnerschaft und den Kindern eine Hinterbliebenenrente aus der gesetzlichen Unfallversicherung gezahlt.

Die kleine Witwenrente beträgt 30 Prozent des Jahresarbeitsverdienstes des Verstorbenen und wird längstens für 24 Monate gezahlt. Die große Witwenrente wird ohne zeitliche Begrenzung bezahlt, wenn die Berechtigten das 47. Lebensjahr vollendet haben oder andere definierte Kriterien erfüllt sind. Diese fließt so lange, wie die besonderen Voraussetzungen vorliegen. Übersteigt das eigene Einkommen vorgesehene Freibeträge, wird dieses anteilig auf die Rente angerechnet.

Leibliche Kinder, Stief- und Pflegekinder von Verstorbenen haben einen eigenständigen Anspruch auf Waisenrente. Die Waisenrente beträgt bei Halbwaisen jährlich 20 Prozent, bei Vollwaisen 30 Prozent des Jahresarbeitsverdienstes des

Verstorbenen. Haben Waisen eigenes Einkommen, wird dieses auf die Rente angerechnet.

Variante 1: Ansprache auf ein Konzept

Berater: *„Herr Kunde, wir haben ein Konzept zur Absicherung Ihrer Hinterbliebenen im Falle Ihres Todes. Im Rahmen dieses Konzepts besprechen wir mit Ihnen,*
1. welche finanziellen Konsequenzen der Todesfall für Ihre Hinterbliebenen hat,
2. was der Todesfall für Ihren Partner/Ihre Partnerin und Ihre Kinder bedeuten kann,
3. wie sie Ihre Familie vor den finanziellen Folgen im Falle Ihres Todes schützen können.
Wie denken Sie darüber?"

Variante 2: Ansprache auf ein Produkt

Berater: *„Mit der finanziellen Absicherung im Todesfall bieten wir unseren Kunden eine sehr gute Möglichkeit, die Familie zu attraktiven Bedingungen gegen die schwerwiegenden finanziellen Folgen im Falle ihres Todes abzusichern. Wann nehmen Sie sich die Zeit, sich mit mir über dieses wichtige Thema zu unterhalten?"*

Variante 3: Ansprache auf ein Problem, das viele haben

Berater: *„Viele meiner Kunden bewegt die Frage, welche finanziellen Folgen ihr Tod für ihre Familie auslösen könnte. Welche Überlegungen haben Sie denn bereits zu diesem Thema angestellt?"*

2.3 Ansatzpunkte aus der gesetzlichen Erwerbsminderungsrente

Eine weitere Leistung der gesetzlichen Sozialversicherung ist der Schutz der Versicherten vor den Folgen teilweiser oder voller Erwerbsminderung. Diese Rente können Versicherte erhalten, bis sie die Regelaltersgrenze erreichen. An eine Zusage sind versicherungsrechtliche und medizinische Voraussetzungen geknüpft.

Eine Erwerbminderungsrente erhält, wer mindestens fünf Jahre rentenversichert war. Weiterhin müssen in den letzten fünf Jahren vor Eintritt der Erwerbsminderung drei Jahre mit Pflichtbeiträgen für eine versicherte Beschäftigung oder Tätigkeit belegt sein.

Ansatzpunkt: Erwerbsminderungsrente stellt auf die Arbeitsfähigkeit ab

Der Anspruch und die Höhe einer Erwerbsminderungsrente hängen ausschließlich von der Arbeitsfähigkeit des Betroffenen ab.

Erwerbsminderungsrenten im Überblick (für nach dem 01.01.1961 geborene Versicherte)	
Arbeitsfähigkeit täglich	Erwerbsminderungsrente
unter 3 Stunden	volle Erwerbsminderungsrente
3 bis 6 Stunden	halbe Erwerbsminderungsrente. Steht kein Teilzeit-Arbeitsplatz zur Verfügung, wird die volle Erwerbsminderungsrente gezahlt.
6 Stunden und mehr	keine Erwerbsminderungsrente
Erwerbsminderungsrenten werden grundsätzlich nur befristet bewilligt.	

Abbildung 13: Erwerbsminderungsrenten im Überblick
Quelle: Deutsche Rentenversicherung

Danach erhalten Betroffene die volle Erwerbsminderungsrente, wenn sie weniger als drei Stunden täglich irgendeiner Berufstätigkeit nachgehen können. Die halbe Erwerbsminderungsrente erhält derjenige, der zwischen drei und sechs Stunden täglich arbeiten kann. Wer mehr als sechs Stunden pro Tag erwerbstätig sein kann, erhält keinerlei Rentenzahlung. Empfänger einer halben Erwerbsminderungsrente, die arbeitslos sind, weil kein Teilzeit-Arbeitsplatz zur Verfügung steht, erhalten unter Umständen die volle Erwerbsminderungsrente.

Ansatzpunkt: Erwerbsminderungsrente verweist auf irgendeine Tätigkeit am Arbeitsmarkt

Es zählt nicht die zuletzt ausgeübte Tätigkeit, sondern ausschließlich wie lange noch gearbeitet werden kann. Es ist nur entscheidend, ob der Betroffene dem allgemeinen Arbeitsmarkt zur Verfügung stehen könnte und wie viele Stunden pro Tag. Das bedeutet die Möglichkeit der Verweisung auf alle am Arbeitsmarkt angebotenen Tätigkeiten, unabhängig von der Qualifikation, dem sogenannten Verweisungsberuf.

Ansatzpunkt: Gesetzesänderungen verschlechtern die Versorgungssituation

Wer vor dem 02.01.1961 geboren wurde, hat Anspruch auf gesetzliche Erwerbsminderungsrente mit Berufsschutz. Er erhält die volle Erwerbsminderungsrente, wenn er weniger als drei Stunden in einem zumutbaren Verweisungsberuf arbeiten kann. Bei täglicher Erwerbsfähigkeit in einem zumutbaren Verweisungsberuf zwischen drei und sechs Stunden besteht Anspruch auf die halbe Erwerbsminderungsrente. Ist die Person für mindestens sechs Stunden täglich am allgemeinen Arbeitsmarkt erwerbsfähig, erhält sie dann die halbe Erwerbsminderungsrente, wenn sie im zumutbaren Verweisungsberuf nur noch unter sechs Stunden belastet werden kann.

Übt die Person eine andere Tätigkeit aus, die ihrer Ausbildung, Erfahrung und bisherigen Lebensstellung entspricht, liegt keine Berufsunfähigkeit vor. Ein zumutbarer Verweisungsberuf liegt auch dann vor, wenn die Tätigkeit eine soziale Stufe niedriger liegt als der bisherige Beruf. Einem Facharbeiter ist also z.B. eine Tätigkeit als Anlernarbeiter zumutbar.

Während die gesetzliche Erwerbsminderungsrente ausschließlich von der Arbeitsfähigkeit des Betroffenen abhängt, zielt die Erwerbsminderungsrente mit Berufsschutz auf den zuletzt ausgeübten Beruf ab.

Die seit dem 01.01.2001 geltenden Maßnahmen scheinen zu greifen. Abbildung 14 zeigt, dass die in 2010 erstmals zugesagten Erwerbsminderungsrenten gut 100 Euro niedriger liegen, als die bisher im Durchschnitt gezahlten monatlichen Erwerbsminderungsrenten.

Durchschnittlicher Rentenzahlbetrag wegen verminderter Erwerbsfähigkeit 2010

	Rentenzugang 2010	Rentenbestand am 31.12.2010
männlich	639 Euro	744 Euro
weiblich	562 Euro	683 Euro
gesamt	600 Euro	695 Euro

Abbildung 14: Durchschnittlicher Rentenzahlbetrag wegen verminderter Erwerbsfähigkeit
Quelle: Deutsche Rentenversicherung

Ansatzpunkt: Erwerbsminderungsrente sichert nicht den erreichten Lebensstandard

Die Leistungen aus der gesetzlichen Erwerbsminderung werden dem gewohnten Lebensstandard des Versicherten nicht gerecht. Die folgende Abbildung zeigt dies deutlich.

Beispiel monatlicher Ansprüche aus gesetzlicher Erwerbsminderungsrente*

Bruttoeinkommen**	Nettoeinkommen	Halbe Erwerbs-minderungsrente	Volle Erwerbs-minderungs-rente
1.500 Euro	1.190 Euro	273 Euro	546 Euro
2.000 Euro	1.550 Euro	342 Euro	684 Euro
2.500 Euro	1.850 Euro	417 Euro	834 Euro
3.000 Euro	2.120 Euro	480 Euro	960 Euro

* Berechnungen für einen 30-jährigen Mann laut Schätzformel des Bundesfinanzministeriums
   Annahmen: Lohnsteuerklasse III, inklusive Solidaritätszuschlag
** jeweils Bruttobeträge vor Steuern und Krankenversicherung

Abbildung 15: Beispiel monatlicher Ansprüche aus gesetzlicher Erwerbsminderungsrente
Quelle: www.vorsorge-know-how.de

Bei Erwerbsminderung vor dem 60. Lebensjahr wird eine Zurechnungszeit bis zum 60. Lebensjahr gewährt. Bei Erwerbsminderung vor dem 63. Lebensjahr wird die Rente um einen Rentenabschlag gekürzt. Er beträgt für jeden Monat des früheren Rentenbezugs 0,3 Prozent, maximal 10,8 Prozent. Das Alter für die Berechnung von Abschlägen bei Erwerbsfähigkeit wird ab dem Jahr 2012 stufenweise auf das 65. Lebensjahr angehoben.

Ansatzpunkt: Die Erwerbsminderungsrente unterliegt der Besteuerung

Leistungen aus der gesetzlichen Erwerbsminderung unterliegen der Besteuerung. Die Höhe des steuerpflichtigen Anteils der Erwerbsminderungsrente hängt vom Kalenderjahr ab, in dem die Rente erstmals gezahlt wird. Es erfolgt ein Steuerabzug, wenn die Summe aus der Rente und den weiteren Einkünften den steuerlichen Grundfreibetrag überschreitet.

Ansatzpunkt: Erwerbsminderung betrifft alle Altersgruppen

Bezieher von Erwerbsminderungsrenten nach Altersklassen 2010						
Altersgruppe	0 bis unter 30	30 bis unter 40	40 bis unter 50	50 bis unter 60	60 bis unter 65	gesamt
Anzahl	12.889	77.644	347.074	775.005	376.717	1.589.329

Abbildung 16: Erwerbsminderungsrente nach Altersklassen 2010
Quelle: Statistisches Bundesamt

Die große Anzahl an gezahlten Erwerbsminderungsrenten zeigt, dass Erwerbsminderung keine Randerscheinung ist, sondern Bestandteil unserer Gesellschaft. Bereits jeder fünfte Mann, dem 2009 eine Rente bewilligt wurde, bekam eine vorzeitige Rente wegen Erwerbsminderung.

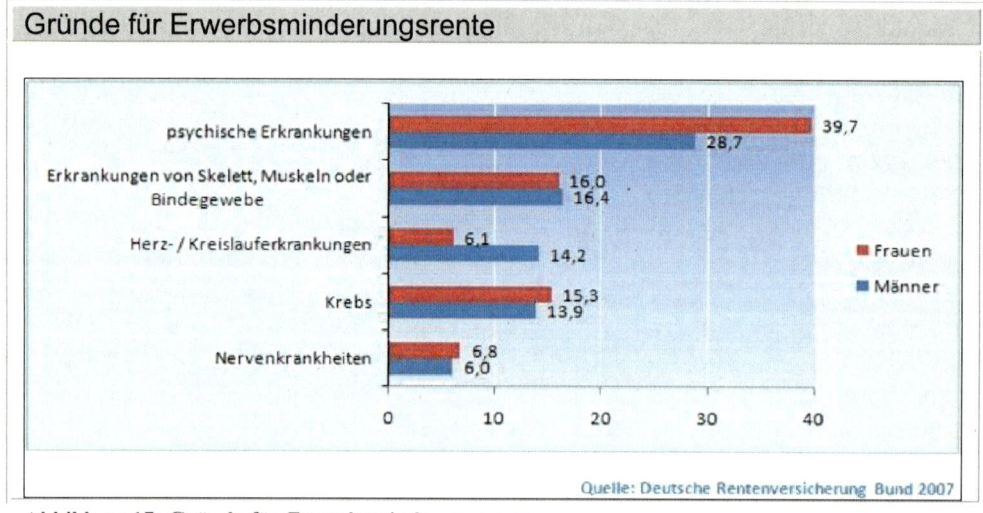

Abbildung 17: Gründe für Erwerbsminderungsrenten
Quelle: Deutsche Rentenversicherung

Die häufigste Ursache für den Verlust der Fähigkeit einer beruflichen Tätigkeit voll oder teilweise nachzugehen, sind Erkrankungen. An erster Stelle stehen heute psychische Erkrankungen, die eine Erwerbsminderungsrente verursachen. Das gilt gleichermaßen für Frauen und Männer. Es folgen Erkrankungen des Bewegungsapparates, der Muskeln und des Bindegewebes, Herz- und Kreislauferkrankungen, Krebs und neurologischen Krankheiten.

Variante 1: Ansprache auf ein Konzept

Berater: *„Herr Kunde, wir haben ein Konzept, bei dem es um Ihre finanzielle Absicherung geht, falls Sie Ihren Beruf wegen eines Unfalls oder einer Krankheit nicht mehr ausüben können. Im Rahmen dieses Konzeptes besprechen wir mit Ihnen,*
1. welche finanziellen Konsequenzen diese Situation für Sie hat,
2. welche Leistungen Sie aus der Sozialversicherung erwarten können,
3. was Sie tun können, um Ihre Vorsorge bei Berufsunfähigkeit aktiv zu gestalten.
Was halten Sie davon?"

Variante 2: Ansprache auf ein Produkt

Berater: *„Mit einer Berufsunfähigkeitsversicherung unseres Versicherungspartners bieten wir unseren Kunden eine sehr gute Möglichkeit, sich zu attraktiven Bedingungen bei Ausfall der eigenen Arbeitskraft abzusichern. Wann nehmen Sie sich die Zeit, sich mit mir über dieses wichtige Thema zu unterhalten?"*

Variante 3: Ansprache auf ein Problem, das viele haben

Berater: *„Viele meiner Kunden machen sich Sorgen um ihre finanzielle Zukunft, falls sie ihren Beruf wegen eines Unfalls oder einer Krankheit nicht mehr ausüben können. Welche Überlegungen haben Sie denn bereits zu diesem Thema angestellt?"*

2.4 Ansatzpunkte aus der gesetzlichen Pflegeversicherung

Die umlagefinanzierte gesetzliche Pflegeversicherung ist die jüngste Sozialversicherung und wurde erst 1995 eingeführt.

Ansatzpunkt: Auch privat Versicherte haben einen zusätzlichen Vorsorgebedarf

Sowohl gesetzlich als auch privat krankenversicherte Personen sind obligatorisch über ihre Krankenkasse bzw. -versicherung pflegeversichert. Die Leistungen beider Teilsysteme sind identisch.

Ansatzpunkt: Älter werdende Bevölkerung schafft Pflegebedarf

In den kommenden Jahren wird sich die Zahl der pflegebedürftigen Personen aufgrund der Alterung der Bevölkerung nahezu verdoppeln. Zugleich wird der Anteil der erwerbsfähigen Personen deutlich sinken.

Die Nachfrage nach Pflegeleistung wird durch verschiedene Rahmenbedingungen beeinflusst:
- abnehmende Kinderzahlen,
- Anstieg der Ein-Personen-Haushalte,
- stärker gleichberechtigte Erwerbsbeteiligung von Männern und Frauen und
- wachsende Anzahl kinderloser und allein lebender älterer Menschen in Privathaushalten.

Anteil erstmalig pflegebedürftiger Personen nach Altersgruppen

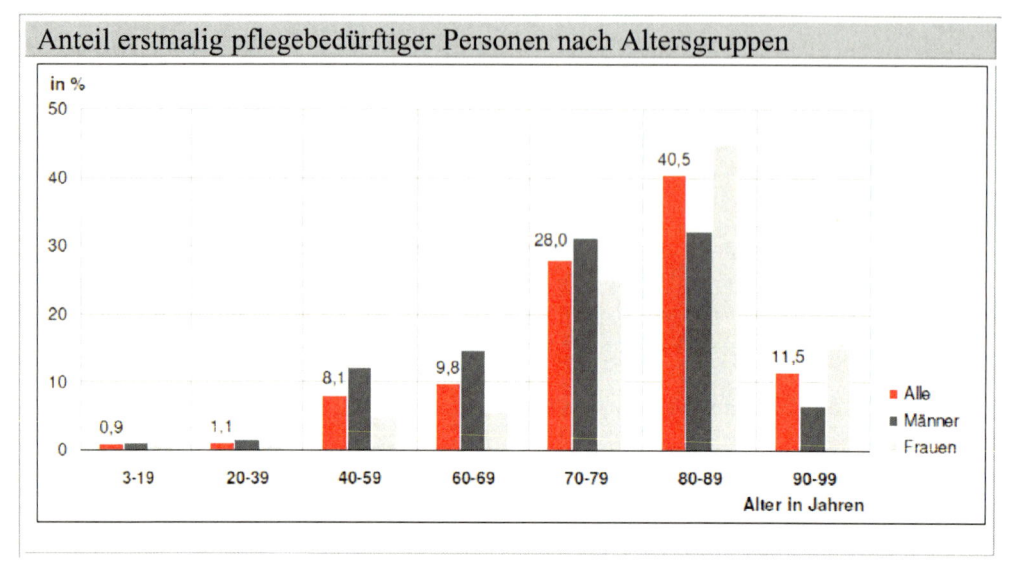

Abbildung 18: Anteil erstmalig pflegebedürftiger Personen an der jeweiligen Altersgruppe
Quelle: Pflegefall-Schadenstudie 2006+ der Münchener Rück

Bereits ab 70 Jahren steigt das Pflegerisiko deutlich an. 28 Prozent der Personen zwischen 70 und 79 Jahren erhalten erstmalig Pflegeleistungen.

Ansatzpunkt: Leistungen der gesetzlichen Pflegeversicherung sind nicht kostendeckend

Das Ziel der gesetzlichen Pflegeversicherung ist die Unterstützung der Betroffenen im Pflegefall. Die nach Leistungsart und Pflegestufe festgelegten Sätze decken jedoch nicht die tatsächlich anfallenden Kosten.

Durchschnittliche Versorgungslücke in den Pflegestufen I, II und III			
	Pflegestufe I	Pflegestufe II	Pflegestufe III
durchschnittliche Kosten für vollstationäre Pflege	2.300 €	2.700 €	3.200 €
Leistungen der gesetzlichen Pflegeversicherung	1.023 €	1.279 €	1.550 €
Versorgungslücke	**1.277 €**	**1.421 €**	**1.650 €**

Abbildung 19: Durchschnittliche Versorgungslücke in den Pflegestufen I, II und III
Quelle: www.deutsches-seniorenportal.de/pflegekosten

Ansatzpunkt: Pflegebedarf verzehrt Lebensersparnisse

Die entstehende Versorgungslücke ist aus dem Einkommen und Vermögen der pflegebedürftigen Person zu decken. Die durchschnittliche Pflegedauer über alle Pflegestufen beträgt acht Jahre. Die Versicherung Deutscher Ring zitiert in ihrer Studie von 2006 zur Pflegesituation den Forschungsbericht im Auftrag des Landtags von Nordrhein-Westfalen. Danach beträgt bei einem Aufenthalt in einem Pflegeheim die durchschnittliche Verweildauer 52,6 Monate.

Beispielrechnung für Pflegekosten in Pflegestufe III	
Dauer	52,6 Monate
Kosten für ambulanten Pflegedienst	176.736 Euro
Zuschuss der gesetzlichen Pflegeversicherung	75.323 Euro
verbleibende Kosten	**101.413 Euro**

Abbildung 20: Beispielrechnung für Pflegekosten in Pflegestufe III
Quelle: Deutscher Ring; Risikoanalyse Armutsfalle Pflege

Ansatzpunkt: Kinder haften für ihre Eltern

Reichen Rente, andere Einnahmen und Vermögen der pflegebedürftigen Person nicht aus, um die verbleibenden Kosten der Pflege zu decken, wird das Defizit vom Sozialamt übernommen. 38 Prozent der vollstationär gepflegten Menschen erhalten Sozialhilfe. Pflegebedürftigkeit ist mittlerweile der Hauptgrund für Altersarmut.

Das Sozialamt prüft vorab, inwieweit enge Familienangehörige zur Pflegefinanzierung herangezogen werden können. Gut verdienende Angehörige werden zur Kasse gebeten.

Beispiel der Ermittlung des monatlichen Elternunterhalts bei Pflegekosten			
Ein- und Ausgaben (monatlich)	Unterhalts-Pflichtiger	Ehefrau	Familie gesamt
Nettogehalt	3.500 Euro	2.000 Euro	
Familieneinkommen			5.500 Euro
Anteil an gemeinsamen Einkommen	64 %	36 %	
Grundselbstbehalt	1.400 Euro	1.050 Euro	
Wohnungswarmmiete			1.050 Euro
Erhöhung des Selbstbehalts (da Miete über 800 Euro)			250 Euro
Familienselbstbehalt			2.700 Euro
Einkommen minus Selbstbehalt			2.800 Euro
Mindestselbstbehalt			2.700 Euro
zzgl. der Hälfte des den Mindestselbstbehalt übersteigenden Einkommens			1.400 Euro
Familienselbstbehalt insgesamt			4.100 Euro
davon je Ehegatte nach Einkommensanteil	2.609 Euro	1.490 Euro	
Elternunterhaltsanspruch (freies Einkommen des Unterhaltspflichtigen)	**890 Euro**		

Abbildung 21: Beispiel der Ermittlung des monatlichen Elternunterhalts bei Pflegekosten
Quelle: Kanzlei Hauß & Nießalla, Gängige Sozialgerichtsrechtssprechung

Vor keinem Lebensrisiko hat die Bevölkerung so große Sorge wie vor der Pflegebedürftigkeit. Ob Krankheit, Berufsunfähigkeit oder zu niedrige Rente im Alter – nichts macht den Deutschen so viel Angst wie die Aussicht, einmal nicht mehr für sich selbst sorgen zu können und gepflegt werden zu müssen. Zu diesem Ergebnis kommt eine von der Continentale-Versicherung 2011 in Auftrag gegebene Studie. Bei keinem Lebensrisiko besteht eine größere Notwendigkeit zur privaten Vorsorge wie bei der Pflegebedürftigkeit. Und dennoch wird gegen nichts so wenig vorgesorgt wie gegen Pflegebedürftigkeit.

Grund für die fehlende Vorsorge ist eine Mischung aus unbegründetem Optimismus und Unwissenheit. Noch immer wird in hohem Maße auf Angehörige als Pflegende gesetzt. Zudem ist die Bevölkerung über private Vorsorgemöglichkeiten schlecht informiert. Eigene Ersparnisse werden als ausreichender Schutz erachtet, und über die private Pflegezusatzversicherung weiß kaum jemand Bescheid. Zum Beispiel wird der Preis dieser Absicherung offenkundig deutlich überschätzt.

Ansatzpunkt: Die Deutschen wollen ihren Angehörigen nicht wegen Pflege zur Last fallen

Die meisten Sorgen machen sich die Befragten nicht um sich selbst, sondern um ihre Angehörigen. 83 Prozent haben Angst vor der persönlichen Belastung der Angehörigen durch die Pflegesituation. An zweiter Stelle steht die Befürchtung, die Angehörigen finanziell zu belasten.

Variante 1: Ansprache auf ein Konzept

Berater: *„Herr Kunde, immer mehr Menschen werden im Alter pflegebedürftig. Wir haben ein Konzept zur finanziellen Absicherung für diesen Fall. Im Rahmen dieses Konzepts erfahren Sie,*
1. *welche finanziellen Konsequenzen die Pflegebedürftigkeit für Sie hat,*
2. *was der Pflegefall für Ihren Partner/Ihre Partnerin und Ihre Kinder bedeutet,*
3. *wie Sie sich vor den finanziellen Folgen dieser Pflegebedürftigkeit schützen können.*
Wie wichtig ist dieses Thema für Sie?"

Variante 2: Ansprache auf ein Produkt

Berater: *„Mit der Pflegezusatzversicherung unseres Hauses bieten wir unseren Kunden eine sehr gute Möglichkeit, sich zu attraktiven Bedingungen gegen die finanziellen Risiken bei einer Pflegebedürftigkeit abzusichern. Wann nehmen Sie sich die Zeit, sich mit mir über dieses wichtige Thema zu unterhalten?"*

Variante 3: Ansprache auf ein Problem, das viele haben

Berater: *„Ich merke an den vielen Anfragen, die mich in letzter Zeit erreichen, dass sich meine Kunden vermehrt mit den Konsequenzen einer Pflegebedürftigkeit auseinandersetzen. Welche Überlegungen haben Sie denn bereits zu diesem Thema angestellt?"*

2.5 Ansatzpunkte aus der gesetzlichen Unfallversicherung

Seit 1884 erhalten Arbeitnehmer Leistungen aus der gesetzlichen Unfallversicherung, wenn ihr Arbeitgeber schuldhaft einen Arbeitsunfall verursacht hat. Mittlerweile sind auch selbstverschuldete Unfälle der Arbeitnehmer mitversichert. Der Anspruch besteht gegenüber der Berufsgenossenschaft, welcher der Arbeitgeber angehört.

Die gesetzliche Unfallversicherung erbringt Leistungen zur Heilbehandlung und Rehabilitation, zu Lohnersatzleistungen, Pflegegeld, Versichertenrente und Hinterbliebenenleistungen (z.B. Witwen-/Witwerrente und Waisenrenten, Sterbegeld).

Ansatzpunkt: Keine Absicherung bei Freizeitunfällen und im Haushalt

Die gesetzliche Unfallversicherung schützt nur vor den Folgen von Berufskrankheiten und Unfällen im Arbeitsumfeld. Schüler, Studenten und Kinder sind während des Aufenthalts in einer öffentlichen Einrichtung (Schule, Universität oder Kindergarten) und auf den direkten Hin- und Rückwegen ebenfalls gegen die Folgen eines Unfalls versichert. Keinen Unfallschutz gewährt die gesetzliche Unfallversicherung während der Freizeit und im Haushalt.

Versicherte Personen und Orte der gesetzlichen Unfallversicherung			
	Kindergarten (Berufs-)Schule Universität*	Arbeitsplatz*	Freizeit
Kindergartenkind	✓	kein Schutz	kein Schutz
Schüler/Student	✓	kein Schutz	kein Schutz
Auszubildender	✓	✓	kein Schutz
Arbeiter/ Angestellter	kein Schutz	✓	kein Schutz
* und auf den direkten Hin- und Rückwegen			

Abbildung 22: Versicherte Personen und Orte der gesetzlichen Unfallversicherung
Quelle: Eigene Übersicht

Die meisten Unfälle passieren jedoch in der Freizeit, im Haushalt oder bei der Teilnahme am Verkehr und sind nicht durch die gesetzliche Unfallversicherung abgedeckt.

Keinen Versicherungsschutz aus der gesetzlichen Unfallversicherung genießen Kinder bis zum Kindergarten, Hausfrauen, Beamte, Rentner und beruflich selbständige Personen.

Ansatzpunkt: Die Leistungen der gesetzlichen Unfallversicherung sind lückenhaft

Die Unfallstatistik zeigt, dass pro Jahr rund 5,36 Millionen Unfälle in Heim und Freizeit passieren, also zehn Unfälle pro Minute (ohne Bagatellunfälle). Jeder zehnte Bundesbürger war im Jahr 2010 von einem Unfall betroffen. Täglich sterben 52 Menschen bei einem Unfall, die meisten davon außerhalb von Arbeit und Schule.

Gesamtunfallgeschehen in der Bundesrepublik Deutschland im Jahr 2010						
	Arbeit	Verkehr	Schule	Heim	Freizeit	gesamt
tödliche Unfälle	394	3.812	7	7.533	8.497	20.243
Unfallverletzte (in Mio.)	1,03	0,40	1,31	2,73	2,63	8,10

Abbildung 23: Gesamtunfallgeschehen in der Bundesrepublik Deutschland im Jahr 2010
Quelle: Bundesanstalt für Arbeitsschutz und Arbeitsmedizin

Ansatzpunkt: Gesetzliche Unfallrente sichert nicht den erreichten Lebensstandard

Die Versichertenrente beträgt bei vollständigem Verlust der Erwerbsfähigkeit zwei Drittel des Jahresarbeitsverdienstes, bei teilweiser Einschränkung der Erwerbsfähigkeit wird die Rente entsprechend gekürzt. Je nach Berufsgenossenschaft ist die Leistung nach oben begrenzt. Um eine Rente aus der gesetzlichen Unfallversicherung zu erhalten, muss die Erwerbsfähigkeit um mindestens 20 Prozent gemindert sein.

Beispiel für die Rentenberechnung aus der gesetzlichen Unfallversicherung	
Bruttojahresverdienst vor dem Unfall	36.000 Euro
Vollrente (2/3 des Jahresarbeitsverdienstes)	jährlich 24.000 Euro
	monatlich 2.000 Euro
Teilrente bei 30% Erwerbsminderung (30% der Vollrente)	jährlich 7.200 Euro
	monatlich 600 Euro

Abbildung 24: Beispiel für die Rentenberechnung aus der gesetzlichen Unfallversicherung
Quelle: Bundesministerium für Arbeit und Soziales

Verstirbt die versicherte Person infolge eines Arbeitsunfalls oder einer Berufskrankheit, wird dem Ehegatten und den Kindern eine Hinterbliebenenrente gezahlt. Diese Leistungen wurden in Abschnitt 2.2 beschrieben.

Ansatzpunkt: Leistungen für Kinder und Jugendliche sind ungenügend

Die Höhe der Rente für Kinder und Jugendliche richtet sich nach der Minderung der Erwerbsfähigkeit.

Renten in der gesetzlichen Schüler-Unfallversicherung 2011 in Euro				
Grad der Invalidität	bis zum 6. Lebensjahr	6. – 14. Lebensjahr	15. – 17. Lebensjahr	ab dem 18. Lebensjahr
bis 20 %	keine Leistung	keine Leistung	keine Leistung	keine Leistung
20%	85	113	136	204
40%	170	227	272	409
60%	256	340	409	613
80%	341	454	545	818
100%	426	567	681	1.022

Abbildung 25: Renten in der gesetzlichen Schüler-Unfallversicherung 2011
Quelle: Deutsche gesetzliche Unfallversicherung e.V.

Nach Beendigung der Schul- oder Berufsausbildung wird der tatsächlich erzielte Jahresarbeitsverdienst bei der Rentenberechnung mit einbezogen.

Bei Berufskrankheiten wird nur dann geleistet, wenn diese in der Berufskrankheitenverordnung aufgeführt sind. Zudem wird bei dauerhafter Minderung der Erwerbsfähigkeit nur die gesetzliche Erwerbsminderungsrente gezahlt, die allerdings völlig ungeeignet ist, einen angemessenen Lebensstandard beizubehalten. Entgangene Einkommenssteigerungen oder der Ausfall von Nebenverdiensten bleiben unvergütet.

Ansatzpunkt: Gesetzliche Unfallversicherung leistet keine Einmalzahlung

Eine einmalige Zahlung mit der z.B. weitere Kosten, die nach einem Arbeitsunfall oder durch Berufskrankheiten entstehen, aufgefangen werden könnten, leistet die gesetzliche Unfallversicherung ebenfalls nicht. So müssen z.B. der rollstuhlgerechte

Wohnungsumbau oder die Anschaffung eines behindertengerechten Fahrzeugs aus anderen Mitteln bezahlt werden.

Variante 1: Ansprache auf ein Konzept

Berater: *„Herr Kunde, wir haben ein Konzept zur Absicherung der finanziellen Folgen eines Unfalls. Im Rahmen dieses Konzepts besprechen wir mit Ihnen,*
1. *welche finanziellen Konsequenzen ein Unfall für Sie hat,*
2. *was ein Unfall für Ihren Partner/Ihre Partnerin und Ihre Kinder bedeuten kann,*
3. *wie Sie sich vor den finanziellen Folgen eines Unfalls schützen können.*
Was halten Sie davon?"

Variante 2: Ansprache auf ein Produkt

Berater: *„Mit der Unfallversicherung unseres Hauses bieten wir unseren Kunden eine sehr gute Möglichkeit, sich zu attraktiven Bedingungen gegen die schwerwiegenden Folgen im Falle eines Unfalls abzusichern. Wann nehmen Sie sich die Zeit, sich mit mir über dieses wichtige Thema zu unterhalten?"*

Variante 3: Ansprache auf ein Problem, das viele haben

Berater: *„Bei vielen meiner Gespräche mit meinen Kunden merke ich, dass die Leistungen aus der gesetzlichen Unfallversicherung deutlich überschätzt werden. Welche Überlegungen haben Sie denn bereits zu diesem Thema angestellt?"*

3. Erfolgsfaktoren im Umgang mit Kunden

> *„Bringe die Menschen dazu, dass sie von sich selbst eine höhere Meinung bekommen, und Du schaffst Dir bleibende Freunde."*
> Philip Dormer Stanhope Graf von Chesterfield

Sympathie ist wichtiger als Fachkompetenz

„Bei der Fragestellung, welche Faktoren das Vertrauensverhältnis zur eigenen Hausbank besonders stärken, zeigen sich überraschende Ergebnisse. So zählt beispielsweise die fachliche Kompetenz der Berater deutlich weniger als Sympathie und die persönliche Erfahrung des Kunden mit der Bank. Pluspunkte gibt es zudem für klassische Tugenden wie die zuverlässige Einhaltung von Zusagen, den guten Ruf und einen engagierten Einsatz für die Belange des Kunden. Das Schlusslicht bei den Vertrauenstreibern bildet die Größe des Unternehmens oder die Tatsache, bereits seit langer Zeit Kunde einer Bank zu sein. Besonders diese Aspekte dürften die Kundenstrategen hellhörig machen, zeigt sich doch, dass sich kein Anbieter auf den Lorbeeren einer großen Bestandskundenzahl ausruhen kann."

Studie: *Wie Kreditinstitute in Vertrauensbildung investieren sollten* des IMWF Institut- für Management und Wirtschaftsforschung (www.imwf.de)

Diese Erkenntnisse lassen sich mit Sicherheit auch auf andere Finanzdienstleistungsbereiche übertragen.

3.1 Charismatische Persönlichkeit entwickeln

> *„Wenn Sie einen anderen Menschen für Ihre Sache gewinnen wollen, müssen Sie ihn zuerst davon überzeugen, dass Sie sein aufrichtiger Freund sind."*
> Abraham Lincoln

Aus der oben zitierten Studie lässt sich ganz deutlich erkennen, dass Sympathie ein äußerst wichtiger Erfolgsfaktor im Umgang mit Kunden ist.

Viele glauben, dass Sympathie nicht oder nur sehr schwierig zu beeinflussen ist. Dies ist glücklicherweise nicht der Fall. Sympathie unterliegt, wie jedes andere Gefühl auch, bestimmten Grundregeln.

Es stellt sich also die Frage, was Sympathie ist und wie Sie Sympathie gestalten können.

Unter Sympathie wird die aus gefühlsmäßiger Übereinstimmung entstehende Zuneigung verstanden.

Sie stellen diese Übereinstimmung her, wenn Sie Ihrem Kunden etwas Positives sagen, z.B. indem Sie ein Kompliment machen. Verwenden Sie auch möglichst häufig sein Lieblingswort, seinen Namen. Zusätzlich veranlassen Sie Ihren Kunden, viel über sich und seine Ziele und Vorstellungen zu erzählen, denn damit zeigen Sie ihm, dass Sie sich für ihn interessieren und er für Sie wichtig ist. So erhalten Sie sehr schnell Zustimmung, denn die tiefste Sehnsucht des menschlichen Wesens ist es, sich geschätzt und wertvoll zu fühlen.

Auf andere sympathisch zu wirken ist also ganz einfach: Sorgen Sie dafür, dass sich Ihre Kunden wichtig fühlen. Sie haben verschiedene Möglichkeiten, das Selbstwertgefühl Ihres Kunden zu steigern.

Akzeptanz

Hier geht es um eine „unbedingte Wertschätzung". Sie akzeptieren den anderen in seiner Gesamtheit und ohne Einschränkungen. Sie bewerten und beurteilen ihn nicht. Dies sind Grundvoraussetzungen, um die Sympathie von Menschen zu gewinnen.

Würdigung

Steigern Sie das Selbstwertgefühl Ihrer Mitmenschen, indem Sie würdigen, was diese tun. Am einfachsten geht das durch ein „Danke", das Sie bei jeder sich bietenden Gelegenheit sagen.

Anerkennung

Menschen haben ein starkes – oft unterbewusstes – Bedürfnis nach Anerkennung ihrer Handlungen und Leistungen. Dieses Bedürfnis ist ständig vorhanden, genau wie das Bedürfnis nach Nahrung und Erholung. Wenn Sie gezielt nach Möglichkeiten suchen, Zustimmung und Anerkennung auszudrücken, dann sind Sie immer willkommen. Wenn Sie die Leistung eines Menschen anerkennen, dann steigern Sie sein Selbstwertgefühl und gewinnen diesen Menschen für sich.

Bewunderung

Machen Sie einem Menschen ein aufrichtiges Kompliment über einen Charakterzug, seinen Besitz, seinen ausgezeichneten Geschmack in Sachen Mode. Ihre Kunden werden sich besser fühlen und Ihre Nähe suchen.

(Be-)Achtung

Je mehr (Be-)Achtung Sie einem Menschen schenken, desto wertvoller und wichtiger fühlt er sich. So sind Sie für ihn sympathisch und liebenswürdig.

Sie möchten, dass es Ihnen künftig leichter fällt, das Selbstwertgefühl anderer Menschen zu stärken? Dann fangen Sie mit sich selbst an!

Aufgabe:

Überlegen Sie bitte, wie Sie diese Erkenntnisse für den Aufbau von Selbstwertgefühl für sich verwenden, und bearbeiten Sie folgende Aufgaben:

1. Was sind meine zehn besten Eigenschaften?
2. Was sind meine zehn größten Lebenserfolge?
3. Wofür bewundern mich andere?
4. Schreiben Sie in den nächsten 30 Tagen jeweils drei Erfolgserlebnisse auf.
5. Wie wollen Sie künftig mindestens jeden Tag einmal das Selbstwertgefühl eines Kunden steigern?

Die Erfahrung zeigt: Je leichter Ihnen diese Aufgabe gefallen ist, desto leichter gelingt es Ihnen auch, Ihren Kunden Wertschätzung entgegenzubringen.

Natürlich spielt bei Sympathie auch die „persönliche Chemie" eine Rolle. Aber Sie haben schon gemerkt, dass Sympathie durch bestimmte Faktoren gelenkt werden kann.

Es gibt noch weitere Gründe, weshalb Menschen auf uns und wir auf Menschen sympathisch wirken.

Positive Ausstrahlung

Bei einer Umfrage der GfK Marktforschung in Nürnberg gaben gut drei von vier Befragten an, dass sie Menschen, die häufig lachen, von vornherein sympathisch finden.

Unser Verhalten hängt von unserem Zustand ab. Unser Zustand wird durch physiologische Vorgänge und durch unsere inneren Bilder und Gedanken beeinflusst.

Eigene Einstellung
innere Vorstellungen in Form von Bildern, Werten, Erfahrungen und Gefühlen
„Es ist nicht die Sache die uns bewegt, sondern die eigene Sicht darauf."

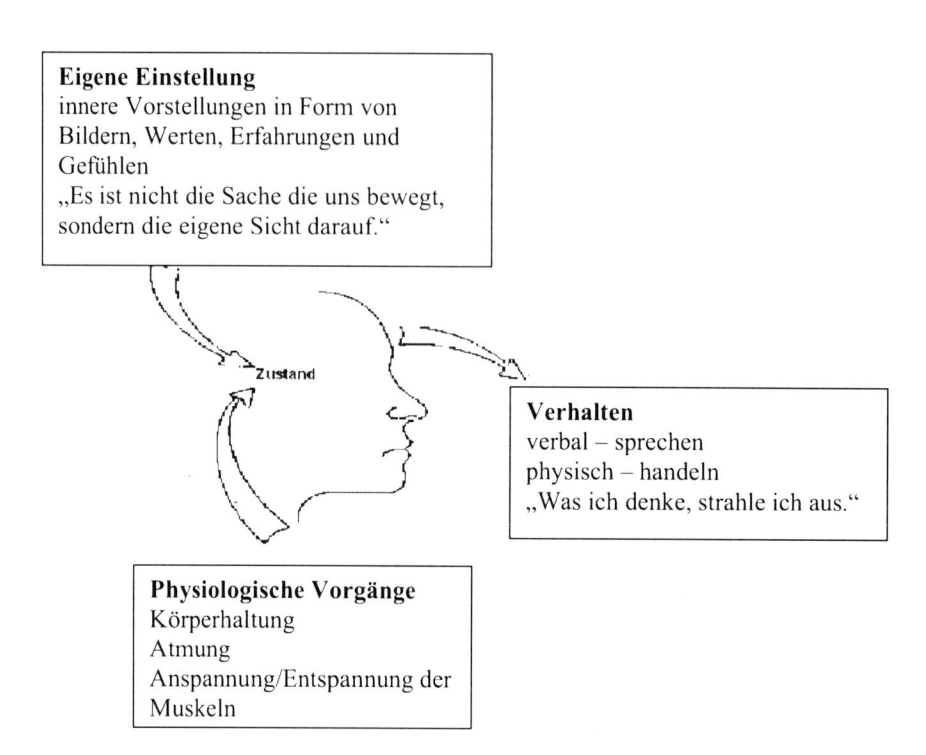

Zustand

Verhalten
verbal – sprechen
physisch – handeln
„Was ich denke, strahle ich aus."

Physiologische Vorgänge
Körperhaltung
Atmung
Anspannung/Entspannung der Muskeln

Sie können Ihre Stimmung gezielt beeinflussen, indem Sie Ihren äußeren Zustand verändern.

1. Übung:

Bitte stehen Sie auf, beugen sich nach vorn, lassen die Hände nach unten hängen und sagen dreimal: „Ich bin begeistert."

2. Übung:

Bitte strecken Sie die Arme ganz nach oben über den Kopf. Stellen Sie sich mit beiden Beinen fest auf den Boden und sagen ebenfalls dreimal ganz laut: „Ich bin ganz geschafft."

Haben Sie gemerkt, wie Ihre Körperhaltung Ihre Stimmung und damit auch die Wirkung Ihrer Aussage beeinflusst hat?

Sie können Ihre Stimmung auch gezielt beeinflussen, indem Sie Ihren inneren Zustand ändern.

Der Volksmund sagt hier „Was ich denke, strahle ich aus, und was ich ausstrahle, das ziehe ich an." Langzeitstudien unter der Leitung von Martin E.P. Seligmann an der Universität von Pennsylvania haben diese Weisheit wissenschaftlich bestätigt.

Hierbei wurde festgestellt, dass ein Verkäufer trotz Begabung, Motivation und Fachwissen scheitern kann, wenn ihm ein wichtiger Faktor fehlt: Der Optimismus, also eine positive Einstellung. Dieser ist entscheidend für die Ausdauer. Langfristig beeinflusst er das Urteilsvermögen, die Entscheidungen und damit das Handeln.

Diese positive Einstellung erreichen Sie, indem Sie Ihren Blickwinkel auf bestimmte Situationen ändern. Deuten Sie einfach Situationen um und suchen das Gute daran.

Meine Mutter sagt immer: „Jede Situation hat ihre gute Seite. Manchmal ist sie eben gut versteckt, und man muss genau suchen." Hier ein kleines Beispiel:

Ein Bauer hatte ein Pferd, aber eines Tages lief es fort. Der Bauer und sein Sohn mussten ihre Felder nun selbst pflügen. Die Nachbarn sagten: „Was für ein Pech, dass euer Pferd weggelaufen ist!" Aber der Bauer antwortete: „Man wird sehen."
Eine Woche später kam das Pferd zum Bauernhof zurück und brachte eine ganze Herde wilder Pferde mit. „So viel Glück!", riefen die Nachbarn, aber der Bauer sagte: „Man wird sehen."
Kurz danach versuchte der Sohn des Bauern, eines der wilden Pferde zu reiten, aber er wurde abgeworfen und brach sich ein Bein. „Oh, so ein Pech!" Die Nachbarn hatten Mitleid, aber der Bauer sagte wieder: „Man wird sehen."
Ein paar Tage später zog der Landesherr alle jungen Männer in sein Heer ein, um in die Schlacht zu ziehen. Aber den Sohn des Bauern ließ man wegen seines gebrochenen Beins zu Hause: „Was für ein Glück, dass dein Sohn nicht in die Schlacht ziehen muss!," freuten sich die Nachbarn. Aber der Bauer bemerkte nur: „Man wird sehen."

Wenn Sie Ihre positive Ausstrahlung verstärken und bewusst steuern möchten, dann beschäftigen Sie sich einfach mit diesem Thema.

Gemeinsamkeiten

„Gleich und Gleich gesellt sich gern" ist eine alte Volksweisheit.

Sympathie erzeugt, wer uns im Allgemeinen ähnlich und in Details doch anders ist. Dies sorgt für ein kleine Spannung und das Gefühl, das Leben zu erleben.

Eine Gemeinsamkeit kann die Sprache sein. Selbstverständlich sollen Sie – gerade wenn diese besonders geprägt ist – nicht nachahmen. Gleichen Sie die Sprechgeschwindigkeit und -lautstärke an. Sie werden überrascht sein, wie sich schon allein durch diese Anpassung das Verständnis und die Bereitschaft erhöht, Ihnen zu zuhören.

Ein weiterer Ansatzpunkt ist die inhaltliche Ebene. Niemand mag Widerspruch. Achten Sie darauf, wie Menschen auf Sie wirken, die Ihnen ständig sagen, dass Sie etwas falsch machen oder alles ganz anders machen müssten. Es geht darum, Widerspruch zu vermeiden. Harmonie um jeden Preis muss nicht sein, aber überlegen Sie einfach, welche Strategie Sie erfolgreicher macht. Wenn Sie Sympathie erzeugen wollen, dann suchen Sie Gemeinsamkeiten. Herkunft oder Hobbys sind immer gute Ansatzpunkte, gemeinsame Interessen zu entdecken. Wenn Sie wirklich keine glaubwürdige inhaltliche Übereinstimmung finden, dann kann es doch interessant sein, herauszubekommen, warum der andere so ist, wie er ist.

Sie erzielen ganz einfach Sympathie, indem Sie Begriffe in den eigenen Sprachgebrauch einfließen lassen, die Ihr Gesprächspartner gerne verwendet. Gerade Comedians gelingt es auf hervorragende Weise, regionale Eigenheiten des Publikums zu nutzen, um einen guten Kontakt zu ganzen Gruppen herzustellen.

Interesse für den anderen zeigen

Sie müssen tatsächlich nicht viel mehr tun, als sich für den anderen zu interessieren.

Das hört sich einfach an, ist aber eine große Herausforderung. Es geht um die innere Bereitschaft, den Gesprächspartner als „anders" wahrzunehmen. Wer von sich ausgeht, liegt bei der Einschätzung darüber, was andere denken und fühlen, oft falsch.

Gerade weil Ihr Gegenüber anders ist, ist es interessant. Wäre die Person genau so wie Sie, gäbe es nichts Neues zu entdecken. Je mehr sich ein Mensch von Ihnen unterscheidet, desto mehr können Sie in einem Gespräch Neues von ihm lernen.

Deshalb lohnt es sich für Sie, sich für jemand anderen zu interessieren. Gute Themen sind der Beruf und die Hobbys des Gesprächspartners. Sie werden erleben, dass es den meisten Menschen gut tut, über Themen zu reden, die sie interessieren und ihnen Spaß machen. Fragen Sie nach, wenn Ihnen etwas unklar ist. Ihr Gesprächspartner wird es Ihnen gerne erklären.

Das Zitat von Abraham Lincoln am Anfang dieses Abschnitts, *„Wenn Sie einen anderen Menschen für Ihre Sache gewinnen wollen, müssen Sie ihn zuerst davon überzeugen, dass Sie sein aufrichtiger Freund sind"*, macht bewusst, wie wichtig eine gute Beziehung zu Ihren Kunden ist. Sie wissen, dass wir charismatischen und sympathischen Menschen mehr Vertrauen schenken. Vertrauen ist eine ganz wichtige Grundlage für Ihre Beratung. Nur wenn die Kunden Ihnen vertrauen, werden Sie auch Ihren Worten Glauben schenken. Greifen Sie die genannten Ideen auf, und Sie werden in kürzester Zeit merken, wie sich die Qualität der Beziehung zu Ihrem Kunden erhöht.

3.2 Den anderen verstehen

> *„Das Geheimnis des Erfolges ist,
> den Standpunkt des Anderen zu verstehen."*
> Henry Ford

Vielleicht haben Sie schon einmal Folgendes erlebt: Sie wollen einen Fernseher kaufen und sich zunächst nur einen ersten Überblick verschaffen. Doch der Verkäufer, den Sie um Auskunft gebeten haben, hört nicht auf, Ihnen technische Details zu erzählen. Nach kurzer Zeit schalten Sie ab. Er hat sie einfach nicht erreicht, weil er nicht erkannt hat, wie Sie die Informationen am liebsten bekommen hätten.

Sie möchten die Sicherheit haben, dass es Ihrem Kunden nicht auch so geht? Dann ist es wichtig zu erkennen, wie Sie Ihren Kunden überzeugen können. Hierfür sollten Sie genau auf seine Sprache achten und ihm dann die Informationen so präsentieren, wie es seinem Bedürfnis optimal entspricht. So können Sie ihn viel leichter überzeugen.

Um leichter einschätzen zu können, wie unsere Gesprächspartner Dinge betrachten, helfen uns sogenannte Metaprogramme. Metaprogramme beeinflussen, wie Informationen ausgewählt werden, worauf die Aufmerksamkeit gerichtet wird und was uns motiviert. Wer diese Metaprogramme kennt, kann seine Kommunikationsfähigkeit schnell und wirkungsvoll verbessern.

Es gibt verschiedene Einteilungen der Metaprogramme. Vier für den Vertrieb wichtige Programme stellen wir hier vor:

1. Quelle der Motivation
2. Aktivität
3. Informationsgröße
4. Entscheidungsfaktoren

Natürlich zeigen Menschen Verhaltensmuster aus all diesen Bereichen. Oft sind aber bestimmte Aspekte besonders ausgeprägt. Diese gilt es im Umgang mit dem Kunden zu berücksichtigen.

Quelle der Motivation

Hierbei geht es darum, wie Kunden Entscheidungen treffen und Bewertungen abgeben. Ein wichtiges Unterscheidungskriterium ist der Umgang des Kunden mit Informationen von außen. Wir differenzieren hier nach internalen und externalen Entscheidern.

Es gibt Kunden, die sind

    a)   internal orientiert.

Kunden mit einem internalen Bezugsrahmen ziehen in erster Linie ihre Werte, ihr Verständnis und ihre Überzeugungen zur Entscheidungsfindung bzw. zur Bewertung heran.

Woran erkenne ich Kunden mit internalem Bezugsrahmen?

Diese Kunden sprechen über ihre Überzeugungen, darüber, wozu sie sich entschlossen haben und informieren über ihre Entscheidungen. Typische Formulierungen sind „Ich bin davon überzeugt", „Ich weiß, dass es richtig ist" oder „Das ist meiner Meinung nach falsch". Dies macht deutlich, dass die Einschätzungen anderer für sie keine große Bedeutung haben.

Es gibt Kunden, die sind

    b)   external orientiert.

Kunden mit einem externalen Bezugsrahmen sammeln Meinungen und Informationen von außen als Basis für ihre Entscheidungsfindung und Bewertung. Sie brauchen Führung und Unterstützung von anderen.

Woran erkenne ich Menschen mit externalem Bezugsrahmen?

Kunden mit externalem Bezugsrahmen erzählen, woher sie Informationen haben, wer etwas gesagt hat und wo etwas geschrieben steht. Typische Formulierungen sind „Davon habe ich bereits gelesen", „Was meinen Sie dazu?", „Können Sie mir als Experte sagen, was ich da machen soll?" und „Was machen denn andere in dieser Situation?". Dies macht deutlich, dass die Einschätzung anderer für sie eine große Bedeutung hat und sie in ihrer Entscheidung maßgeblich beeinflusst.

Aktivität

Es geht darum, ob Ihr Kunde von sich aus aktiv wird und schnell ins Handeln kommt oder ob er sich eher passiv verhält und jede Entscheidung erst mehrmals analysiert.

Es gibt Kunden, die sind

    a)   proaktiv.

Proaktive Kunden ergreifen gerne die Initiative. Sie neigen dazu, ohne lange Umschweife etwas zu tun. Sie kommen schnell ins Handeln – manchmal ohne lange nachzudenken.

Woran erkenne ich proaktive Gesprächspartner?

Proaktive Kunden handeln sofort, wenn sie glauben, einen Nutzen zu erkennen. Langes Nachdenken und Abwägen ist für sie nicht wichtig. Die Aktivität steht im

Vordergrund. Typische Formulierungen sind „Legen Sie gleich los", „Machen Sie einfach, und dann werden wir schon sehen" oder „Das machen wir so". Dies macht deutlich, dass handeln für sie im Vordergrund steht.

Andere Kunden sind

    b)   reaktiv.

Der reaktive Kunde wartet gerne in aller Ruhe ab und analysiert. Er überlässt zunächst den anderen die Initiative. Es kann passieren, dass er vor lauter Überlegen nicht ins Handeln kommt.

Woran erkenne ich reaktive Gesprächspartner?

Der reaktive Kunde will erst alles verstehen, bevor er etwas tut. Er möchte keine Fehler machen und fällt deshalb Entscheidungen eher zögerlich. Typische Formulierungen sind „Darüber muss ich noch mal nachdenken", „Was kann das für Konsequenzen haben?" oder „Das sollten wir noch abwarten". Dies macht deutlich, dass abwägen und prüfen für ihn im Vordergrund stehen.

Informationsgröße

Bei diesem Metaprogramm geht es darum, wie der Kunde Informationen am liebsten aufnimmt und verarbeitet. Wie müssen Sie präsentieren, damit der Kunde Zugang zum Thema bekommt und die Informationen versteht?

Es gibt Kunden mit

    a)   Detailorientierung.

Diese Kunden bevorzugen kleine, transparente Informationseinheiten. Genauigkeit motiviert sie. Sie sind korrekt und beschäftigen sich gerne nach und nach mit einer Sache.

Woran erkenne ich detailorientierte Kunden?

Detailorientierte Kunden erzählen Ihnen genau jede Kleinigkeit, die aus ihrer Sicht wichtig ist. Sie beschreiben eher die Reihenfolge Punkt für Punkt als das Ziel und den Zweck. Typische Formulierungen sind „Beschreiben Sie mir die Einzelheiten" oder „Das war genau so". Dies macht deutlich, dass Genauigkeit und Präzision für sie im Vordergrund stehen.

Andere Kunden haben

    b)   Überblicksorientierung.

Diese Kunden brauchen zuerst die großen Zusammenhänge und wollen diese verstehen. Details interessieren sie nicht. Damit verliert man nur ihre Aufmerksamkeit. Am besten bleibt man im Gespräch mit ihnen, wenn das große Ganze im Mittelpunkt steht.

Woran erkenne ich überblicksorientierte Kunden?

Überblicksorientierte Kunden beginnen gerne mit dem Wesentlichen, ohne Details zu erzählen. Sie sprechen in großen Zusammenhängen und sind dabei ohne bestimmte Reihenfolge. Typische Formulierungen sind „Da muss ich mir erst einen Überblick verschaffen", „Wie ist das im Gesamtzusammenhang zu sehen?", „Was sind die wichtigen Punkte dabei?" oder „Kommen wir zum Wesentlichen zurück". Dies macht deutlich, dass die Bedeutung des Großen und Ganzen im Vordergrund steht.

Entscheidungsfaktoren

Auch hier geht es darum, wie der Kunde Informationen sortiert, um sie zu verstehen. Worauf achtet der Kunde bei der Informationsaufnahme zuerst?

Es gibt Kunden, die suchen nach

    a)   Gleichheit.

Diese Kunden richten ihre Aufmerksamkeit auf Dinge, die sie schon von früher kennen und ihnen dadurch vertraut sind. Neue Informationen werden danach sortiert, was sie mit bisherigen Erkenntnissen verbindet.

Woran erkenne ich Kunden, die nach Gleichheit suchen?

Diese Kunden vergleichen neue Angebote immer mit dem, was Sie schon kennen. Sie suchen die Gemeinsamkeiten. Sie stellen stets die Übereinstimmungen heraus. Typische Formulierungen sind „Das kenne ich schon von ...", „Das erinnert mich an ...", oder „Das ist wie bei ...". Dies macht deutlich, dass Bekanntes und Identisches in den Vordergrund gestellt werden.

Andere Kunden suchen den

    b)   Unterschied.

Diese Kunden richten ihre Aufmerksamkeit auf Neuerungen und Veränderungen. Es geht darum, was anders ist als vorher. Informationen werden danach sortiert, was sie von bisherigen Erkenntnissen unterscheidet.

Woran erkenne ich Kunden, die nach Unterschieden suchen?

Diesen Kunden fallen Neuerungen sofort auf. Sie weisen darauf hin, was sich schon alles geändert hat, und erklären, weshalb Dinge und Situationen nicht vergleichbar sind. Sie fragen auch, wie es ist, wenn „dies oder das anders wäre". Typische Formulierungen sind „Was ist anders an dem Angebot?", „Da hat sich einiges verändert" oder „Das kann man gar nicht vergleichen".

Tipps, wie Sie diese Erkenntnisse bei der Präsentation Ihrer Angebote berücksichtigen können, erhalten Sie im Abschnitt 6.2.

3.3 Basis für erfolgreiche Gespräche legen

„Der Zufall begünstigt nur den vorbereiteten Geist."
Louis Pasteur

Ein guter Verkäufer ist wie ein Schachspieler. Beide denken und planen voraus. Der Erfolg eines Vorsorgegesprächs hängt ganz entscheidend von der Vorbereitung ab. Im Vertrieb gibt es keinen zweiten Platz, denn der Kunde kauft nur einmal.

Denken Sie mehr voraus, was auf Sie zukommen kann und wie Sie darauf reagieren werden. Dann werden Sie weniger darüber nachdenken müssen, warum es nicht funktioniert hat.

Einstellung

Der erfolgreiche Verkaufsprozess beginnt im Kopf des Verkäufers. Sie brauchen eine positive Einstellung zu

- sich selbst,
- Ihrer Aufgabe als Verkäufer,
- Ihren Angeboten und Leistungen,
- Ihrem Unternehmen.

Wenn Sie jemanden überzeugen wollen, dann ist es wichtig, selbst begeistert zu sein.

Sie können andere Menschen mit Ihrer eigenen Begeisterung anstecken. Begeisterung können Sie übertragen, Intelligenz nicht.

Wenn Sie mit Ihrem Kunden ein ausführliches Beratungsgespräch führen und die Lösung perfekt aufzeigen, erweitern Sie seine Kenntnisse. Begeistern werden Sie ihn mit der Art und Weise, wie Sie präsentieren. Wichtig ist deshalb, dass Sie von Ihren Angeboten selbst überzeugt sind.

Denken Sie nur daran, wie sich die Atmosphäre in einem gefüllten Sportstadion oder bei einem Live-Konzert einer Rock-Gruppe auf alle Anwesenden überträgt.

Aufgabe:

Erstellen Sie eine Liste mit zehn Gründen, warum der Kunde

1. bei Ihnen kaufen sollte,
2. Ihre Angebote annehmen sollte,
3. bei Ihrem Unternehmen kaufen sollte.

Perfekte Begrüßung

„Für den ersten Eindruck gibt es keine zweite Chance." Der erste Eindruck entscheidet maßgeblich mit, ob Menschen Sympathie füreinander empfinden. Er bestimmt, ob man zusammenkommt. Im weiteren Verlauf zeigt sich dann, ob man zusammenbleibt. Natürlich kann auch aus einem misslungenen Erstkontakt eine gute Beziehung entstehen, aber die Ausgangsvoraussetzungen sind schwieriger.

Genau deswegen ist es wichtig, gleich von Anfang an eine positive Wirkung zu erzielen.

Deshalb überprüfen Sie unmittelbar vor dem persönlichen Kontakt mit dem Kunden Ihre Kleidung und Ihre Körperhaltung. Lächeln Sie und suchen Sie sofort Augenkontakt.

Ihre Stimme und Ihr Händedruck signalisieren dem Kunden, dass es die richtige Entscheidung war, sich mit Ihnen zu verabreden. Sprechen Sie den Kunden mit seinem Namen an.

Achten Sie auf die richtige körperliche Distanz zu Ihrem Gegenüber und beginnen Sie das Gespräch mit Small Talk und der Suche nach Gemeinsamkeiten.

Präsentation Ihrer Person und Ihres Unternehmens

Menschen können Vertrauen zu Menschen und zu (Marken-)Unternehmen haben. Deshalb ist es gerade in der Anfangsphase einer Geschäftsbeziehung wichtig, dass Sie sich und Ihr Unternehmen wirkungsvoll vorstellen.

Ihre persönliche Vorstellung sollte folgende Inhalte haben:

- Übergabe Ihrer Visitenkarte
- Stationen Ihres beruflichen Werdegangs
- Aktuelles Aufgabengebiet und Beratungsschwerpunkte
- Qualifikationen

Berater: *„Ich bin Bernd Berater und seit über 20 Jahren in verschiedenen Positionen in der Finanzberatung tätig. Seit mittlerweile fünf Jahren berate ich Privatkunden bei der Beratungs-AG mit den Schwerpunkten Vorsorge- und Ruhestandsplanung. Damit ich Sie kompetent beraten kann, habe ich mich zum zertifizierten Vorsorgeberater weitergebildet. Selbstverständlich nehme ich regelmäßig an internen und externen Schulungen teil. Ich stelle dadurch sicher, dass aktuelle Entwicklungen in Ihre Beratung mit einfließen."*

Bei der Darstellung Ihrer Zusatzqualifikationen achten Sie auf einen begründenden Sprachstil. Das bedeutet, dass Sie nicht nur Ihre „Titel" nennen, sondern einen konkreten Bezug zur heutigen Beratungssituation herstellen. In unserem Beispiel wird dies durch die Begründung *„Damit ich Sie kompetent beraten kann, ..."* erreicht.

Im zweiten Schritt stellen Sie Ihrem Kunden Ihr Unternehmen vor.

Dabei gehen Sie ein auf die

- Beratungsphilosophie des Unternehmens,
- Zahlen, Daten, Fakten,
- Position am Markt,
- Auszeichnungen.

Berater: „Die Beratungs-AG ist ein 1975 gegründetes, regional tätiges Unternehmen. Unsere Zielsetzung ist die ganzheitliche Beratung unserer Kunden in allen Finanz- und Vermögensfragen. In der Region haben wir fünf Beratungszentren mit 40 Kundenberatern. Unsere Finanz- und Leistungsstärke werden von Ratingagenturen mit Bestnoten bewertet. Unsere Angebote erhalten bei Vergleichen unabhängiger Institute regelmäßig Auszeichnungen. Weiterhin arbeiten wir mit ausgewählten Kooperationspartnern zusammen."

Vielleicht stellen Sie sich die Frage: „Ist es sinnvoll, mich und mein Unternehmen bei einem Kunden genau vorzustellen?"

Dazu das folgende Beispiel:

Sie haben massive Herzbeschwerden. Was wollen Sie über einen Arzt wissen, bevor Sie sich mit einem guten Gefühl von ihm behandeln lassen?

Regelmäßig antworten Seminarteilnehmer:

- Wie lange macht er das schon?
- Hat er Referenzen?
- Welche Facharztausbildung hat er?

Es gibt zwei Dinge, die (fast) allen Menschen wichtig sind: Gesundheit und Geld. Beides vertrauen Sie nur jemandem an, der vertrauenswürdig und kompetent ist.

Aufgabe:

Erstellen Sie eine Präsentation Ihrer Person und Ihres Unternehmens.

Welche konkreten Vorbereitungen treffen Sie vor einem Kundentermin?

Inhaltliche Vorbereitung

Bei Ihrer Terminvorbereitung

- aktualisieren Sie die vorhandenen Kundendaten und Bestandsübersichten,
- lesen Sie die Aufzeichnungen aus früheren Kundenbesuchen,
- analysieren Sie die bestehenden Kundenverträge und
- überprüfen Sie die bisherige Geschäftsverbindung.

Greifen Sie konkrete Anknüpfungspunkte aus früheren Gesprächen oder Vereinbarungen wieder auf.

Vorbereitung auf den/die Kunden

Bereiten Sie sich im Vorfeld intensiv auf Ihren Kunden vor!

- Beginnen Sie eine völlig neue Beziehung oder liegen bereits Informationen vor?
- Welche persönlichen Motive und Einstellungen prägen ihn?
- Wer kann Ihnen bei der Informationsbeschaffung behilflich sein?
- Finden Sie ihn in sozialen Netzwerken?
- Liefert eine Internetrecherche brauchbare Ergebnisse?
- Trifft er die Entscheidung allein oder muss er jemanden mit einbeziehen?
- Wird er überhaupt entscheiden oder bereitet er die Entscheidung nur vor?
- Welche Einstellungen hat er zum Thema?
- Welche Einstellung hat er zu Ihnen?

Organisatorische Vorbereitung

- Planen Sie sorgfältig den Zeitpunkt Ihres Treffens.
- Reservieren Sie ausreichend Zeit für das Gespräch.
- Planen Sie nach Möglichkeit einen Termin beim Kunden zu Hause, denn in seinen eigenen vier Wänden fühlt sich Ihr Kunde wohl. Außerdem hat er dort alle erforderlichen Unterlagen zur Hand.
- Falls dies nicht geht, laden Sie den Kunden in Ihr repräsentatives Büro ein, denn damit signalisieren Sie ihm Seriosität und Beständigkeit.
- Überprüfen Sie vor dem Kundentermin Ihre Verkaufsmappe, ob alle Formulare und Verkaufsunterlagen vorhanden sind.
- Denken Sie an Visitenkarten und kleine Kundengeschenke.

Gesprächsziele festlegen

Bereits bei der Terminvereinbarung haben Sie dem Kunden den Gesprächsanlass genannt.
Formulieren Sie Ihre Gesprächsziele.

Diese können z.B. sein:

- Allgemeine Information über Dienstleistungsangebot
- Kundenanalyse zur Angebotsvorbereitung
- Angebotspräsentation mit Abschluss
- Folgeterminvereinbarung zum Cross-Selling
- Einholen von Empfehlungsadressen

Um Ihre Gesprächsziele zu erreichen, legen Sie sich passende Fragen und Argumente zurecht. Konzentrieren Sie sich auf die Nutzenargumentation. Wie soll der Gesprächseinstieg erfolgen? Welche Themen sollen im Laufe des Gesprächs angesprochen werden, welche wollen Sie unbedingt vermeiden? Bereiten Sie sich auf mögliche Einwände vor.

Formulieren Sie Ihre Ziele schriftlich!

Wenn Sie bisher daran gezweifelt haben, ob es sich lohnt, Ziele schriftlich festzuhalten, überzeugt Sie womöglich das Ergebnis einer an der Universität Stanford durchgeführten Langzeitstudie, die im Jahr 1952 begonnen wurde.

Eine ausgewählte Gruppe von Studenten wurde gebeten, sich mit ihren Zielen und Erwartungen zu beschäftigen. Den Teilnehmern wurde freigestellt, sich Ziele zu setzen oder nicht. Ebenfalls lag es in der Entscheidung der Teilnehmer, ihre Ziele niederzuschreiben.

88 Prozent der Teilnehmer setzen sich keine Ziele und schrieben demnach auch nichts auf. Zehn Prozent der Teilnehmer setzten sich Ziele, ohne sie aufzuschreiben. Zwei Prozent der Teilnehmer schrieben ihre Ziele auf und behielten sie bei.

Nach 20 Jahren hatten jene zwei Prozent der Studenten, die sich Ziele gesetzt und aufgeschrieben hatten, mehr Geld verdient, als die verbleibenden 98 Prozent der Teilnehmer zusammen.

Gesprächssicherheit durch Selling-Guide

Im Jahr 1967 formulierten Albert Mehrabian und Susan R. Ferris die 55-38-7-Regel. Die beiden Forscher leiteten aus ihren Studien ab, dass die Wirkung einer Botschaft zu 55 Prozent von der Körpersprache, also Körperhaltung, Gestik und Augenkontakt abhängt. Die Stimme beeinflusst die Wirkung zu 38 Prozent und der Inhalt des gesprochenen Wortes nur zu sieben Prozent.

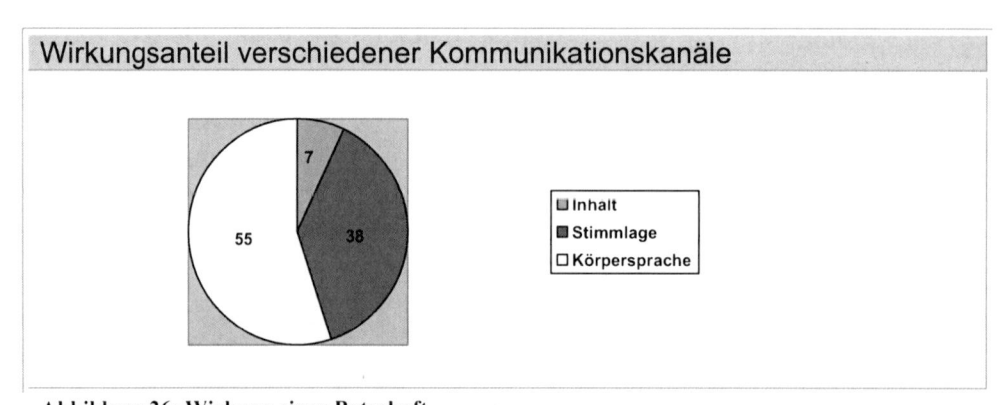

Wirkungsanteil verschiedener Kommunikationskanäle

Abbildung 26: Wirkung einer Botschaft
Quelle: Albert Mehrabian, Susan Ferris: Inference of Attitudes from Nonverbal Communication in Two Channels. In: Journal of Consulting and Clinical Psychology 31 (1967), Nr. 3, S. 248–252

Selbst wenn die tatsächlichen Prozentzahlen abweichen sollten, bleibt die Kernaussage dieser und anderer Studien: Der nonverbale Anteil unserer Kommunikation kann nicht hoch genug eingeschätzt werden, und die Stimmigkeit zwischen gesprochenem Wort und Körpersprache trägt wesentlich zu einer erfolgreichen Kommunikation bei.

Genau aufgrund dieser Erkenntnis konzentrieren wir uns auf den inhaltlichen Teil des Verkaufsgesprächs. Hier gilt die Aussage von „innen" nach „außen". Wenn Sie genau wissen, was Sie sagen wollen und warum, dann gewinnen Sie insgesamt an Sicherheit. Diese überträgt sich automatisch auf Ihre Stimme, Gestik, Mimik und insgesamt auf Ihre Körpersprache.

Eine gute Gesprächsstruktur gibt Ihnen diese erforderliche Sicherheit. Ein Beispiel für einen solchen Gesprächsleitfaden finden Sie am Ende dieses Buches.

4. Bedürfnisse der Kunden

*„Nur wenn ich die Bedürfnisse meiner Mitmenschen
kenne, kann ich sie motivieren."*
Vera F. Birkenbihl

Um Ihrem Kunden passgenaue Angebote erstellen zu können, die er für sich akzeptieren kann, müssen Sie seine Wünsche, Ziele und Pläne kennen. Es geht darum herauszufinden, welche Motive Ihren Kunden antreiben. Bisher unklare Wünsche und Vorstellungen sind zu identifizieren und zu einem Bedürfnis zu entwickeln.

4.1 Beweggründe des Kunden

Menschen haben grundsätzlich zwei Antriebskräfte.

Freude gewinnen	Schmerz vermeiden
Möhre	Peitsche

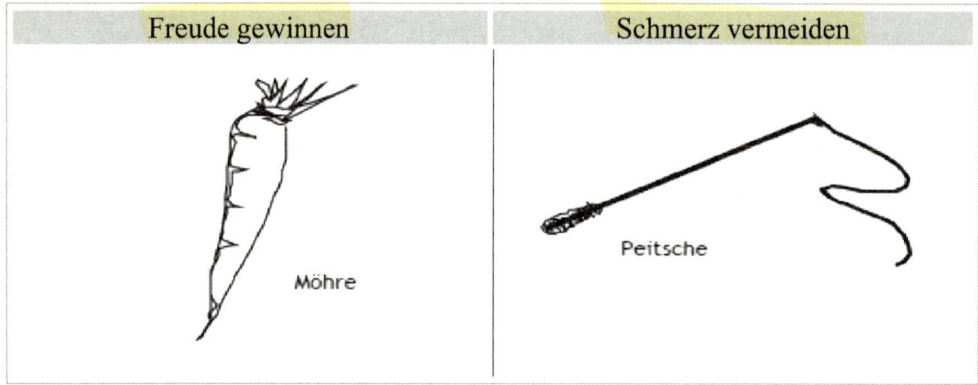

Abbildung 27: Antriebskräfte der Menschen

Es stellt sich die Frage, welche Antriebskraft die größere ist.

Beispiel:

Sie gehen mit Ihrem Partner/Ihrer Partnerin spazieren. Es ist ein sonniger Tag und Sie sehen eine Scheune, die sich für ein Schäferstündchen anbietet. Sie gehen in die Scheune und beschäftigen sich miteinander. Dummerweise beginnt das Heu zu brennen. Gehen Sie jetzt weiter Ihrer Beschäftigung nach (=Freude gewinnen) oder retten Sie sich ins Freie (=Schmerzen vermeiden)?

Beim Thema „Schmerz vermeiden" können wir uns oft zwischen zwei Varianten entscheiden. Für den „kleinen Schmerz" in der Gegenwart oder den „großen Schmerz" in der Zukunft.

Auf den ersten Blick scheint es klar, dass wir lieber auf große Schmerzen verzichten.

Beispiel:

Jemand hat deutlich Übergewicht. Jetzt rät ihm der Arzt auf Süßigkeiten zu verzichten. Beim nächsten Einkaufsbummel in der Stadt geht er an einer Eisdiele vorbei. Auch wenn er weiß, dass das Risiko auf Erkrankungen in der Zukunft (=großer Schmerz) durch sein Übergewicht steigt, ist der Verzicht auf das Eis gerade jetzt (=kleiner Schmerz) schwerer zu ertragen.

Gleiches gilt auch für das Rauchen.

Diese Erkenntnis ist wichtig, wenn sich der Kunde nicht entscheiden kann, heute Geld (= kleiner Schmerz in der Gegenwart) für sein Vorsorgekonzept zu investieren. In diesem Fall zeigen Sie ihm deutlich die finanziellen Einschränkungen im Alter (=großer Schmerz in der Zukunft) auf.

Es gibt noch eine weitere Kraft, die nicht zu unterschätzen ist: Die Macht der Gewohnheit.

Macht der Gewohnheit

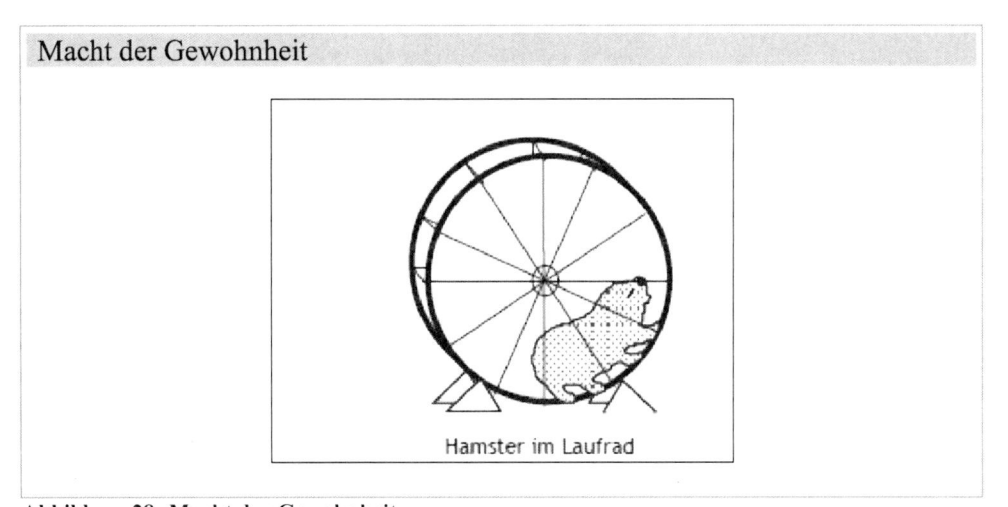

Hamster im Laufrad

Abbildung 28: Macht der Gewohnheit

Eine Gewohnheit ist etwas, das man automatisch tut. Gewohnheiten haben einige Vorteile. Sie sparen spart Zeit und Energie, wenn wir im Alltag Routinetätigkeiten ausüben, ohne ständig neu darüber nachdenken zu müssen. Somit können wir die bewusste Aufmerksamkeit auf neue Aufgaben lenken. Leider sorgen Gewohnheiten auch dafür, dass wir negative Verhaltensweisen automatisch fortsetzen.

Es gibt Denk-, Gefühls- und Handlungsgewohnheiten.

Zu den Denkgewohnheiten gehören z.B. Bewertung als gut oder schlecht, wie man Ablehnung empfindet, was man als unordentlich ansieht und ob einem Pünktlichkeit wichtig ist.

„Angst haben" und „sich gekränkt fühlen" sind Gefühlsgewohnheiten. Eine besonders interessante Gefühlsgewohnheit ist es, sich zu ärgern. Achten Sie einmal bei der

Aussage „Ich ärgere mich" darauf, wer hier wen ärgert. Wenn Sie sich bewusst mit dieser Aussage beschäftigen, dann erkennen Sie schnell, dass es nicht wirklich sinnvoll ist, wenn ICH MICH ärgere.

Zu den Handlungsgewohnheiten gehört es, Sport zu treiben, zu rauchen, bestimmte Dinge zu essen oder der Fahrstil. Wie Kunden ihr Geld ausgeben, ist ebenfalls eine Handlungsgewohnheit.

Beim Verändern von Gewohnheiten kommt es darauf an, dass es ausreichend Gründe für eine Verhaltensänderung gibt. Sie möchten, dass Ihr Kunde künftig mehr spart? Er soll also sein Geldausgabeverhalten verändern? Dazu braucht er gute Gründe. Wie Sie diese Gründe herausfinden, erfahren Sie ausführlich im Kapitel 5.

4.2 Interesse an einem Vorsorgegespräch wecken

„Gedacht heißt nicht immer gesagt,
gesagt heißt nicht immer richtig gehört,
gehört heißt nicht immer richtig verstanden,
verstanden heißt nicht immer einverstanden,
einverstanden heißt nicht immer angewendet,
angewendet heißt noch lange nicht beibehalten."
Konrad Lorenz

Mit dieser Aussage macht Konrad Lorenz deutlich, dass zwischen gedacht und angewendet ein weiter Weg zurückzulegen ist. Diese Erkenntnis ist im Umgang mit dem Kunden wichtig. Es geht darum, wie Sie es schaffen, dass der Kunde Ihnen überhaupt zuhört. Dafür ist es wichtig, die Neugier des Kunden zu wecken. Was interessiert Menschen am meisten? Ganz einfach: Ihr Nutzen!

Es gibt verschiedene Möglichkeiten, Kunden neugierig zu machen:

1. Variante: Ansprache auf ein Konzept.

Berater: „Herr Kunde, wir haben ein neues Beratungskonzept zur Vorsorgeberatung. Hier prüfen wir für Sie, wie Sie
    1. Ihre Erträge steigern können,
    2. Ihr Einkommen absichern können,
    3. Ihre Kosten reduzieren können.
Was halten Sie davon?"

Hier geht es darum, dem Kunden drei interessante Vorteile aufzuzeigen. Diese sind bewusst sehr allgemein gehalten, um möglichst viele Kunden anzusprechen. Wer kann schon ernsthaft sagen, dass ihn diese Themen nicht interessieren?

Aufgabe:

Überlegen Sie, wie Sie durch Ihre Beratung für den Kunden

1. die Erträge steigern,
2. das Einkommen absichern,
3. die Kosten reduzieren.

2. Variante: Möchten Sie mehr aus Ihrem Geld machen?

Berater: „Herr Kunde, wir haben ein neues Beratungskonzept zur Vorsorgeberatung. Dabei geht es darum, wie Sie
1. Ihre Erträge steigern können,
2. Ihr Einkommen absichern können,
3. Ihre Kosten reduzieren können.
Herr Kunde, wir haben die Erfahrung gemacht, dass viele Kunden hart für ihr Geld arbeiten müssen und deshalb mehr aus ihrem Geld machen möchten. Möchten Sie auch mehr aus Ihrem Geld machen?"

Diese Ansprache orientiert sich an der ersten Variante. Hier wird der Vorteil „mehr aus dem Geld machen" für den Kunden herausgestellt und danach gefragt, ob er diesen für sich nutzen möchte.

3. Variante: Möchten Sie sicher sein, dass Sie kein Geld verschenken?

Berater: „In der heutigen Zeit klagen viele Kunden über hohe Abgaben und Steuern und fragen sich: ‚Was kann ich tun?' Manche nutzen schon sämtliche Vorteile und freuen sich über ordentliche staatliche Förderungen. Andere merken oft erst nach Jahren, dass Sie hier Geld – teilweise viel Geld – verloren haben. Wir bieten jetzt ein hervorragendes Beratungskonzept, bei dem geprüft wird, ob der Kunde alle, wirklich alle Steuervorteile nutzt. Wann wollen wir für Sie prüfen, ob Sie alle, wirklich alle Förderungen nutzen?"

Es geht darum dem Kunden aufzuzeigen, dass Sie mit ihm prüfen wollen, ob er Geld verschenkt.

4. Variante: Vielleicht ist es bei Ihnen nicht möglich

Berater: „Wir haben ein sehr gutes Konzept zur Vorsorgeberatung. Bei manchen Kunden haben sich deutliche Optimierungsmöglichkeiten ergeben. Wahrscheinlich ist das auch bei Ihnen möglich, aber es ist nicht sicher. Wann prüfen wir gemeinsam, ob es auch für Sie Optimierungsmöglichkeiten gibt?"

Diese Vorgehensweise wirkt deshalb so stark, weil dem Kunden ein Vorteil aufgezeigt wird, den er bestimmt gerne hätte, gleichzeitig aber infrage gestellt wird, ob auch er davon profitieren kann. Diese Ansprache weckt bei manchen Kunden den Jagdinstinkt und sie wollen herausfinden, ob und in welcher Höhe sie profitieren können.

Nachdem Sie den Kunden mit einer der Varianten angesprochen haben, hat er verschiedene Reaktionsmöglichkeiten:

1. Der Kunde reagiert offen.

Kunde: „Das finde ich interessant."

Jetzt geht es darum, einen konkreten Beratungstermin zu vereinbaren oder gleich ins Beratungsgespräch einzusteigen.

Berater: „Herr Kunde, dann lassen Sie uns einen Termin vereinbaren. Passt es Ihnen besser diese oder nächste Woche?"

2. Der Kunde reagiert zögerlich.

Kunde: „Weiß auch nicht, ob das für mich interessant ist."

Diese Reaktion ist nicht ungewöhnlich. Denn aufgrund der bisherigen Informationen kann der Kunde noch nicht einschätzen, ob das Gespräch wirklich interessant für ihn ist. Also interpretieren Sie diese Aussage positiv. Nutzen Sie seine Aussage „Weiß auch nicht, ob das für mich interessant ist.", um zum Beratungsgespräch zu kommen.

Berater: „Genau deswegen möchte ich unser Konzept ausführlich mit Ihnen besprechen, damit Sie im Anschluss entscheiden können, ob es für Sie interessant ist."

Nach dieser Aussage ist ein konkreter Terminvorschlag mit der Alternativfrage wichtig. Dies vermittelt dem Kunden Sicherheit, und Sie behalten die Gesprächsführung.

Berater: „Wann wollen wir einen Termin für ein Gespräch vereinbaren? Ist Ihnen Dienstag, 16.00 Uhr, oder Donnerstag, 17.00 Uhr, lieber?"

3. Der Kunde reagiert mit Ablehnung.

Kunde: „Das interessiert mich nicht."

Eine einfache Reaktionsmöglichkeit ist hier, die Aussage des Kunden in einen positiven Zusammenhang umzuinterpretieren. Führen Sie den Kunden von einer „Will nicht"-Einstellung zu einer „Lohnt es sich"-Frage.

Berater: „Verstehe ich Sie richtig, dass Sie sich fragen, ob sich ein Gespräch mit mir lohnt?"

Hand aufs Herz. Wenn wir etwas tun sollen, stellen wir uns (fast) immer die Frage: „Was habe ich davon?" Genau diese Erkenntnis können Sie auf den Kunden übertragen und zur Einwandbehandlung nutzen.

Probieren Sie es einfach mal aus – Sie werden überrascht sein, wie oft Kunden hier mit „Ja" antworten.

Nutzen Sie jetzt die Kundenaussage zur Terminvereinbarung:

Berater: *„Genau deswegen möchte ich unser Konzept ausführlich mit Ihnen besprechen, damit Sie im Anschluss entscheiden können, ob es interessant für Sie ist. Wann wollen wir einen Termin für ein Gespräch vereinbaren? Ist Ihnen Dienstag, 16.00 Uhr, oder Donnerstag, 17.00 Uhr, lieber?"*

4.3 Durchbrechen Sie den Informationspanzer des Kunden

*„Ich prüfe jedes Angebot,
es könnte das Angebot meines Lebens sein."*
Henry Ford

Leider denken nicht alle Kunde wie Henry Ford, sondern bauen einen regelrechten Informationspanzer um sich herum auf. Sie sind ständigen Werbebotschaften ausgesetzt und schotten sich deshalb regelrecht ab. Es stellt sich die Frage, ob bzw. wie intensiv Sie beim Kunden nachfragen sollen, um diesen Informationspanzer zu durchdringen.

In den Seminaren bekommen die Teilnehmerinnen folgende Frage gestellt:

Sie sitzen am Abend in einer Bar. Sie haben gerade nichts vor und stehen einem netten Gespräch offen gegenüber. Da kommt ein attraktiver Mann auf Sie zu, den Sie auch nett finden. Er fragt Sie: „Möchten Sie etwas mit mir trinken?" Um es dem Mann nicht zu einfach zu machen, sagen Sie: „Naja, ich weiß nicht." Darauf sagt der Mann: „Dann halt nicht", dreht sich um und geht.

Die Seminarteilnehmerinnen sind sich dann meist schnell einig darin, dass der Mann wohl gar kein echtes Interesse hatte.

Vermitteln Sie Ihrem Kunden das Gefühl, dass Sie echtes Interesse an ihm haben, und geben Sie nicht zu schnell auf. Entwickeln Sie die richtige Einstellung gegenüber Einwänden.

Bedenken Sie, dass Menschen aus Höflichkeit, Scham oder Angst lügen – und zwar gleich mehrmals am Tag. Oft wird das aus Rücksichtnahme gegenüber dem Gesprächspartner gemacht, um seine Gefühle nicht zu verletzten. Wir sagen dem anderen nicht, dass er schlecht riecht oder ein lausiger Koch ist. Täuschung ist also allgegenwärtig.

Deshalb ist es auch ganz normal, dass Kunden nicht immer ihre wahren Gedanken (also Einwände) äußern, sondern vorgeschobene Argumente (also Vorwände) bringen.

==Deshalb ist unsere ganz einfache Empfehlung: Verstehen Sie Einwände/Vorwände immer als versteckte Frage des Kunden nach dem Nutzen für ihn!==

Ein Kunde, der sagt

Kunde: „Ich habe kein Interesse",

fragt also

Kunde: „Lieber Berater, warum soll ich meine wertvolle Zeit diesem Thema opfern? Zeigen Sie mir meinen Vorteil, und ich nehme mir die Zeit!"

Ein Kunde, der einen Einwand bringt, stellt also die Frage, was er davon hat, wenn er ein Gespräch mit Ihnen führt. Und genau diese Frage gilt es zu beantworten.

Wenn Sie künftig genau hinhören, dann werden Sie die versteckte Frage heraushören!

Probieren Sie einmal die Refraiming-Methode, und Sie werden erleben, dass Sie künftig viele Einwände deutlich schneller und einfacher entkräften. Die Refraiming-Methode läuft in drei Schritten ab.

Schritt 1. Interpretieren Sie die Kundenaussage in einem positiven Kontext

Berater: „Verstehe ich Sie richtig, dass Sie sich nur mit Themen beschäftigen, die Ihnen persönlich wichtig sind?"

Hier wird der Kunde meistens mit

Kunde: „Ja."

antworten. Aber wer weiß am besten, was aus seiner Sicht Vorteile sind? Natürlich der Kunde selbst. Deshalb fragen Sie den Kunden

Berater: „Welche Themen sind das?"

Jetzt liefert Ihnen der Kunde die Gründe, aus denen er ein Gespräch mit uns vereinbaren würde.

Falls der Kunde auf die Frage

Berater: „Verstehe ich Sie richtig, dass Sie sich nur mit Themen beschäftigen, die Ihnen persönlich wichtig sind?"

Kunde: „Nein."

antwortet, dann fragen Sie einfach nach.

Berater: „Wie muss ich es dann verstehen?"

Und wieder gibt mir der Kunde die Informationen und Argumente, die ich als Aufhänger für ein Gespräch brauche.

Schritt 2: Unterscheiden Sie Einwände und Vorwände

Stellen Sie jetzt noch sicher, dass der Kunde hier wirklich „offen" mit Ihnen war.

Berater: „Angenommen, ich kann Ihnen diesen Vorteil bieten, sind Sie dann grundsätzlich an einem Gespräch interessiert?"

Falls die erste Kundenaussage wirklich ein Einwand war, wird der Kunde ein Gespräch mit Ihnen führen.

Kunde: „Selbstverständlich!"

Falls die erste Kundenaussage nur ein Vorwand war, also eine vorgeschobene Aussage, hinter der sich ein anderer Grund verbirgt, dann wird der Kunde ausweichend antworten.

Kunde: „Mal sehen."

Selbst wenn der Kunde hier ausweichend antwortet, haben Sie noch einen Trumpf im Ärmel. Denn hier hilft die Aussage:

Berater: „Ihre Reaktion zeigt mir, dass es noch irgendetwas gibt, das Sie hindert, mit mir ein Gespräch zu führen. Was ist das?"

Jetzt kommt oft der wahre Grund. Starten Sie dann Ihre Einwandbehandlung einfach wieder bei Schritt 1.

So einfach kann man einen Einwand behandeln und dabei herausfinden, ob es sich gegebenenfalls um einen Vorwand gehandelt hat.

Schritt 3: Zielerreichung sicherstellen

Vereinbaren Sie jetzt einen Termin mit der Alternativtechnik.

Berater: „Setzen wir uns dann lieber diese Woche am Freitag um 12.00 Uhr zusammen oder nächste Woche am Montag um 15.00 Uhr?"

Oder steigen Sie direkt ins Gespräch ein.

Es ist ganz normal, wenn Sie jetzt noch skeptisch sind, ob das wirklich funktioniert. Je mehr Sie sich jedoch mit diesen Schritten beschäftigen, desto deutlicher wird Ihnen werden, welche Vorteile diese Vorgehensweise bringt.

Es gibt natürlich noch weitere Möglichkeiten, wie Sie auf die Kundenaussage

Kunde: „Ich habe kein Interesse an einem Gespräch"

reagieren können.

1. Die „Genau deswegen"-Methode

Hier geht es darum, die Aussage des Kunden aufzugreifen und als Grund für das Gespräch zu verwenden.

Berater: „Herr Kunde, genau das ist der Grund, warum wir einen Gesprächstermin vereinbaren sollten. In dem Gespräch werden Sie erkennen, wie interessant dieses Thema für Sie ist. Wann passt es Ihnen besser, diese Woche Mittwoch um 16.00 Uhr oder lieber Donnerstag um 14.00 Uhr?"

2. Die „Es ist ganz normal"-Methode

Bei dieser Methode geht es darum, den Kunden aufzuzeigen, dass es nichts Ungewöhnliches ist, dass er jetzt noch kein Interesse hat.

Berater: „Herr Kunde, es ist ganz normal, dass Sie jetzt noch kein Interesse haben. Die Vorteile, die Ihnen dieses Angebot bietet, erkennen Sie erst in einem persönlichen Gespräch. Deshalb ist es wichtig, dass wir einen gemeinsamen Termin vereinbaren. Wann passt es Ihnen besser, diese Woche Mittwoch um 16.00 Uhr oder lieber Donnerstag um 14.00 Uhr?"

3. Die direkte Rückfrage

Diese einfache Methode spielt den Ball wieder dem Kunden zurück.

Berater: „Gut, dass Sie das so offen sagen. Was ist denn der Grund dafür?"

4. Die „Ihre Antwort zeigt mir"-Methode

Auch bei dieser Methode geht es darum, den Ball wieder an den Kunden zurückzuspielen.

Berater: „Ihre Antwort zeigt mir, dass noch etwas unklar ist. Was ist es?"

oder

Berater: „Ihre Antwort zeigt mir, dass es noch etwas gibt, das wir nicht besprochen haben. Was ist es?"

5. Die „Wann doch"-Methode

Hier geht es darum, den Kunden nach den Gründen zu fragen, die erfüllt sein müssen, damit er doch Interesse an einem Gespräch hat.

Berater: „Was müsste erfüllt sein, dass Sie doch Interesse an einem Gespräch haben?"

oder

Berater:	*„Was wäre ein Grund für Sie, mit mir über dieses Thema zu sprechen?"*

oder

Berater:	*„Unter welchen Umständen wären Sie an einem Gespräch interessiert?"*

Falls Ihnen spontan nichts anderes einfällt, dann können Sie auch einfach „Warum?" fragen. Bei den Fragen wieso, weshalb und warum handelt es sich aber um sogenannte Rechtfertigungsfragen. Das bedeutet, dass Ihr Gesprächspartner in eine Rechtfertigungshaltung kommt.

Ein kleines Beispiel:

Ihr Chef ruft Sie an und eröffnet das Gespräch mit den Worten „Warum haben Sie ...?" Erwarten Sie jetzt ein großes Lob, oder gehen Sie eher davon aus, dass es etwas Kritisches zu besprechen gibt? Fast alle Seminarteilnehmer sind der Meinung, dass bei diesem Gesprächseinstieg mit Kritik zu rechnen ist, für die Sie sich rechtfertigen müssen.

Nachdem sich die wenigsten Menschen gerne rechtfertigen, ist es sinnvoll diese Fragen nur im Ausnahmefall zu stellen.

5. Begeistern Sie Ihre Kunden durch eine qualifizierte Kundenanalyse

> *„Der einzige Mensch, der sich vernünftig benimmt, ist mein Schneider. Er nimmt jedes Mal neu Maß, wenn er mich trifft, während alle anderen immer die alten Maßstäbe anlegen in der Meinung, sie passten auch heute noch."*
> George Bernard Shaw

Das Deutsche Institut für Service-Qualität (DISQ) hat Ende 2010 bei 15 großen Versicherungen die Beratungsqualität zu den Bereichen Altersvorsorge, Risikovorsorge und Sachversicherungen in insgesamt 150 anonymen Beratungen getestet. Das Ergebnis fasst Alexander Klement unter der Überschrift „Beratungsqualität bei Versicherern: Viel Luft nach oben" zusammen.

„Versicherungen sind oft kompliziert, manchmal auch völlig überflüssig. Der Berater oder Vermittler soll für den Kunden Licht ins Dunkel bringen, seinen Bedarf ermitteln und maßgeschneiderte Lösungen finden. Dass dies oft nicht richtig klappt, hat das Deutsche Institut für Servicequalität im Auftrag von n-tv herausgefunden.

Die Altersvorsorge ist ein heikles Thema. Die Versicherungen buhlen um die Gunst der Kunden, denn die Verträge laufen oft 20 Jahre und länger. Die Verbraucher sind mit der breiten Angebotspalette überfordert. Hier ist eine gute Beratung inklusive einer gezielten Bedarfsanalyse besonders wichtig: [...]

Fünf Teilbereiche sind mit in die Bewertung in unterschiedlicher Gewichtung mit eingeflossen. Untersucht wurden die Qualität des Umfelds, der Aktivitätsgrad, die Bedarfsanalyse, die Lösungskompetenz und die Kommunikationsqualität, wobei die Bedarfsanalyse und die Lösungskompetenz zusammen mit der Kommunikationsqualität am stärksten gewichtet wurden.

Bedarf nicht richtig ermittelt

In Sachen Bedarfsanalyse haben viele Versicherer ihre Hausaufgaben noch nicht gemacht. Über ein befriedigendes Ergebnis kam hier kein Versicherer hinaus. Besonders wenig erfragten die Berater, wenn es um die Berufsunfähigkeitsversicherung ging. Bei fast jedem fünften Gespräch über dieses Produkt wurde nicht nach der Höhe des Einkommens gefragt. Das überrascht, denn das Erwerbseinkommen soll ja letztendlich abgesichert werden.

Ähnlich schlecht sind die Ergebnisse auch bei der Altersvorsorge. Nur 16 Prozent der Versicherer erkundigten sich nach laufenden Krediten und nur ein Drittel nach Geldanlagen der Kunden. 26 Prozent der Berater fragten nicht nach der Sparrate bei den Altersvorsorgeprodukten.

Lösungen oft nicht individuell genug

Auch bei der Lösungskompetenz patzten viele Kundenberater der Versicherer. In den 150 Beratungsgesprächen ist es zu fünf Falschaussagen gekommen, bei jeder zehnten Beratung konnten die Fragen der Interessenten nicht vollständig beantwortet werden. Nur zwei Drittel der Kunden erhielten auf ihre individuellen Bedürfnisse zugeschnittene Angebote.

Gravierende Mängel gab es auch bei der Kostentransparenz. Nur jeder vierte Berater konnte die Kostenstruktur der Produkte transparent darlegen. Aufhorchen sollten die Versicherer auch bei der Beurteilung ihres Vertriebspersonals. Die Tester schätzten jeden fünften Berater als nicht glaubwürdig genug und jeden vierten sogar als nicht ausreichend vertrauenswürdig ein. Darüber hinaus empfand jeder dritte Kunde das Auftreten des Beraters belehrend."

Quelle: Alexander Klement „Beratungsqualität bei Versicherern: Viel Luft nach oben"
http://www.n-tv.de/ratgeber/Viel-Luft-nach-oben-article2303801.html

5.1 Einstieg in das Analysegespräch

Nach Begrüßung, persönlicher Vorstellung und Klärung des Zeitrahmens geht es nun um den Einstieg in das Analysegespräch. Erinnern Sie den Kunden erneut an die Ziele, die Sie mit einer Vorsorgeberatung erreichen wollen:

Berater: *„Herr Kunde, in unserem heutigen Gespräch geht es darum, wie Sie*
1. Ihre Erträge steigern können,
2. Ihr Einkommen absichern können,
3. Ihre Kosten reduzieren können.
Was halten Sie davon?"

Sehr wahrscheinlich wird der Kunde mit einer Aussage wie

Kunde: *„Finde ich gut."*

antworten, denn wenn er diese Themen nicht interessant finden würde, dann würden Sie dieses Gespräch jetzt nicht führen. Ist es dann trotzdem sinnvoll, diese Frage zu stellen? Ja, denn in dieser Phase sagt der Kunde etwas Positives. Positive Aussagen wirken sich gut auf die Stimmung des Kunden und des Beraters aus.

Als Nächstes geht es darum, zu hinterfragen, ob der Kunde individuell beraten werden will.

Berater: *„Herr Kunde, wie wichtig ist Ihnen eine Vorsorgeberatung, die genau auf Ihre persönliche Situation abgestellt ist?"*

Kunden, die zu einem Beratungsgespräch kommen, antworten hier (fast) immer sinngemäß

Kunde: *„Natürlich möchte ich eine Beratung, die zu mir und meiner Situation passt."*

Genau darum geht es in Ihrer Vorsorgeberatung. Sie bieten eine individuelle Beratung. Das funktioniert jedoch nur, wenn Sie die Ziele des Kunden und seine finanzielle Situation kennen.

Bevor Sie jedoch diese Punkte besprechen, schaffen Sie noch Transparenz über Ihre Vorgehensweise! Warum ist dies so wichtig?

Stellen Sie sich vor, dass Sie ein Freund am Samstag anruft und fragt, ob Sie am Abend mit ihm weggehen. Sagen Sie spontan „Ja" oder wollen Sie vorher wissen, wo es hingeht, wer mitgeht, wer fährt und vor allem wer zurückfährt?

Wenn wir schon von einem Freund eine genaue Orientierung möchten, wie kritisch sind wir dann erst bei einem Menschen, den wir nicht so gut kennen? Zeigen Sie dem Kunden genau auf, wie Sie vorgehen und welche Punkte Sie mit ihm besprechen wollen.

Nutzen Sie hierzu einen Vergleich.

Berater: *„Herr Kunde, bei einer Vorsorgeberatung gehe ich vor wie ein guter Architekt, der einen Anbau an ein Haus plant. Was macht ein guter Architekt, der einen Anbau an ein Haus plant? (Als rhetorische Frage.) Er bespricht die Ziele und Wünsche, klärt den Etat und schaut sich das bestehende Haus an. Dann macht er einen Plan, stellt diesen vor, und der Kunde entscheidet über die Umsetzung."*

Zu diesem Beispiel ein paar Anmerkungen, die Ihnen helfen, die optimale Wirkung zu erzielen:

1. Warum „Architekt"?

Architekten haben eine fundierte Ausbildung und ein hohes Sozialprestige. Mit diesem Beispiel projizieren Sie dieses positive Bild auf sich.

2. Warum „Anbau" und nicht „Neubau"?

Meistens arbeiten Sie mit Kunden zusammen, die bereits finanzielle Entscheidungen getroffen haben. Als seriöser Berater geht es Ihnen darum, bestehende Konzepte zu optimieren. Sie wollen nicht einfach alles abreißen, um dann komplett neu zu bauen.

3. Warum „Anbau an ein Haus" und nicht „Anbau an Ihr Haus"?

Sobald wir den Kunden direkt ansprechen, ist er bei diesem Thema persönlich eingebunden. Dies ist grundsätzlich gut. Allerdings besteht in dieser Situation auch die Möglichkeit, dass der Kunde denkt „ich habe doch gar kein Haus" oder „ich will doch an meinem Haus gar nicht anbauen". Deshalb halten Sie diesen Punkt allgemein.

4. Warum „rhetorische Frage"?

Lassen Sie den Kunden aktiv antworten, dann binden Sie ihn stärker ein. Allerdings kann es sein, dass der Kunden ganz anders antwortet, als Sie es erwarten. Dann müssen Sie noch mehr erklären. Deshalb machen Sie es sich leicht, indem Sie eine rhetorische Frage stellen, also eine Frage, auf die keine Antwort erwartet wird. Bei rhetorischen Fragen ist es wichtig, dass Sie ohne Unterbrechung weiterreden.

Vielleicht stellt sich der Kunden die Frage: „Was hat das jetzt mit mir zu tun?" Nun ist es wichtig, eine Überleitung zu Ihrem Beratungsgespräch zu finden.

Berater:	*Herr Kunde, und genau so arbeite ich, nur in finanzieller Hinsicht. Unser Beratungsgespräch läuft in drei Schritten ab.* *1. Sie legen Ihre Wünsche und Ziele fest.* *2. Wir besprechen Ihre bisherigen finanziellen Entscheidungen.* *3. Ich erarbeite Ihnen ein Konzept, und Sie entscheiden über die Umsetzung.* *Was halten Sie von dieser Vorgehensweise?"*

Die meisten Kunden finden diese durchdachte Konzeption gut.

Sie benötigen sehr viele Informationen vom Kunden. Klären Sie deshalb auch noch, ob er bereit ist, ganz offen mit Ihnen darüber zu sprechen und stellen Sie die Bedeutung des Beratungsbogens heraus.

Berater:	„*Herr Kunde, es geht um ein wichtiges Thema – Ihr Geld. Damit wir die Sicherheit haben, dass keine Informationen vergessen werden, haben wir unseren Bogen zur Vorsorgeberatung. Diesen möchte ich jetzt gemeinsam mit Ihnen besprechen. Können wir ganz offen über Ihre Ziele und Ihre persönliche Situation reden?"*

Falls der Kunde antwortet

Kunde:	„*Selbstverständlich können wir das.",*

dann setzen Sie die Analysephase fort.

Falls der Kunde aber zögerlich reagiert

Kunde:	„*Naja, ich weiß auch nicht so recht.",*

dann hilft Ihnen die Frage, die Sie am Anfang des Gesprächs gestellt haben. Hier hat der Kunde seine Erwartung nach einer individuellen Beratung definiert. Genau diese Aussage können Sie jetzt nutzen.

Berater:	„*Herr Kunde, jetzt brauche ich Ihre Hilfe. Ihnen ist eine Beratung wichtig, die genau auf Ihre persönliche Situation abgestellt ist. Wie soll ich das aber machen, wenn ich keine Informationen über Ihre Situation habe?"*

Der Vorteil dieser Variante besteht darin, dass der Kunde jetzt in die Lösung für das Problem in die Mitverantwortung genommen wird.

Selten kommt auch vom Kunden die Aussage:

Kunde:	„*Das hört sich aber nach viel Arbeit an."*

Beachten Sie bitte, dass die Kunden dann meistens nicht die Arbeitszeit des Beraters, sondern die eigene Zeit meinen.

Berater:	*„Verstehe ich Sie richtig, dass Sie sich fragen, ob sich dieser Aufwand für Sie lohnt?"*
Kunde:	*„Ja."*
Berater:	*„Wann kann man denn Ihrer Meinung nach am ehesten entscheiden, ob sich ein Gespräch gelohnt hat? Bevor man es geführt hat oder danach?"*
Kunde:	*„Natürlich danach."*

Sie können hier noch einen Verstärker setzen.

Berater:	*„Angenommen, ich kann Ihnen mit 80-prozentiger Sicherheit sagen, dass sich das Gespräch für Sie lohnt. Wollen wir dann loslegen?"*
Kunde:	*„Wie kommen Sie denn auf 80 Prozent?"*
Berater:	*„Ganz einfach: Wenn ich zehn Gespräche mit Kunden führe, dann hat sich bei acht davon die finanzielle Situation anschließend verbessert. Und die restlichen zwei haben die Sicherheit, dass alles optimal geregelt ist."*

5.2 Persönliche Situation

Auf den folgenden Seiten sehen Sie immer einen Auszug aus einem Analysebogen zur Vorsorgeberatung. Den vollständigen Bogen haben wir im Anhang eingefügt.

Kundeninformation

Kunde	Partner
Kunden-Nr.: _____	**Kunden-Nr.:** _____
Name, Vorname: _____	Name, Vorname: _____
Telefon: _____	Telefon: _____
Handy: _____	Handy: _____
eMail: _____	eMail: _____
Geburtsdatum: _____	Geburtsdatum: _____
Beruf: _____	Beruf: _____
Arbeitgeber: _____	Arbeitgeber: _____
Steuernummer: _____	Steuernummer: _____
Steuer-Ident-Nr. _____	Steuer-Ident-Nr. _____
Steuerberater: _____	Steuerberater: _____
Hobbys: _____	Hobbys: _____

Familienstand/Güterstand: _____

Anschrift: _____

Name(n) Kind(er)/Geb.-Datum:	Name(n) Kind(er)/Geb.-Datum:
Name(n) Enkel/Geb.-Datum:	Name(n) Enkel/Geb.-Datum:
Name(n) Patenkind(er)/Geb.-Datum:	Name(n) Patenkind(er)/Geb.-Datum:
Hausbesitzer: ☐ ja ☐ nein	Hausbesitzer: ☐ ja ☐ nein

Berater: „Bevor wir in die Beratung einsteigen, lassen Sie uns noch Ihre persönlichen Daten besprechen."

Fragen Sie auch bei Ledigen nach Kindern. Um Kinder in die Welt zu setzen, muss man nicht zwingend verheiratet sein. Fragen Sie auch nach Patenkindern, denn manche Paten sparen regelmäßig für die Patenkinder. Lassen Sie sich diese Chancen nicht entgehen.

Manche Kunden fragen, warum das Thema „Hobbys" wichtig ist. Dies ist ganz einfach erklärt.

Berater: „Herr Kunde, beim Thema ‚Einkommen absichern' gibt es risikorelevante Hobbys, wie z.B. Fallschirmspringen oder Tauchen, die zu berücksichtigen sind."

Bitte klären Sie, ob der Partner bei der finanziellen Planung berücksichtigt werden soll.

Berater: „Wollen Sie noch Ihren Partner/Ihre Partnerin bei der finanziellen Planung berücksichtigen?"

Diese Frage ist auch bei Beziehungen ohne Trauschein sinnvoll, denn auch unverheiratete Paare treffen ihre finanziellen Entscheidungen manchmal gemeinsam.

WICHTIG: Es geht darum, was der Kunde in seiner Situation richtig findet. Ihre persönliche Meinung kann dagegen ganz anders sein. Der Kunde wird allerdings nach seinen Wertmaßstäben entscheiden. Also: Fragen Sie ganz einfach und ohne Vorurteile.

5.3 Vorsorgeziele des Kunden

Es geht hier darum, die Einstellung des Kunden zu bestimmten Themen zu erfragen.

Diese ausführliche Analyse ist notwendig, um zu erkennen, welche Dinge dem Kunden wichtig sind. Denn nur der Kunde ist Spezialist für seine persönlichen Ziele und Wünsche.

Vermögen aufbauen

> **Vermögen aufbauen**
>
> ☐ Priorität:
>
> ☐ wichtig ☐ sehr wichtig ☐ weniger wichtig

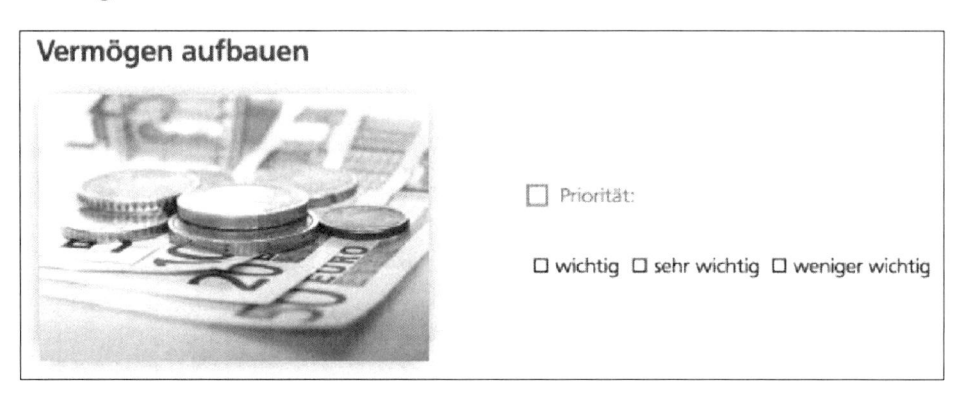

Bei diesem Punkt klären Sie die Einstellung des Kunden rund um das Thema „Vermögen aufbauen", auch unter Einbezug der staatlichen Förderungen.

Berater:	„Herr Kunde, ich gehe mal davon aus, dass Sie hart für Ihr Geld arbeiten müssen. Wie wichtig ist es für Sie, dass Ihr Geld auch hart für Sie arbeitet?"
Kunde:	„Das ist mir schon wichtig!"
Berater:	„Nachdem Sie hart für Ihr Geld arbeiten müssen, stellt sich die Frage, ob das Geld dann hart für Sie oder fürs Finanzamt arbeiten soll?"
Kunde:	„Das Geld soll schon für mich und nicht für das Finanzamt arbeiten."
Berater:	„Welche Bedeutung hat es für Sie, dass Sie zusätzlich staatliche Förderungen kassieren?"
Kunde:	„Was ich vom Staat kriegen kann, nehme ich natürlich mit!"

Aufgabe:
1. Welche Möglichkeiten bieten Sie dem Kunden, seine Erträge zu erhöhen?
2. Welche Angebote haben Sie, mit denen der Kunde seine steuerpflichtigen Erträge reduzieren kann?
3. Welche Möglichkeiten der staatlichen Förderungen können Sie dem Kunden bieten?

Vorsorge für die Zukunft

> **Vorsorge für die Zukunft**
>
> ☐ Priorität:
>
> ☐ wichtig   ☐ sehr wichtig   ☐ weniger wichtig

Berater: „Wann geben Sie mehr Geld aus, während der Arbeit oder in der Freizeit?"

Kunde: „In der Freizeit."

Manchmal antworten hier Kunden auch:

Kunde: „Während der Arbeit."

Berater: „Herr Kunde, da bin ich aber überrascht. Warum ist das bei Ihnen so?"

Dadurch spielen Sie den Ball wieder an den Kunden zurück und dieser erklärt Ihnen die Hintergründe.

Berater: „Welche Bedeutung hat es für Sie, dass Sie ausreichend Geld zur Verfügung haben, wenn Sie mal 365 Tage Freizeit haben, nämlich im wohlverdienten Ruhestand?"

Kunde: „Mir ist das sehr wichtig!"

Falls der Kunde im weiteren Gesprächsverlauf seine Zielrente sehr niedrig ansetzt, können Sie ihn mit dieser Aussage konfrontieren. Erinnern Sie ihn dann daran, dass es ihm wichtig war „ausreichend Geld im Ruhestand zur Verfügung zu haben".

Berater: „Welches Vertrauen haben Sie in die gesetzliche Rentenversicherung?"

Kunde: „Eher wenig."

Berater: „Das sehen viele meiner Kunden genauso und sorgen privat vor. Wie sehen Sie das?"

Kunde: „Sehe ich auch so."

Viele Kunden sagen hier auch:

Kunde: „Da habe ich schon was gemacht."

Berater: „Es ist gut, dass Sie schon etwas gemacht haben. Lassen Sie uns Ihre bisherigen Entscheidungen im zweiten Schritt genauer anschauen."

Interpretieren Sie das als Zeichen, dass dem Kunden dieses Thema wichtig ist. Um den Gesprächsfluss nicht zu unterbrechen, empfiehlt es sich, die abgeschlossenen Verträge in der zweiten Phase bei „Ihre bisherigen finanziellen Entscheidungen" zu besprechen.

Manchmal antworten Kunden auf diese Frage auch:

Kunde: „Das ist ja alles schön und gut, aber ich will jetzt gut leben."

Hier können Sie die Kernaussage „gut leben" in den Vordergrund stellen.

Berater: „Verstehe ich Sie richtig, dass es Ihnen um einen guten Lebensstandard geht?"

Meistens ist die Interpretation richtig und der Kunde antwortet:

Kunde: „Ja, schließlich will ich mir was gönnen."

Machen Sie dem Kunden bewusst, dass sich die Frage nach dem Konsumverzicht gar nicht stellt. Es geht nur darum, ob jetzt ein kleiner Verzicht oder später ein großer Verzicht zu leisten ist.

Berater: „Herr Kunde, wie lange möchten Sie gut leben? Bis zur Rente oder auch danach?"

Damit regen Sie den Kunden zum Nachdenken an.

Kunde: „Naja, im Rentenalter will ich schon auch gut leben."

Falls der Kunde trotzdem nichts für die Altersvorsorge tun will, dann hat er einfach kein Interesse an diesem Thema. In dem Fall geht es nun darum, die anderen Vorsorgethemen abzuklären.

Berater: „Haben Sie Ihre Altersvorsorge mit oder ohne Sparzielgarantie?"

Die meisten Kunden können mit dem Begriff „Sparzielgarantie" nichts anfangen und fragen nach:

Kunde: „Was bedeutet Sparzielgarantie?"

Warum fragen wir den Kunden etwas, wenn wir wissen, dass er es nicht weiß?

Ganz einfach. Manchmal sind sich die Kunden in diesem Stadium noch nicht sicher, ob Sie Ihnen die Versicherungsunterlagen geben sollen. Somit werfen Sie eine Frage auf, die es zu klären gilt.

Berater: „Herr Kunde, unter Sparzielgarantie versteht man, dass sich Ihre Altersvorsorge auch dann weiter aufbaut, wenn Sie aufgrund von Unfall oder Krankheit Ihren Beruf nicht mehr ausüben können."

Es geht also um die Beitragsbefreiung einer Renten- oder Lebensversicherung im Falle der Berufsunfähigkeit des Kunden.

Die meisten Kunden wissen das nicht.

Kunde: „Bin ich mir nicht sicher."

Und jetzt können Sie eine Klärung anbieten:

Berater: „Was halten Sie davon, wenn ich das anhand Ihrer Unterlagen für Sie prüfe?"

Kunde: „Doch, das wäre schon interessant zu wissen."

Und schon haben Sie dem Kunden einen weiteren Grund gegeben, Ihnen seine Unterlagen zur Prüfung zu überlassen.

Falls der Kunde Kinder oder Patenkinder hat, sprechen Sie auch die Absicherung der Ausbildungskosten an.

Berater: „Herr Kunde, wie stehen Sie zu der Aussage, dass die beste Geldanlage eine Investition in die Ausbildung der Kinder ist?"

Kunde: „Das sehe ich genau so."

Berater „Welche Bedeutung hat es für Sie, bereits heute einen Grundstein für die Ausbildung der Kinder zu legen?"

Kunde: „Ja, das wäre interessant."

Risiken absichern

Risiken absichern rechtzeitig planen und gestalten

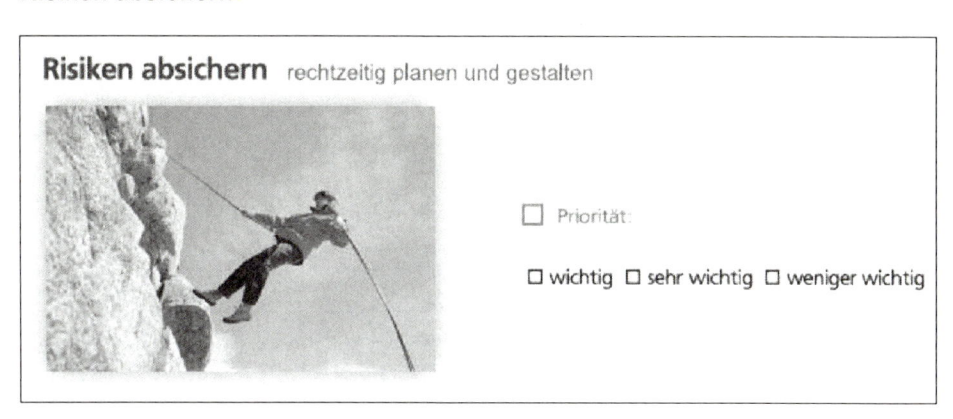

☐ Priorität:

☐ wichtig ☐ sehr wichtig ☐ weniger wichtig

Hier geht es um den Tod des Kunden und um Ereignisse, die seine Gesundheit negativ beeinflussen. Menschen neigen dazu, diese Themen zu verdrängen. Sie als Berater können Tod, Unfall oder Krankheit nicht verhindern. Ihre Aufgabe besteht darin, die finanziellen Folgen abzusichern.

Wenn Sie fragen

Berater: *„Welche Bedeutung hat es für Sie, dass Ihre Familie abgesichert ist, wenn Sie morgen versterben?",*

dann kann dies negative Emotionen auslösen. Es ist nicht mit Sicherheit auszuschließen, dass dieses Ereignis wirklich eintritt. Kein Mensch möchte sich vorstellen, dass er morgen verstirbt.

Nutzen Sie hier die Psychologie und verlegen Sie negative Ereignisse in eine fiktive Vergangenheit.

Berater: *„Welche Bedeutung hat es für Sie, dass Ihre Familie abgesichert ist, wenn Sie gestern verstorben wären?"*

Diese Annahme kann mit Sicherheit ausgeschlossen werden, und somit erleichtern Sie es dem Kunden, sich mit diesem Thema auseinanderzusetzen. Diese Frage macht natürlich nur Sinn, wenn der Kunde überhaupt Familie hat.

Beim nächsten Thema geht es um die Einkommensabsicherung.

Berater: *„Kennen Sie Ihren WdA?"*

Diesen kennt der Kunde normalerweise nicht, wird dadurch neugierig und fragt nach.

Kunde: *„Was ist das denn?"*

Es handelt sich um den „Wert der Arbeitskraft", also die Summe, die der Kunde bis zum Rentenalter noch verdient.

Berater: „Es handelt sich um den ‚Wert der Arbeitskraft'. Wollen wir Ihren Wert der Arbeitskraft einmal ausrechnen?"

Die Erfahrung zeigt, dass die meisten Kunden jetzt neugierig geworden sind und mit

Kunde: „Ja, das interessiert mich."

antworten.

Wie berechnet sich der „Wert der Arbeitskraft"?

Nettogehalt x Restlebensarbeitszeit x Anzahl der Gehälter pro Jahr

Berater: „Herr Kunde, wie hoch ist Ihr Nettogehalt?"

Kunde: „So 2.500,- Euro im Monat."

Berater: „Wie lange müssen Sie bis zur Rente noch arbeiten?"

Fragen Sie hier bitte „Wie lange <u>müssen</u> Sie bis zur Rente noch arbeiten?" und nicht „Wie lange wollen Sie noch arbeiten?". Bei der Formulierung „Wie lange wollen Sie noch arbeiten?" lautet die Antwort häufig „möglichst nicht mehr so lange".

Kunde. „Naja, in meinem Alter wohl bis zum 67. Lebensjahr."

In diesem Moment ist es natürlich wichtig zu wissen, ab wann der Kunde Anspruch auf die gesetzliche Rente hat.

Berater: „Das sind dann noch 37 Jahre. Wie viele Gehälter bekommen Sie im Jahr?"

Erfassen Sie das gesamte Einkommen des Kunden. Im Falle der Berufsunfähigkeit fällt ja auch genau dieses Einkommen weg.

Kunde: „Bei uns sind es 13 Gehälter und ein halbes Gehalt Urlaubsgeld."

Wenn Sie den WdA ausgerechnet haben, dann zeigen Sie Ihrem Kunden den Wert am Taschenrechner.

Berater: „Herr Kunde, Ihr WdA beträgt 1.248.750,- Euro."

Die meisten Kunden sind jetzt über die Höhe ihres künftigen Einkommens überrascht.

Was glauben Sie, wie ein Kunde eine Sache mit einem Wert von 1.248.750,- Euro versichern würde? Denken Sie nur daran, wie viele Kunden ihr Auto Vollkasko versichern. Es bietet sich also an, hier einen Vergleich mit einer Sache herzustellen.

Berater: *"Angenommen, Sie hätten eine Maschine im Keller, die Ihnen monatlich 2.500,- Euro druckt. Das sind bis zum Rentenalter 1.248.750,- Euro. Wie würden Sie diese versichern?"*

Es kommt äußerst selten vor, dass die Kunden anders reagieren als mit

Kunde: *"Die würde ich sehr gut versichern."*

Leiten Sie das Gespräch jetzt wieder in Richtung „Absicherung des Einkommens".

Berater: *"Herr Kunde, Sie haben es sich vermutlich schon gedacht. Im übertragenen Sinn sind Sie diese Maschine. Welche Bedeutung hat es für Sie, dass Ihnen Ihr Einkommen erhalten bleibt, wenn Sie aufgrund von Unfall oder Krankheit Ihren Beruf nicht mehr ausüben können?"*

Es ist geschickter, die vorgeschlagene Formulierung zu verwenden und nicht „Sie sind diese Maschine" zu sagen. Menschen mit Maschinen zu vergleichen ist nicht eben optimal.

Die meisten Kunden antworten an dieser Stelle mit

Kunde: *"Sehr wichtig."*

Falls der Kunde antwortet

Kunde: *"Sie meinen wohl eine Absicherung gegen Berufsunfähigkeit? Da habe ich schon etwas gemacht.",*

signalisiert er, dass er dieses Thema wichtig findet. Loben Sie den Kunden für seine Entscheidung und vertagen Sie die ausführliche Analyse auf den nächsten Schritt.

Berater: *"Es ist gut, dass Sie sich schon privat gegen Berufsunfähigkeit abgesichert haben. Lassen Sie uns das im zweiten Schritt genauer anschauen."*

Verstärken Sie noch das Bewusstsein des Kunden für das Thema Einkommensabsicherung. Zeigen Sie dem Kunden, der nach dem 01.01.1961 geboren ist, was er im Falle der Berufsunfähigkeit vom Staat zu erwarten hat.

Berater: *"Herr Kunde, möchten Sie noch wissen, was Sie im Falle der Berufsunfähigkeit vom Staat bekommen?"*

Dieses Thema interessiert den Kunden natürlich, und er sagt:

Kunde: *"Ja, was bekomme ich denn dann?"*

Falls Sie mit dem Taschenrechner gearbeitet haben, dann lassen Sie den Kunden jetzt auf dem Taschenrechner die Taste „C" drücken.

Kunde: „Herr Kunde, drücken Sie bitte mal ‚C' auf dem Taschenrechner."

Dann erscheint die Zahl „0".

Berater: „Genau das können Sie vom Staat im Falle Ihrer Berufsunfähigkeit erwarten!"

Manchmal sprechen Kunden an, dass es doch vom Staat eine Erwerbsminderungsrente gibt. Nachdem die Unterscheidung zwischen Erwerbsminderungsrente und Berufsunfähigkeitsabsicherung ein wichtiges Thema ist, wird es bei der Ist-Analyse noch ausführlich mit dem Kunden besprochen.

Ein weiteres wichtiges Thema ist die Absicherung der Pflegebedürftigkeit. Wählen Sie die Ansprache nach der persönlichen Situation des Kunden aus.

1. Kunden mit Familie und Vermögen

Stellen Sie hier den Vermögenserhalt in den Vordergrund.

Berater: „Herr Kunde, welche Bedeutung hat es für Sie, dass Ihr Vermögen für Sie und Ihre Familie erhalten bleibt, wenn Sie pflegebedürftig werden sollten?"

2. Kunden mit Familie und ohne Vermögen

In diesem Fall kann es eine Motivation des Kunden sein, dass seine Kinder im Pflegefall nicht für ihn zahlen müssen.

Berater: „Herr Kunde, welche Bedeutung hat es für Sie, dass Ihre Kinder nicht für Sie zahlen müssen, wenn Sie pflegebedürftig werden sollten?"

3. Alleinstehende

Kunden mit Familie gehen vielleicht davon aus, dass sie von ihren Kindern gepflegt werden. Alleinstehende brauchen jemanden, der sich um sie kümmert.

Berater: „Herr Kunde, welche Bedeutung hat es für Sie, dass Sie jemanden haben, der sich um Sie kümmert, wenn Sie pflegebedürftig werden sollten?"

Zum Themenbereich „Risiken absichern" gehört auch die Absicherung der Folgen eines Unfalls.

Das Einkommen des Kunden sollte in dieser Situation über eine Berufsunfähigkeitsversicherung abgesichert sein. Neben den möglichen Einkommensausfällen entstehen einmalige Kosten für den Kunden.

Berater: „Herr Kunde, angenommen Sie hätten gestern einen Unfall gehabt und dadurch dauernde gesundheitliche Einschränkungen. Welche Kosten würden dann auf Sie zukommen?"

Risikosituation allgemein
Nach einem Unfall ...

Sofort anfallende Kosten	Euro
Rampe und Treppenlift	16.000
Schwellen, Türen	15.000
Elektrik	5.000
Bad, Küche	35.000
Spezialbett	5.000
Auto	25.000

z. B. 101.000 Euro

Dauerhaft möglicher Bedarf	Euro
Behandlungskosten außerhalb der GKV/PKV	1.000
Eigenanteil Pflegekraft	21.300
Haushaltshilfe	3.900
Erhöhte Ausbildungskosten	15.000
Gehaltsausfall, -entwicklung, entgangene Beförderung	10.000

z. B. 22.300 Euro/Jahr

Berater: „Herr Kunde, welche Bedeutung hat es für Sie, dass diese Kosten abgesichert sind?"

Sie haben jetzt bereits viele Themen mit dem Kunden besprochen. Bleibt noch zu klären, mit welcher Priorität der Kunde diese Themen angehen will.

Berater: *„Herr Kunde, jetzt haben wir Ihre Ziele besprochen. Wenn Sie bitte noch festlegen, was Ihnen am wichtigsten ist? Bitte mit 1, 2 und 3 kennzeichnen."*

Manchmal erzählen uns Berater, dass Sie am Anfang nicht sicher waren, ob diese Vorgehensweise bei der Analyse wirklich funktioniert. Doch sobald Sie sich überwunden hatten, es auszuprobieren, klappte es hervorragend. Versuchen Sie es einfach, und die Ergebnisse werden auch Sie überzeugen.

5.4 Treffen Sie konkrete Vereinbarungen

Den ersten Schritt, „Sie legen Ihre Ziele und Wünsche fest", haben Sie mit dem Kunden gemacht.

Klären Sie jetzt eines der zentralen Themen der Vorsorgeberatung: Die Investitionsbereitschaft. Beginnen Sie mit einem Zitat, denn Zitate von erfolgreichen Persönlichkeiten sind die Essenz einer großen Lebenserfahrung. Sie regen zum Nachdenken an und können gezielt in bestimmten Situationen angewendet werden.

Berater: „Henry Ford hat einmal gesagt: ‚Man wird nicht durch das Geld reich, das man verdient, sondern durch das Geld, das man nicht ausgibt.' Wie viel ist Ihnen das Erreichen Ihrer Ziele monatlich mindestens wert?"

Nach dieser Frage gibt es nur zwei Tipps für den Berater:

Halten Sie einen guten Blickkontakt. Dies signalisiert dem Kunden, dass er jetzt gefordert ist. Sollte es eine Weile dauern, bis der Kunde reagiert, dann geben Sie ihm die Zeit. Manche Menschen denken erst nach, bevor Sie etwas sagen. Unterbrechen Sie diesen Prozess beim Kunden nicht, sondern schweigen Sie, bis der Kunde Ihnen antwortet.

Kunde: „Also so 150,- Euro müssten noch gehen."

Es kann sein, dass der Kunde aber auch antwortet:

Kunde: „Ich habe keinen Überblick, wie viel ich noch sparen kann."

Dann sollten Sie die Investitionsbereitschaft erst klären, nachdem Sie die Haushaltsrechnung erstellt haben.

Berater: „Herr Kunde, lassen Sie uns gemeinsam eine Haushaltsrechnung erstellen und dann klären, wie viel Sie monatlich investieren können."

Bei Kunden, die antworten

Kunde: „Ich kann wirklich nichts mehr sparen.",

geht es dann eben darum, dies über die Haushaltsrechnung zu prüfen. Sollte wirklich kein Überschuss vorhanden sein, dann kann es immer noch sinnvoll sein, bestehende Verträge umzustellen.

Sie haben die Investitionsbereitschaft des Kunden geklärt. Führen Sie dem Kunden bitte mit Vorabschlussfragen vor Augen, dass es in Ihrem Konzept zur Vorsorgeberatung auch um Entscheidungen geht.

Abbildung 29: „... so, jetzt wird´s Ernst!"

Klären Sie mit den folgenden Vorabschlussfragen, ob der Kunde überhaupt bereit ist, mit Ihnen zusammenzuarbeiten.

Berater: *„Angenommen, ich habe ein Konzept, das genau zu Ihren Erwartungen und Zielen passt, setzen Sie es dann auch mit mir um?"*

Weiterhin sollten Sie sich Klarheit darüber verschaffen, ob noch jemand in die Entscheidungsfindung einzubinden ist.

Berater: *„Wollen oder müssen Sie in die Entscheidung über dieses Konzept noch jemanden mit einbeziehen?"*

Klären Sie auch die Bereitschaft des Kunden, bestehende Verträge zu verändern.

Berater: *„Falls es sinnvoll ist, bestehende Verträge umzustellen, sind Sie dann dazu bereit?"*

Prüfen Sie, ob bei der Beantwortung von Gesundheitsfragen Probleme auftreten können.

Berater: *„In unserem Konzept geht es unter anderem um das Thema ‚Risiken absichern'. Dafür sind teilweise auch Fragen zur Gesundheit notwendig. Deshalb stellt sich die Frage: ‚Haben Sie gesundheitliche Einschränkungen, die wir berücksichtigen müssen?'."*

Manchmal signalisieren Kunden hier, dass sie schon Erkrankungen haben bzw. hatten. Dann kann es sinnvoll sein, die Gesundheitsfragen gleich nach der Analyse der Ist-Situation mit dem Kunden zu besprechen. Damit stellen Sie sicher, dass Sie keine Angebote abgeben, die der Kunde dann ohnehin nicht mehr nutzen kann.

5.5 Aktuelle finanzielle Situation des Kunden

Nachdem Sie die Wünsche und Ziele Ihres Kunden geklärt haben, besprechen Sie nun im zweiten Schritt seine finanzielle Situation mit ihm.

Berater: „Lassen Sie uns jetzt im zweiten Schritt Ihre bisherigen finanziellen Entscheidungen besprechen."

Im jetzt folgenden Schritt werden die finanziellen Möglichkeiten Ihres Kunden festgestellt.

Ihr finanzieller Spielraum

Einkommen (p.M.)		Ausgaben (p.M.)	
Lohn/Gehalt/Rente (netto):	_____ €	Lebenshaltung: (700€/1000€/200€)	_____ €
Partner:	_____ €	Miete (inkl. Nebenkosten):	_____ €
Kindergeld:	_____ €	Wohnnebenkosten: (bei Wohneigentum 1€ pro m²)	_____ €
Mieteinnahmen:	_____ €	Auto (100€ je Auto):	_____ €
sonst. mtl. Einnahmen:	_____ €	Kredite/Darlehen:	_____ €
		Sparpläne:	_____ €
Summe:	_____ €	Summe:	_____ €
Überschuss/Unterdeckung:	============		
zu versteuerndes Einkommen:	_____	Jahresbruttoeinkommen:	_____

Da es die unterschiedlichsten Modelle für die gemeinsame Haushaltsführung gibt, fragen Sie Ihren Kunden danach, wie die Haushaltsrechnung in seinem Fall erfolgen soll.

Berater: „Herr Kunde, soll noch jemand bei der Haushaltsrechnung mit berücksichtigt werden?"

Kunde: „Natürlich, meine Partnerin."

oder

Kunde: „Nein, wir machen unsere Finanzen getrennt."

Erfahrungsgemäß lassen sich die Einnahmen bei Angestellten schnell ermitteln. Anders sieht es bei der Feststellung der Ausgaben aus. Während Miete, Kredite und bestehende Sparverträge feststehen oder aus vorhandenen Verträgen aufsummiert werden können, wird bei den Lebenshaltungskosten und den Kosten für das Auto oft zur Vereinfachung mit Pauschalen gerechnet. Hier kann das tatsächliche Ausgabeverhalten deutlich von den Pauschalen abweichen.

Deshalb sollten Sie bei sämtlichen Positionen hinterfragen, ob diese beim Kunden auch passen.

Berater: „Herr Kunde, wir rechnen bei den Lebenshaltungskosten mit einer Pauschale von 700,- Euro. Kommt das bei Ihnen hin?"

Es geht darum, die tatsächliche Einnahmen-Ausgaben-Situation des Kunden zu erfassen. Nur dann kann der Überschuss als Basis für die Angebote herangezogen werden.

Nachdem Sie (hoffentlich) einen Überschuss ermittelt haben, vergleichen Sie den errechneten Betrag mit der vom Kunden zuvor genannten Summe, die er bereit ist zu investieren.

Es gibt folgende Szenarien:

1. Der Kunde hat einen Überschuss und wollte nichts sparen

Berater: „Herr Kunde, falls sich aus der Analyse ergibt, dass noch Lücken bei Ihrer Vorsorge bestehen, sind Sie dann bereit, aus diesem Überschuss etwas zu investieren?"

Kunde: „Naja, so 100,- Euro könnte ich schon noch sparen."

Wenn der Kunde hierzu nicht bereit ist, prüfen Sie im nächsten Schritt, ob es sinnvoll ist, bestehende Verträge umzustellen. Ist der Kunde im Rahmen der Vorabschlussfragen auch dazu nicht bereit, klären Sie, ob es sinnvoll ist, das Gespräch weiterzuführen.

Berater: „Herr Kunde, Sie sind nicht bereit, monatlich für Ihre Vorsorge zu investieren. Weiterhin möchten Sie bestehende Verträge nicht umstellen. Ist es dann überhaupt sinnvoll, dass wir dieses Gespräch weiter führen?"

Falls der Kunde antwortet

Kunde: „Das ist eigentlich nicht sinnvoll.",

hat der Kunde das Gespräch beendet.

Ob Sie diese Frage wirklich stellen wollen, müssen Sie entscheiden, denn Sie sind für Ihre Arbeitszeit verantwortlich. Stellen Sie sich die Frage, wie wahrscheinlich es ist, dass dieser Kunde bei Ihnen etwas abschließt. Manchmal ist es besser, sich mit anderen, Erfolg versprechenden Kunden, zu beschäftigen.

2. Der Kunde hat einen Überschuss, der größer ist, als der vom ihm genannte Betrag

Berater: „Herr Kunde, Sie waren bereit, monatlich 150,- Euro für Ihre Ziele zu investieren. Ihr Überschuss aus der Haushaltsrechnung liegt bei 300,- Euro. Falls es für das Erreichen Ihrer Ziele notwendig ist, sind Sie dann bereit, aus diesem Überschuss noch etwas zu investieren?"

3. Der Kunde ist grundsätzlich bereit, etwas zu sparen, wusste aber nicht, wie viel monatlich
 übrig bleibt

Berater: „Herr Kunde, wir haben einen Überschuss von 300,- Euro ermittelt. Wie viel möchten Sie mindestens für Ihre Ziele und Wünsche investieren?"

4. Der Kunde hat einen Überschuss, der kleiner ist, als der vom ihm genannte Betrag

Berater: „Herr Kunde, Sie waren bereit, monatlich 300,- Euro für Ihre Ziele zu investieren. Ihr Überschuss aus der Haushaltsrechnung liegt bei 150,- Euro. Gibt es monatliche Kosten, die Sie reduzieren können oder nehmen wir die 150,- Euro, die Sie zur Verfügung haben?"

Welche Möglichkeit der staatlichen Förderung nutzen Sie bzw. haben Sie bereits beantragt?	Kunde	Partner
Arbeitnehmersparzulage (Bausparen/Investmentfonds)	☐	☐
Wohnungsbauprämie	☐	☐
Riesterförderung	☐	☐

Analysieren Sie die bereits genutzten staatlichen Förderungen. Beziehen Sie sich hier auch auf die Aussagen, die der Kunde in der Analysephase getroffen hat.

Berater: „Herr Kunde, Ihnen war das Thema ‚staatliche Förderungen' wichtig. Welche staatliche Förderungen nutzen Sie bereits?"

Erfassen Sie die genutzten staatlichen Förderungen.

Falls der Kunde hier Fragen zu den staatlichen Förderungen stellt, dann sollten Sie diese kurz und knapp erläutern. Verschieben Sie detaillierte Informationen aber auf das Folgegespräch.

Kunde: „Wie ist denn das mit der Riester-Förderung?"

Berater: „Herr Kunde, vielen Dank für diese Frage. Mit der Riester-Förderung unterstützt der Staat Ihre Altersvorsorge. Wie am Anfang erläutert, geht es heute darum, Ihre Ziele und Wünsche zu erfassen. Falls die Riester-Förderung für Sie interessant ist, erkläre ich sie Ihnen gerne in unserem nächsten Gespräch."

Wenn Sie dem Kunden bereits jetzt ausführlich antworten, kann es schwierig werden, wieder zur Analyse zurückzukommen. Weiterhin wird dann das Gespräch natürlich sehr lang.

Aufgrund der bisherigen Analyse der persönlichen Situation und der Einnahmen-Ausgaben-Rechnung können Sie abschätzen, auf welche staatlichen Förderungen der Kunde Anspruch hat. Falls der Kunde diese noch nicht nutzt, können Sie ihn natürlich schon jetzt gezielt darauf ansprechen.

Berater: „Herr Kunde, verzichten Sie bewusst auf die Zulagen und steuerlichen Vorteile der Riester-Förderung?"

Entweder der Kunde erklärt Ihnen jetzt, warum er Riester nicht nutzt oder nicht nutzen will. Dann können Sie überlegen, ob Sie ihn beim nächsten Gespräch davon überzeugen wollen oder dieses Thema einfach weglassen.

Meistens haben sich die Kunden aber nur noch nicht mit diesem Thema beschäftigt, und Sie können es beim Präsentationsgespräch mit einbauen.

Aktuelle Renteninformation liegt vor?	☐ ja ☐ nein	☐ ja ☐ nein
	Kunde	Partner
Eintritt in den Ruhestand geplant mit wie viel Jahren?		
Gewünschte Rente: inkl. Inflationsrate (___ % p.a.)	_____ €	_____ €
voraussichtlicher gesetzl. Renten-/Pensionsanspruch (Vorlage aktuelle Renteninformation)	_____ €	_____ €
Ansprüche aus betrieblicher Altersversorgung	_____ €	_____ €
Zusätzliche Vorsorgeleistung (Riester)	_____ €	_____ €
Private Altersvorsorge	_____ €	_____ €
	_____ €	_____ €
Meine aktuelle Versorgungslücke beträgt	_____ €	_____ €

Nun richten wir das Gespräch auf die Versorgungslücke im Alter. Dafür benötigen Sie das Versorgungsziel und die Unterlagen über die Ansprüche aus der gesetzlichen Rentenversicherung.

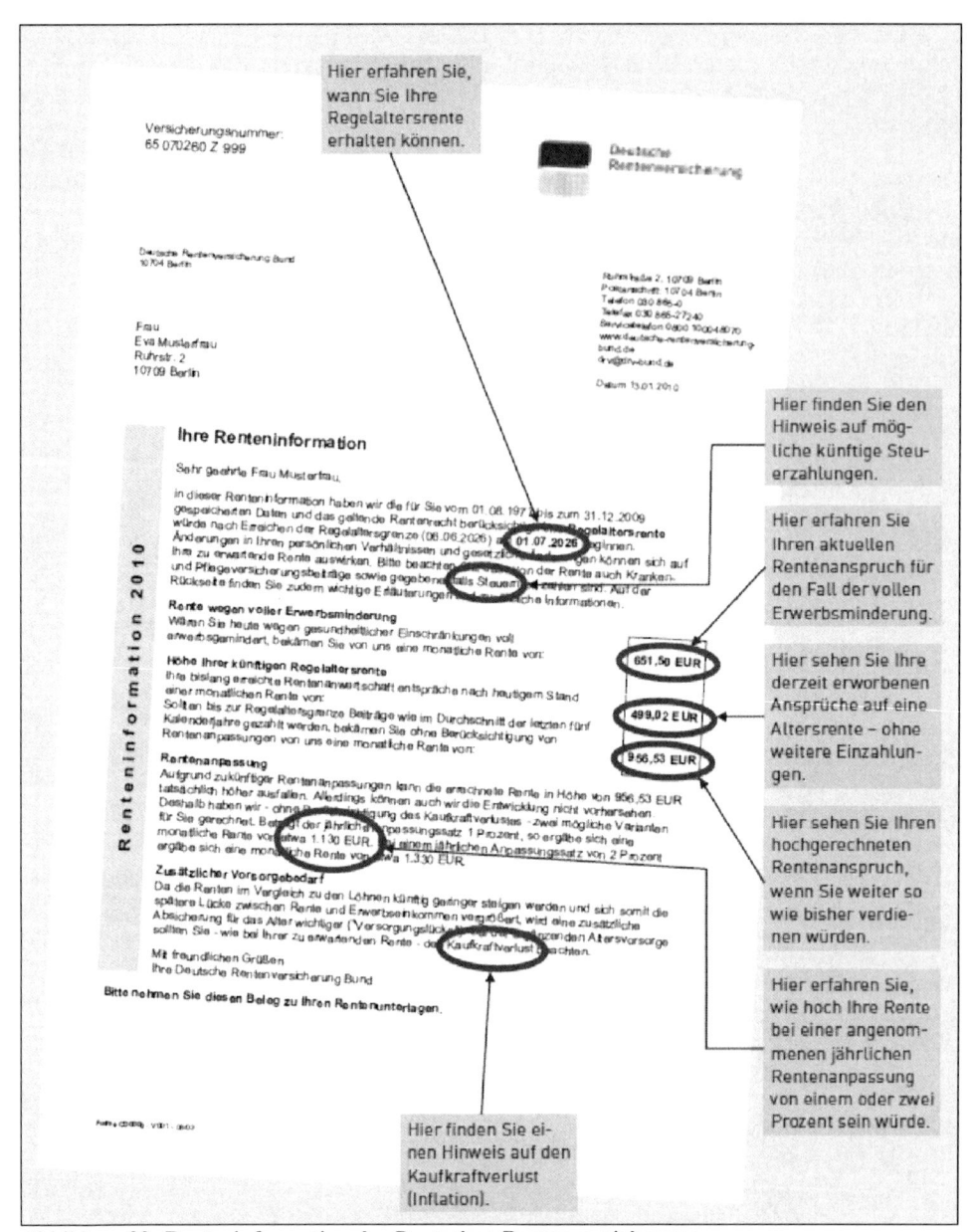

Abbildung 30: Renteninformation der Deutschen Rentenversicherung

Weiterhin benötigen Sie die bereits abgeschlossenen Vorsorgeverträge.

Ermitteln Sie zuerst den geplanten Rentenbeginn.

Berater: „Herr Kunde, wann planen Sie denn, in Rente zu gehen?"

Selbstverständlich kann der Kunde jederzeit in Ruhestand gehen. Wichtig ist dann jedoch, dass er ausreichend Geld zur Verfügung hat. Oft wird dies nicht ohne gesetzliche Rente möglich sein. Deshalb sollten Sie die Regelungen zum frühesten Beginn der gesetzlichen Rente beachten. Diese sind im Abschnitt 2.1 beschrieben.

Als Nächstes klären Sie bitte das Versorgungsziel.

Berater: „Herr Kunde, wie hoch soll Ihre Rente nach heutiger Kaufkraft sein?"

Hier wird der Kunde dann einen Betrag nennen oder fragen.

Kunde: „Braucht man denn im Alter so viel Geld wie jetzt?"

Hier können Sie sich auf die Aussage des Kunden in der Analysephase beziehen.

Berater: „Sie sagten selbst, Sie möchten, wenn Sie mal 365 Tage im Jahr Urlaub haben, nämlich im wohlverdienten Ruhestand, ausreichend Geld zur Verfügung haben. Wie hoch soll Ihre Rente denn sein?"

Wenn die angegebene Rente im Vergleich zum bisherigen Einkommen deutlich niedriger ist, dann sollten Sie dies hinterfragen.

Berater: „Herr Kunde, was macht Sie so optimistisch, dass Sie im Rentenalter mit 500,- Euro weniger auskommen?"

Vielleicht hat der Kunde hier eine nachvollziehbare Erklärung, wie zum Beispiel Umzug in eine kleinere Wohnung. Falls nicht, sollten Sie den Kunden nochmals an seine Aussage in der Analysephase erinnern.

Berater: „Sie sagten selbst, Sie möchten, wenn Sie mal 365 Tage im Jahr Urlaub haben, nämlich im wohlverdienten Ruhestand, ausreichend Geld zur Verfügung haben. Herr Kunde, bitte überdenken Sie unter diesem Aspekt nochmals die Rentenhöhe."

Ein ganz wesentlicher Aspekt für die Altersvorsorge ist auch die Berücksichtigung der Inflation.

Berater: „In welcher Höhe wollen wir die Inflationsrate berücksichtigen, damit Sie Ihren heutigen Lebensstandard halten können?"

Viele Kunden nennen hier zwei bis drei Prozent. Falls der Kunde mit dem Thema Inflation nichts anfangen kann, dann erklären Sie es ihm anhand eines Beispiels:

100 DM von 1972...
(51,13 Euro)

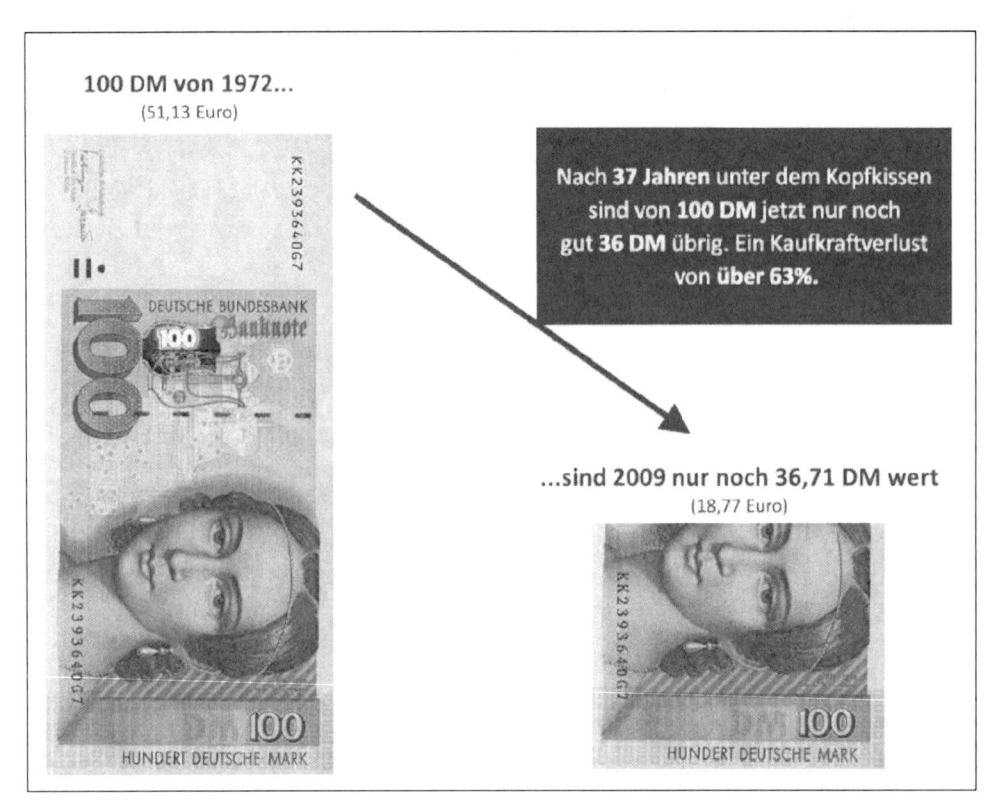

Nach **37 Jahren** unter dem Kopfkissen sind von **100 DM** jetzt nur noch gut **36 DM** übrig. Ein Kaufkraftverlust von **über 63%**.

...sind 2009 nur noch 36,71 DM wert
(18,77 Euro)

Berater: „Herr Kunde, wenn Sie im Jahr 1972 einen 100,- DM-Schein unters Kopfkissen gelegt hätten, dann hätte dieser heute einen Wert von gerade mal 18,77 Euro. Dieser Verlust der Kaufkraft nennt sich Inflation. Deshalb ist es ganz wichtig, das Thema Inflation bei der Altersvorsorge zu berücksichtigen. Mit wie viel Prozent wollen wir die Inflation berücksichtigen?"

Entweder der Kunde nennt jetzt einen bestimmten Prozentsatz, oder er fragt nach.

Kunde: „Wie hoch sollte man denn die Inflation ansetzen?"

Hier hilft der Hinweis auf die Inflation der Vergangenheit.

Inflation im Euroraum von 2000 bis 2011

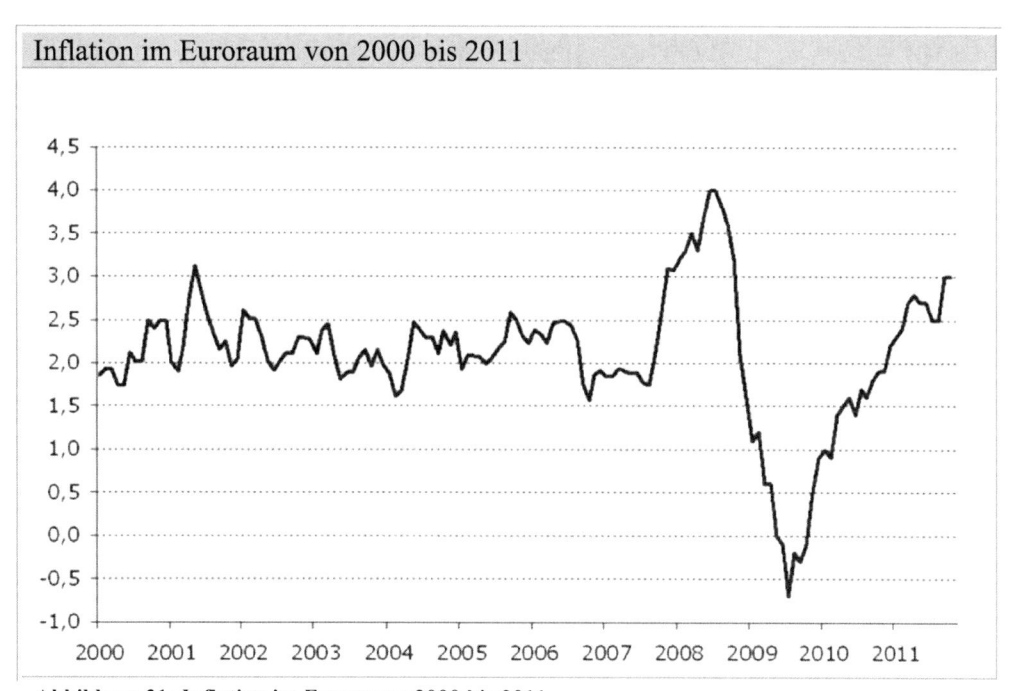

Abbildung 31: Inflation im Euroraum 2000 bis 2011
Quelle: Eurostat, Stand Dezember 2011; Grafik: www.leitzinsen.info

Die voraussichtlichen Rentenansprüche können Sie aus der Renteninformation entnehmen oder mit Ihrem Analyseprogramm ermitteln. Falls Ihnen kein Analyseprogramm zur Verfügung steht, prüfen Sie einfach, ob *Der private AltersvorsorgePlaner* des Instituts für Vorsorge- und Finanzplanung für Sie interessant ist. Nähere Informationen erhalten Sie unter www.vorsorge-finanzplanung.de.

Ein komplexes Thema ist die betriebliche Altersvorsorge. Dieses Thema stellt Sie als Berater vor ganz besondere Herausforderungen. Um sich viel Berechnungsaufwand zu sparen, können Sie Folgendes versuchen:

Berater: „Herr Kunde, viele meiner Kunden nehmen den Punkt ‚betriebliche Altersvorsorge' als Joker und lassen diese bei der Berechnung der Altersvorsorge unberücksichtigt. Wie sehen Sie das?"

In der Praxis finden viele Kunden die Idee, „einen Joker zur Verfügung zu haben" gut und gehen auf diesen Vorschlag ein.

Neben dem Thema Altersvorsorge geht es beim Punkt „Vorsorgen für die Zukunft" auch um die Zukunftsplanung für die Kinder.

> Was planen Sie für die Vorsorge Ihrer Kinder/Enkel-/Patenkinder?
> (Ausbildung, Führerschein, Eheschließung etc.)
>
> Art der Vorsorge   €   Abrufzeitpunkt:
> _____ _____ _____

Berater: „Sie sagten, dass Ihnen das Thema ‚Ausbildung der Kinder' wichtig ist. Was planen Sie für die Vorsorge Ihrer Kinder? Was haben Sie für die Vorsorge Ihrer Kinder bereits getan?"

Die meisten finanziellen Ziele hängen vom Einkommen des Kunden ab. Was ist aber, wenn der Kunde aufgrund von Unfall oder Krankheit seinen Beruf nicht mehr ausüben kann? Bei Kunden mit handwerklichen Berufen gibt es selten Diskussionen darüber, dass eine Berufsunfähigkeit eintreten kann. Von vielen kaufmännischen Angestellten kommt beim Thema „Berufsunfähigkeit" aber die folgende Aussage:

Kunde: „Was sollte mir denn schon passieren, dass ich berufsunfähig werde?"

Wählen Sie gleich ein Beispiel, bei dem der Kunde bestätigt, dass er in dieser Situation seinen Beruf nicht mehr ausüben kann.

Berater: „Angenommen Sie hätten gestern einen Unfall gehabt und aufgrund dieses Unfalls dauernde Konzentrationsprobleme. Könnten Sie Ihren Beruf dann noch ausüben?"

Kunde: „Nein."

Setzen Sie hier einfach noch einen Verstärker, indem Sie aufzeigen, aus welchen Gründen die meisten Menschen berufsunfähig werden. Auch die Erkenntnis, dass einer von vier Arbeitnehmern berufsunfähig wird, macht viele Kunden nachdenklich.

Angenommen Sie hätten gestern einen Unfall gehabt...

Viele Berufsunfähigkeiten haben noch ganz andere Ursachen:

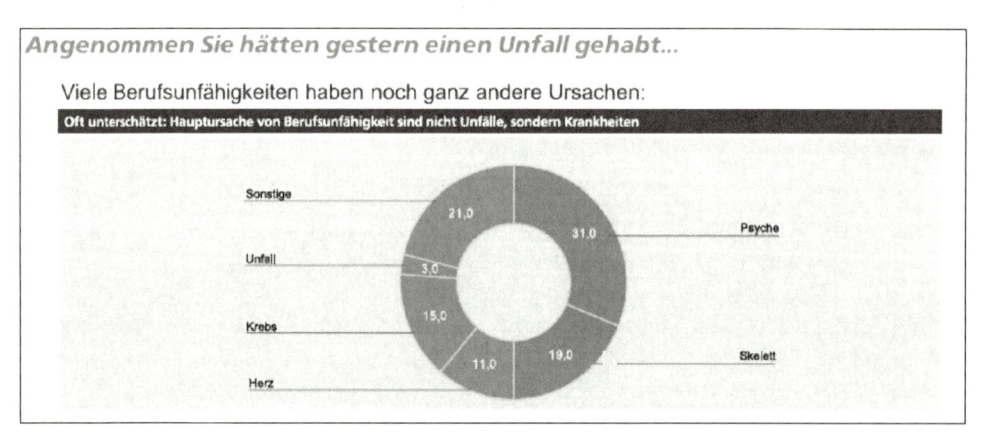

Oft unterschätzt: Hauptursache von Berufsunfähigkeit sind nicht Unfälle, sondern Krankheiten

- Psyche: 31,0
- Sonstige: 21,0
- Skelett: 19,0
- Krebs: 15,0
- Herz: 11,0
- Unfall: 3,0

Zeigen Sie dem Kunden auf, wie die Lohnfortzahlung im Krankheitsfall geregelt ist. Durch diese Erklärung erkennt der Kunde, mit welchen Einkommenseinbußen er rechnen muss.

Lohnfortzahlung im Krankheitsfall				
6 Wochen Lohnfortzahlung Arbeitgeber	1,5 Jahre Lohnfortzahlung durch Krankenkasse	das jeweils Niedrigere von 70 % Bruttogehalt oder 90 % Nettogehalt abzgl. 12,5 % Arbeitslosen- und Rentenversicherung	ca.	75 % vom Netto €

Berater: „Herr Kunde, als Arbeitnehmer erhalten Sie sechs Wochen das Gehalt vom Arbeitgeber weiter. Danach zahlt die Krankenkasse für weitere 78 Wochen. Sie erhalten dann 70 Prozent vom Brutto oder 90 Prozent vom Netto – je nachdem, was niedriger ist. Von diesem Betrag werden noch Renten- und Arbeitslosenversicherung abgezogen. In Ihrem Fall bekämen Sie X,- Euro."

Der Kunde sieht gleich, welcher Betrag ihm bei Arbeitsunfähigkeit fehlt. Beachten Sie bitte, dass das Krankengeld nur bis zur Beitragsbemessungsgrenze berechnet wird. Gerade Kunden mit hohem Bruttoeinkommen haben hier dann schon eine erhebliche Lücke.

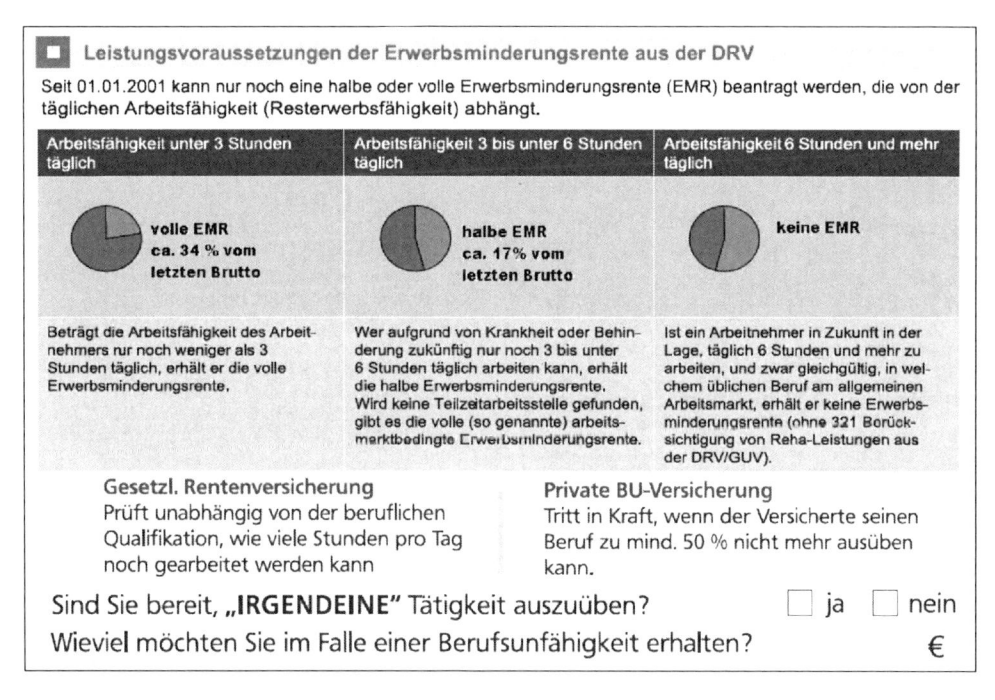

Leistungsvoraussetzungen der Erwerbsminderungsrente aus der DRV

Seit 01.01.2001 kann nur noch eine halbe oder volle Erwerbsminderungsrente (EMR) beantragt werden, die von der täglichen Arbeitsfähigkeit (Resterwerbsfähigkeit) abhängt.

Arbeitsfähigkeit unter 3 Stunden täglich	Arbeitsfähigkeit 3 bis unter 6 Stunden täglich	Arbeitsfähigkeit 6 Stunden und mehr täglich
volle EMR ca. 34 % vom letzten Brutto	halbe EMR ca. 17 % vom letzten Brutto	keine EMR
Beträgt die Arbeitsfähigkeit des Arbeitnehmers nur noch weniger als 3 Stunden täglich, erhält er die volle Erwerbsminderungsrente.	Wer aufgrund von Krankheit oder Behinderung zukünftig nur noch 3 bis unter 6 Stunden täglich arbeiten kann, erhält die halbe Erwerbsminderungsrente. Wird keine Teilzeitarbeitsstelle gefunden, gibt es die volle (so genannte) arbeitsmarktbedingte Erwerbsminderungsrente.	Ist ein Arbeitnehmer in Zukunft in der Lage, täglich 6 Stunden und mehr zu arbeiten, und zwar gleichgültig, in welchem üblichen Beruf am allgemeinen Arbeitsmarkt, erhält er keine Erwerbsminderungsrente (ohne Berücksichtigung von Reha-Leistungen aus der DRV/GUV).
Gesetzl. Rentenversicherung Prüft unabhängig von der beruflichen Qualifikation, wie viele Stunden pro Tag noch gearbeitet werden kann	**Private BU-Versicherung** Tritt in Kraft, wenn der Versicherte seinen Beruf zu mind. 50 % nicht mehr ausüben kann.	

Sind Sie bereit, „IRGENDEINE" Tätigkeit auszuüben? ☐ ja ☐ nein
Wieviel möchten Sie im Falle einer Berufsunfähigkeit erhalten? €

Erläutern Sie dem Kunden die grundsätzlichen Regelungen zur Erwerbsminderungsrente.

Berater: „Vom Staat gibt es für dauerhaft erwerbsgeminderte Personen eine Erwerbsminderungsrente. Hier wird geprüft, ob und wie lange der Betroffene irgendeine Tätigkeit ausüben kann."

Zur besseren Verständlichkeit empfiehlt es sich, dem Kunden Beispiele für „irgendeine Tätigkeit" zu geben.

Berater: „Es geht zum Beispiel um Tätigkeiten wie Tickets abreißen im Kino oder Waren einsortieren beim Discounter."

Stellen Sie heraus, dass der Staat nicht prüft, ob der Kunde seinen bisherigen Beruf weiterhin ausüben kann. Die Prüfung bezieht sich nur darauf, wie lange er irgendeine Tätigkeit durchführen kann. Seine Qualifikation spielt dabei keine Rolle.

Berater: „Es wird geprüft, wie lange Sie diese Tätigkeiten ausüben können.
Wenn Sie
mehr als sechs Stunden täglich irgendeine Tätigkeit ausüben können, dann erhalten Sie keine Erwerbsminderungsrente.
Wenn Sie zwischen drei und sechs Stunden irgendeine Tätigkeit ausüben können, dann erhalten Sie die halbe Erwerbsminderungsrente.
Wenn Sie weniger als drei Stunden täglich irgendeine Tätigkeit ausüben können, erst dann erhalten Sie die volle Erwerbsminderungsrente."

In der Renteninformation des Kunden ist die Höhe der Erwerbsminderungsrente angegeben.

Ihre Renteninformation

Sehr geehrter Herr Mustermann,

in dieser Renteninformation haben wir die für Sie vom 01.08.1976 bis zum 31.12.2009 gespeicherten Daten und das geltende Rentenrecht berücksichtigt. Ihre **Regelaltersrente** würde nach Erreichen der Regelaltersgrenze (26.05.2026) am **01.06.2026** beginnen. Änderungen in Ihren persönlichen Verhältnissen und gesetzliche Änderungen können sich auf Ihre zu erwartende Rente auswirken. Bitte beachten Sie, dass von der Rente auch Kranken- und Pflegeversicherungsbeiträge sowie gegebenenfalls Steuern zu zahlen sind. Auf der Rückseite finden Sie zudem wichtige Erläuterungen und zusätzliche Informationen.

Rente wegen voller Erwerbsminderung
Wären Sie heute wegen gesundheitlicher Einschränkungen voll erwerbsgemindert, bekämen Sie von uns eine monatliche Rente von: 1.403,19 EUR

Höhe Ihrer künftigen Regelaltersrente
Ihre bislang erreichte Rentenanwartschaft entspräche nach heutigem Stand einer monatlichen Rente von: 1.194,26 EUR
Sollten bis zur Regelaltersgrenze Beiträge wie im Durchschnitt der letzten fünf Kalenderjahre gezahlt werden, bekämen Sie ohne Berücksichtigung von Rentenanpassungen von uns eine monatliche Rente von: 2.051,52 EUR

Abbildung 32: Renteninformation zur Erwerbsminderung

Falls der Kunde die Renteninformation nicht zur Verfügung hat, dann können Sie anhand der Faustformel

Volle Erwerbsminderungsrente   34 % des durchschnittlichen Bruttoeinkommens
Halbe Erwerbsminderungsrente   17 % des durchschnittlichen Bruttoeinkommens

dem Kunden eine Orientierung für seine Versorgungslücke geben.

Mehr Details zur Erwerbsminderungsrente, den Sonderregelungen für „Junge Leute" und für Kunden mit Geburtsdatum vor dem 01.01.1961 sind im Abschnitt 2.3 erläutert.

Für die Berechnung der richtigen Absicherung ist es noch wichtig, ob der Kunde überhaupt bereit ist, irgendeine Tätigkeit auszuüben. Ist er dazu bereit, können Sie bei der Berechnung der Absicherung die gesetzliche Erwerbsminderungsrente mit ansetzen.

Berater: „Herr Kunde, sind Sie bereit irgendeine Tätigkeit auszuüben?"

Kunde: „Ja, natürlich, bevor ich zuhause herumsitze."

Die Problematik besteht auch darin, dass der Kunde bei der Ausübung irgendeiner Tätigkeit mit teilweise deutlichen Einkommenseinschränkungen im Vergleich zu seinem bisherigen Einkommen rechnen muss.

Die nachfolgende Übersicht verdeutlicht die Lücken im Falle der Berufsunfähigkeit. Es liegen folgende Annahmen zugrunde:

- Erwerbsminderungsrente laut Renteninformation 1.000,- Euro
- Einkommen bei Vollzeitbeschäftigung aus „irgendeiner Tätigkeit" 800,- Euro
- Einkommen bei Teilzeitbeschäftigung aus „ irgendeiner Tätigkeit" 400,- Euro

Versorgungslücke bei Erwerbsminderung			
Tägliche Leistungsfähigkeit	bis zu 3 Stunden	3 bis 6 Stunden	mehr als 6 Stunden
Versorgungsziel = Nettoeinkommen	2.000,- Euro	2.000,- Euro	2.000,- Euro
./. gesetzliche Erwerbsminderungsrente	1.000,- Euro	500,- Euro	0,- Euro
./. Einkommen aus irgendeiner Tätigkeit	0,- Euro	400,- Euro	800,- Euro
Versorgungslücke	1.000,- Euro	1.100,- Euro	1.200,- Euro

Abbildung 33: Versorgungslücke bei Erwerbsminderung

Ist der Kunde nur bereit, seinen bisherigen Beruf auszuüben, empfiehlt sich eine komplette Absicherung in Höhe des Versorgungsziels.

Falls der Kunde ein geringeres Versorgungsziel angibt als sein Nettoeinkommen, dann prüfen Sie dies bitte anhand der Haushaltsrechnung auf Plausibilität.

Erfassen Sie jetzt noch die bestehenden Versicherungen des Kunden anhand nachfolgender Checkliste.

Risiken absichern
- vor finanziellen Ausfällen schützen

Haben Sie sich, Ihre Familie und Ihre Vermögenswerte gegen wesentliche Risiken geschützt?

Lebensversicherung	☐ ja LV-Summe:	☐ nein _____ €
Rentenversicherung	☐ ja RV-Summe:	☐ nein _____ €
Berufsunfähigkeit	☐ ja BU-Rente:	☐ nein _____ €
Unfall	☐ ja Invaliditätssumme:	☐ nein _____ €

Lassen Sie sich jetzt die Unterlagen der bestehenden Vorsorgeverträge geben und prüfen Sie diese in aller Ruhe im Rahmen der Angebotserstellung.

Berater: *„Herr Kunde, damit Ihre bisherigen Entscheidungen in mein Angebot mit eingearbeitet werden können, stellen Sie mir bitte Ihre Unterlagen zu Ihren bestehenden Vorsorgeverträgen zur Verfügung."*

5.6 Analyse nach Wertpapierhandelsgesetz

Nach heutiger Gesetzgebung muss noch kein Analysebogen gemäß Wertpapierhandelsgesetz ausgefüllt werden, wenn dem Kunden eine Fondspolice angeboten wird. Empfehlen Sie dem Kunden allerdings einen Sparplan in Investmentfonds, dann ist ein entsprechender Analysebogen zu erstellen. Chancen und Risiken bei einem Fondssparplan und einer Fondspolice sind jedoch vergleichbar. Deshalb ist hier wohl mit einer Gesetzesänderung zu rechnen.

Seien Sie also darauf vorbereitet, künftig bei einer Vorsorgeberatung auch die nach dem Wertpapierhandelsgesetz erforderlichen Fragen klären zu müssen.

Es handelt sich um

1. die Anlageziele,
2. die finanziellen Verhältnisse,
3. die Erfahrungen und Kenntnisse,
4. die Anlagementalität.

Diese Fragen verursachen natürlich einen zusätzlichen Zeitaufwand. Dafür ergeben sich aber Chancen für weitere Geschäfte.

Klären Sie zuerst die Anlageziele mit dem Kunden.

Das magische Dreieck der Vermögensanlage

Sicherheit

Magisches Dreieck

Rendite — Verfügbarkeit

Kunden legen bei ihren Geldanlagen Wert auf hohe Sicherheit, jederzeitige Verfügbarkeit und eine attraktive Rendite.

Berater: *„Nach meiner Erfahrung haben Anleger bei einer Geldanlage drei Ziele: Sicherheit, Rendite und Verfügbarkeit. Alle drei Ziele können nicht gleichzeitig erreicht werden. Es gibt ja auch keine eierlegende Wollmilchsau.*

Lassen Sie mich das anhand von zwei Beispielen erläutern. Bei einem Sparbuch haben Sie ein hohes Maß an Sicherheit und können jederzeit über die Einlage verfügen, dafür ist aber die Rendite niedrig. Bei Aktien haben Sie eine hohe Renditechance und Sie können jederzeit zum aktuellen Tageskurs verkaufen, dafür bieten sie wenig Sicherheit. Was ist Ihnen bei Ihrer Geldanlage wichtig?"

Was ist Ihnen bei der Geldanlage wichtig?

	sehr wichtig	wichtig	nicht wichtig
Rendite	☐	☐	☐
Sicherheit	☐	☐	☐
Verfügbarkeit	☐	☐	☐
Inflationsschutz	☐	☐	☐
Steuerersparnis	☐	☐	☐
Zuzahlungsmöglichkeit	☐	☐	☐
Vermögensstreuung	☐	☐	☐

Bitte besprechen Sie die einzelnen Punkte mit dem Kunden. Klären Sie bei dem Punkt „Verfügbarkeit" noch:

Berater:	„Was haben Sie mit dem Geld vor?"
Berater:	„Welche Anschaffungen sind geplant?"
Berater:	„Wann wird wie viel Geld für diese Anschaffungen benötigt?"
Berater:	„Welchen Betrag möchten Sie jederzeit für kurzfristige Anschaffungen verfügbar haben?"

Für die Darstellung der finanziellen Verhältnisse ist es wichtig zu wissen, welche Geldanlagen der Kunde aktuell nutzt.

Berater: „Wie haben Sie Ihr Geld bisher angelegt?"

Welche Geldanlagen haben Sie?

Anlageform	Anlagebetrag	Fälligkeit/Institut	Hintergrund für Entscheidung

Klären Sie bitte ebenfalls, warum sich der Kunde für diese Geldanlagen entschieden hat. Für die finanziellen Verhältnisse sind auch das Einkommen und die monatliche Sparfähigkeit wichtig. Diese Informationen haben Sie bereits aus der Haushaltsrechnung.

Erfahrungen und Kenntnisse ergeben sich aus den Geldanlagen, die der Kunde aktuell nutzt. Klären Sie auch, ob der Kunde Erfahrungen mit anderen Anlagen gemacht hat, die er jetzt nicht mehr nutzt.

Berater: „Mit welchen Geldanlagen haben Sie Erfahrungen, die Sie aktuell nicht mehr nutzen?"

Ein entscheidender Punkt für die Auswahl der entsprechenden Anlagevariante ist die Anlagementalität des Kunden.

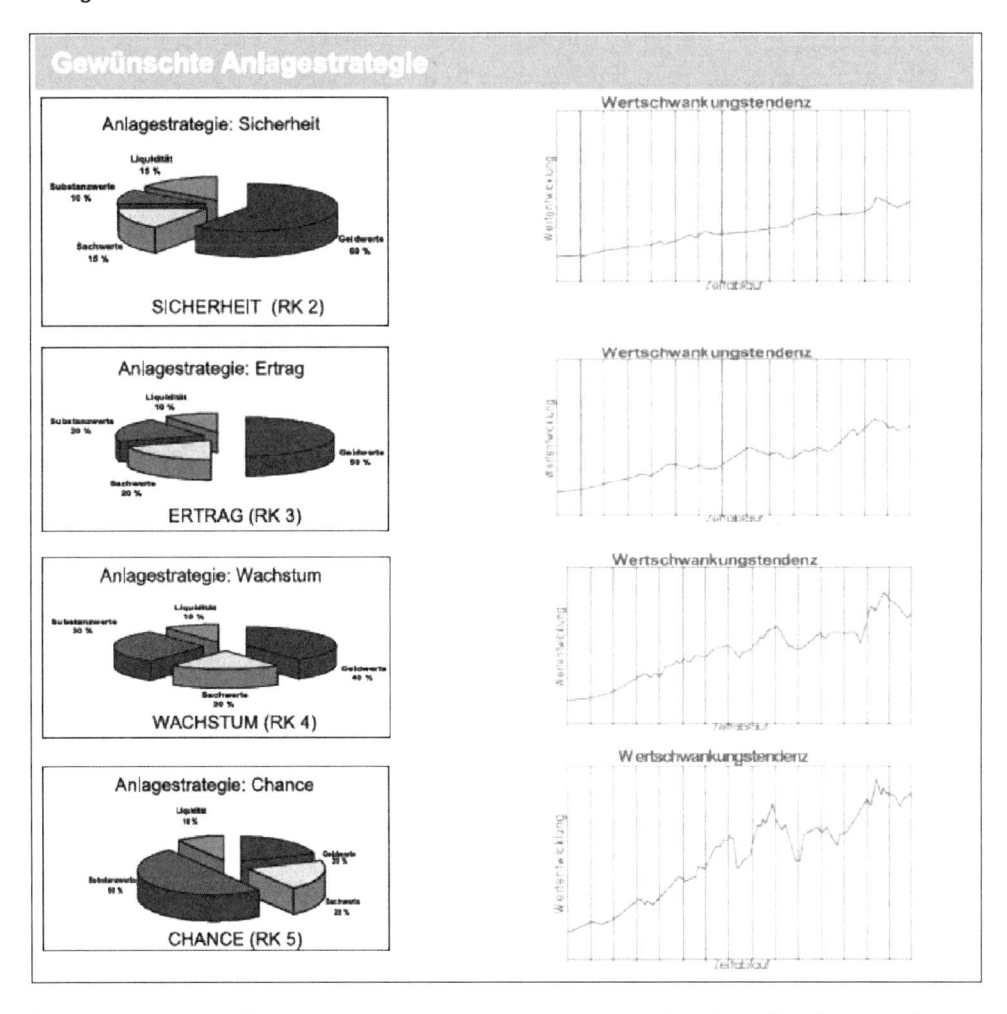

Gewünschte Anlagestrategie

Anlagestrategie: Sicherheit	Wertschwankungstendenz
Liquidität 15 %, Substanzwerte 10 %, Sachwerte 15 %, Geldwerte 60 % — SICHERHEIT (RK 2)	
Anlagestrategie: Ertrag	Wertschwankungstendenz
Liquidität 10 %, Substanzwerte 20 %, Sachwerte 20 %, Geldwerte 50 % — ERTRAG (RK 3)	
Anlagestrategie: Wachstum	Wertschwankungstendenz
Liquidität 10 %, Substanzwerte 30 %, Sachwerte 20 %, Geldwerte 40 % — WACHSTUM (RK 4)	
Anlagestrategie: Chance	Wertschwankungstendenz
Liquidität 10 %, Substanzwerte 50 %, Sachwerte 20 %, Geldwerte 20 % — CHANCE (RK 5)	

Die Anlagementalität sagt etwas darüber aus, ob der Kunde bereit ist, vorübergehend Verluste hinzunehmen, um langfristig eine höhere Rendite zu erzielen. Anhand der Schaubilder können Sie dem Kunden die verschiedenen Anlagestrategien und deren Wertschwankungen aufzeigen. Durch die Charts werden dem Kunden mögliche Entwicklungen seiner Geldanlagen verdeutlicht.

Berater: „Herr Kunde, hier sehen Sie beispielhafte Wertentwicklungen einzelner Anlagestrategien, die sich durch den Anteil risikobehafteter Anlagen unterscheiden. Insbesondere der Anteil von Aktien variiert innerhalb der Strategien von zehn Prozent bei der Strategie

,Sicherheit' bis 50 Prozent bei der Strategie ,Chance'. Generell gilt: Je höher der Aktienanteil ist, desto höher sind auch die Renditechancen, aber umso höher fallen auch die Kursschwankungen aus. Welche Anlagestrategie gefällt Ihnen am besten?"

Selbstverständlich ist es wichtig, dass Sie den Unterschied der einzelnen Anlagestrategien erläutern können.

Nutzen Sie die gewonnenen Informationen über das bestehende Geldvermögen und klären Sie, welche Teile davon für eine zusätzliche Altersvorsorge verwendet werden können.

Berater: „Herr Kunde, welche der bestehenden Anlagen möchten Sie als zusätzlichen Baustein für Ihre Altersvorsorge verwenden?"

5.7 Überleitung zum Präsentationstermin

Sie haben nun alle Informationen zu den Wünschen und Zielen und der Ist-Situation des Kunden. Jetzt ist es Ihre Aufgabe, ein Angebot zu erarbeiten. Steigern Sie die Neugier des Kunden auf das zweite Gespräch. Zeigen Sie ihm deutlich auf, dass Sie bereits gute Ideen haben, wie er seine finanzielle Situation optimieren kann.

Berater: „Herr Kunde, wir haben die ersten beiden Schritte für Ihre Vorsorgeberatung gemacht. Vielen Dank für Ihre Offenheit. Jetzt erarbeite ich Ihnen ein Konzept. Ich habe schon viele gute Ideen, wie Sie Ihre finanzielle Situation verbessern können. Wann wollen wir uns zum Folgetermin treffen? Passt es Ihnen besser nächste Woche am Freitag um 14.00 Uhr oder am Freitag die Woche darauf, ebenfalls um 14.00 Uhr?"

Kunde: „Diesen Freitag um 14.00 Uhr passt mir sehr gut. Dann kann auch meine Frau wieder an dem Termin mit teilnehmen."

Berater: „Wir werden etwa 1 bis 1,5 Stunden Zeit brauchen."

Im Laufe des Gesprächs ist Ihnen vielleicht aufgefallen, dass noch zusätzliche Unterlagen erforderlich sind. Machen Sie dem Kunden eine Notiz mit den benötigten Unterlagen. Klären Sie auch, bis wann der Kunde die Unterlagen vorbeibringen oder zuschicken kann.

6. Nutzen Sie Ihre wichtigste Ressource optimal

*„Wer den ganzen Tag arbeitet,
hat keine Zeit, Geld zu verdienen."*
John D. Rockefeller

Wie kommt es, dass manche Menschen sehr viel arbeiten und trotzdem nur wenig Erfolg erzielen? Ganz einfach: Sie beachten nicht den Unterschied zwischen Effektivität und Effizienz.

Effizienz bedeutet, eine Tätigkeit mit möglichst geringem (eigenen) Zeitaufwand zu erledigen. Es geht darum, die Dinge richtig zu tun.

Effektiv arbeitet, wer sich um Tätigkeiten kümmert, die ihn seinen Zielen näherbringen. Es geht also darum, die richtigen Dinge zu tun.

Beispiel:

Sie holen täglich die Post aus Ihrem Schließfach. Dafür nutzen Sie den kürzesten Weg vom Büro zur Post. Sie erledigen diese Aufgabe also effizient. Bringt es Sie Ihren Zielen aber wirklich näher, wenn Sie die Tagespost schon um 9.00 Uhr im Büro liegen haben? Ist es für Sie nicht effektiver, statt Zeit für den Gang zur Post zu verwenden, Kundengespräche zu führen? Selbst wenn Sie die Post dann erst um 14.00 Uhr mit dem Zustelldienst erhalten?

Setzen Sie Ihre wichtigste Ressource, nämlich Zeit, effektiv ein, indem Sie diese bei den richtigen Kunden verbringen.

Aufgabe:

Prüfen Sie bitte, wie Sie Ihre Effektivität steigern, indem Sie lieb gewordene Routinetätigkeiten auf den Prüfstand stellen.

In der Kundenberatung gibt es eine ganz einfache Formel für den Erfolg:

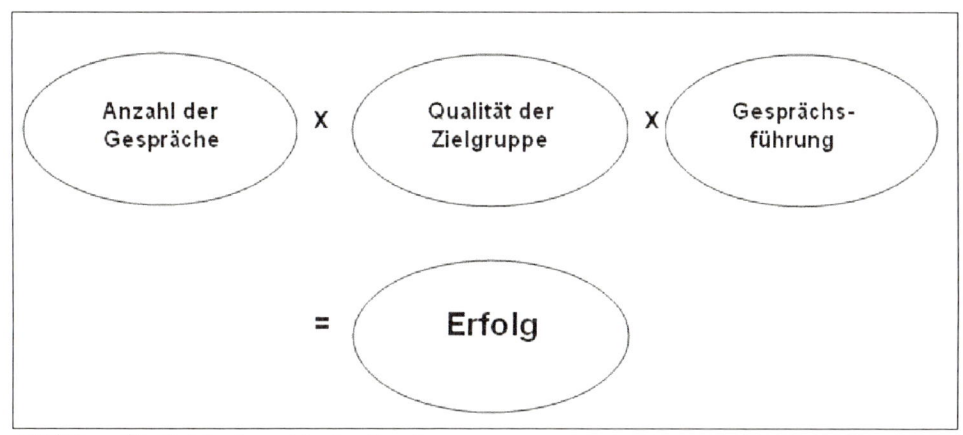

$$\text{Anzahl der Gespräche} \times \text{Qualität der Zielgruppe} \times \text{Gesprächsführung} = \text{Erfolg}$$

Abbildung 34: Erfolgsformel in der Beratung

Anzahl der Gespräche

Eine alte Vertriebsregel sagt: „Keine Kontakte – keine Kontrakte". Eine wesentliche Stellschraube für Ihren Erfolg ist die Anzahl der geführten Kundengespräche. Deshalb organisieren Sie Ihre Arbeitszeit so, dass Sie möglichst viele Beratungen durchführen können.

Hier stellt sich die Frage, wie man sich Freiräume für mehr Kundenberatungen schaffen kann. Nutzen Sie das Eisenhower-Prinzip. Diese Methode des Zeitmanagements wurde vom US-Präsidenten Dwight D. Eisenhower praktiziert.

Beim Eisenhower-Prinzip werden anstehende Aufgaben nach den Kategorien „Wichtigkeit" und „Dringlichkeit" eingeteilt. In der Matrix beschreibt die Y-Achse die Wichtigkeit einer Aufgabe und die X-Achse die Dringlichkeit einer Aufgabe. Durch diese Einteilung entstehen vier Quadranten.

Entsprechend der Zuordnung einer Aufgabe in einen dieser Quadranten gibt es eine Handlungsempfehlung, wie mit dieser Aufgabe umgegangen werden sollte.

Handlungsempfehlungen nach Dringlichkeit und Wichtigkeit		
Dringlichkeit und Wichtigkeit	dringend	nicht dringend
wichtig	Sofort selbst erledigen	Planen und später erledigen oder delegieren und kontrollieren
nicht wichtig	Delegieren	(Selbst) wegwerfen

Abbildung 35: Handlungsempfehlungen nach Dringlichkeit und Wichtigkeit

Sie schaffen sich Freiraum, wenn Sie sich vor der Erledigung einer Aufgabe die folgenden drei Fragen stellen:

1. Ist es unbedingt notwendig, die Aufgabe zu erledigen?

    Falls „Nein", dann streichen Sie diese Aufgabe einfach von Ihrer Liste. Achten Sie darauf, dass Sie sich auch wirklich von lieb gewordenen Routinetätigkeiten trennen.

    Falls „Ja", dann fragen Sie sich:

2. Muss ich die Aufgabe selbst erledigen?

    Falls „Nein", dann delegieren Sie diese Aufgabe.

    Falls „Ja", dann fragen Sie sich:

3. Kehrt diese Aufgabe regelmäßig wieder?

   Falls „Ja", dann überlegen Sie, wie Sie diese Aufgabe vereinfachen und standardisieren.

Hier jeweils ein Beispiel aus Ihrem beruflichen Alltag, wie Sie das Eisenhower-Prinzip erfolgreich anwenden können:

Beispiele für die Anwendung des Eisenhower-Prinzips		
Dringlichkeit und Wichtigkeit	dringend	nicht dringend
wichtig	Vorsorgekonzept für Kunden termingerecht erstellen	Bestandskundenpflege und Neukundenakquisition
nicht wichtig	Fehlendes Kopierpapier besorgen	Fachzeitschriften, die seit einem Monat unbeachtet herumliegen, entsorgen

Abbildung 36: Beispiele für die Anwendung des Eisenhower-Prinzips

Qualität der Zielgruppe

Zielgruppen sind (homogene) Kundengruppen, die für das von Ihnen vorgeschlagene Angebot mit hoher Wahrscheinlichkeit einen Bedarf haben.

Beispiel:

Eine Risiko-Lebensversicherung wird von einem Familienvater mit einer höheren Wahrscheinlichkeit als notwendig angesehen als von einem Single.

Durch die gezielte Ansprache von Kunden mit einem wahrscheinlichen Bedarfsprofil reduzieren Sie Streuverluste in Ihrer Kundenansprache bei bestimmten Themen.

Gesprächsführung

Beratungsgespräche sind nur dann effizient, wenn Sie Ihr gesetztes Gesprächsziel erreichen. Ihr oberstes Ziel am Ende des Beratungsprozesses ist natürlich der Abschluss. Sicherlich haben Sie aus diesem Buch schon viele Ideen gewonnen, wie Sie Ihre Beratungsgespräche künftig noch effizienter gestalten.

6.1 Individualität des Kunden sinnvoll nutzen

Jeder Lebensabschnitt eines Menschen hat seine eigenen familiären, beruflichen und finanziellen Rahmenbedingungen.

Eine Reihe von Faktoren spielt dabei eine Rolle, wie:

- Lebensalter/verbleibende Zeit bis zur Rente
- persönliche Ziele
- Familienhintergrund
- berufliche Situation/Gehalt
- Steuerbelastung
- Vermögenssituation/Immobilienbesitz
- Gesundheit
- Risikomentalität

Daraus leiten sich der individuelle Vorsorgebedarf und die Bereitschaft für konkrete Vorsorgemaßnahmen ab.

Jeder Lebensabschnitt hat einen speziellen Bedarf an sinnvollem Versicherungsschutz.

Risikoabsicherung und Altersvorsorge nach Lebensphasen					
	Azubi Schüler Student	Single	Paar	Familie/ alleinerziehend	Senioren
Berufsunfähigkeit	++	++	++	++	-
Pflege	+	+	+	+	++
Unfall	+	+	+	+	+
Risiko-Leben	-	-	+	++	-
Altersvorsorge	+	++	++	++	-
++ unverzichtbar; + nützlich/sinnvoll; - nicht erforderlich					

Abbildung 37: Risikoabsicherung und Altersvorsorge nach Lebensphasen

Eine Pauschalierung fällt schwer, denn der Single sieht natürlich nicht den Absicherungsbedarf für eine Risiko-Lebensversicherung. Er verfügt aber in jungen Jahren über zwei Vorteile, die ihm im Alter verloren gehen können: Gesundheit und niedrige Beiträge.

Aus diesem Grund kann es durchaus sinnvoll sein, auch einen jungen Menschen auf einen Versicherungsschutz anzusprechen, für den er heute noch keinen Bedarf sieht. Falls er plant, eine Familie zu gründen, dann benötigt er später auf jeden Fall eine Hinterbliebenenabsicherung. Gut, wenn er sich diese bereits heute in Form einer Risikolebensversicherung gesichert hat.

Berater: „Herr Kunde, erst vor wenigen Tagen wurde einem Kunden, der nur wenige Jahre älter ist als Sie, der Wunsch nach einer Risikolebensversicherung abgelehnt.
Dazu müssen Sie wissen, dass dieser Kunde im vergangenen Jahr ernsthaft erkrankt war, und aufgrund dieser Vorerkrankung lehnt jede Versicherung den gewünschten Schutz ab.

Ich habe nach dieser Erfahrung an Sie gedacht und an Ihren Wunsch, eine Familie zu gründen. Was halten Sie davon, wenn ich Ihnen aufzeige, welchen Nutzen Sie daraus ziehen, bereits heute den dann erforderlichen Versicherungsschutz zu vereinbaren?"

6.2 Erfolgsfaktoren für die Präsentation bei verschiedenen Kundentypen

„Behandele andere so, wie Du selbst behandelt werden willst."
Alte Weisheit

Dies ist generell richtig, wenn es darum geht, anderen Menschen mit Respekt, Höflichkeit und Freundlichkeit zu begegnen.

Bedenken Sie bitte, dass es auch Menschen gibt, die gerne Fallschirmspringen, Motorrad fahren oder in den Bergen klettern. Daraus zu schließen, dass auch jeder andere die Begeisterung für diese Aktivitäten teilt, wäre falsch. Denn jeder Mensch hat seine eigenen Bedürfnisse und Vorlieben. Achten Sie also darauf, wie Ihr Gegenüber behandelt werden möchte, und formulieren Sie die Regel um:

„Behandele andere so, wie sie behandelt werden wollen."
Neue Weisheit

Bereits im Abschnitt 3.2 haben wir uns mit verschiedenen Metaprogrammen beschäftigt. Aus dem Analysegespräch kennen Sie die Wünsche und Ziele Ihres Kunden. Wenn Sie dabei darauf geachtet haben, wie er sich ausgedrückt hat, können Sie auch einschätzen, um welchen Kundentyp es sich handelt.

Darauf sollten Sie achten, um mit den verschiedenen Kundentypen gut und erfolgreich zusammenzuarbeiten:

1. Der internale Entscheider

- Fragen Sie diesen Kunden nach seiner Meinung.
- Bitten Sie den Kunden um seine Einschätzung.
- Zeigen Sie dem Kunden, dass seine Gedanken zu diesem Thema wichtig sind.
- Stellen Sie heraus, dass der Kunde die Entscheidung trifft.

2. Der externale Entscheider

- Stellen Sie Meinungen der Fachpresse heraus.
- Betonen Sie Expertenmeinungen.
- Zeigen Sie aktuelle Entwicklungen auf.
- Betonen Sie, wer sich auch schon so entschieden hat.

3. Der proaktive Kunde

- Stellen Sie seine Eigenverantwortung in den Vordergrund.
- Lassen Sie den Kunden etwas tun.
- Kommen Sie schnell zum Punkt.
- Stellen Sie Ergebnisse in den Vordergrund.
- Sprechen Sie klar und eindeutig.

4. Der reaktive Kunde

- Akzeptieren Sie seine abwartende Einstellung.
- Helfen Sie dem Kunden bei der Entscheidung.
- Vereinbaren Sie klar, was zu tun ist.
- Geben Sie ihm die Sicherheit, dass er keinen Fehler macht, wenn er sich für Ihr Angebot entscheidet.
- Dokumentieren Sie, dass sich Ihr Angebot schon seit Langem bewährt.
- Betonen Sie, dass die Zeit reif ist und umfangreiche Analysen dem Angebot vorausgegangen sind.

5. Der detailorientierte Kunde

- Seien Sie sehr genau.
- Beschreiben Sie die Einzelheiten.
- Nennen Sie Personen und Produkte beim Namen.
- Verwenden Sie ausführliche Beschreibungen für Dinge, Orte oder Menschen.
- Führen Sie den Kunden auch zu einer Gesamtbetrachtung und einer Entscheidung.

6. Der überblicksorientierte Kunde

- Geben Sie einen Gesamtüberblick.
- Konzentrieren Sie sich auf das Wesentliche.
- Sprechen Sie mit dem Kunden nur über Details, wenn er danach fragt.
- Verwenden Sie kurze Sätze.
- Zeigen Sie die Auswirkungen auf.

7. Der Kunde, der nach Gleichheit sucht

- Stellen Sie einen Bezug zu Bekanntem her.
- Stellen Sie Gemeinsamkeiten zu früheren Angeboten in den Vordergrund.
- Betonen Sie die Verlässlichkeit Ihrer früheren Aussagen und Angebote.

9. Der Kunde, der nach Unterschieden sucht

- Stellen Sie die Neuerungen in den Vordergrund.
- Machen Sie auf Unterschiede zu früheren Angeboten aufmerksam.
- Benutzen Sie Begriffe wie „neu, revolutionär, anders".

7. Lösungen verständlich präsentieren

*„In der modernen Geschäftswelt ist es nutzlos, ein kreativer, origineller
Denker zu sein, solange man nicht auch verkaufen kann, was man erschafft.
Man kann nicht erwarten, dass eine gute Idee erkannt wird,
solange sie einem nicht von einem guten Verkäufer präsentiert wird."*
David Ogilvy

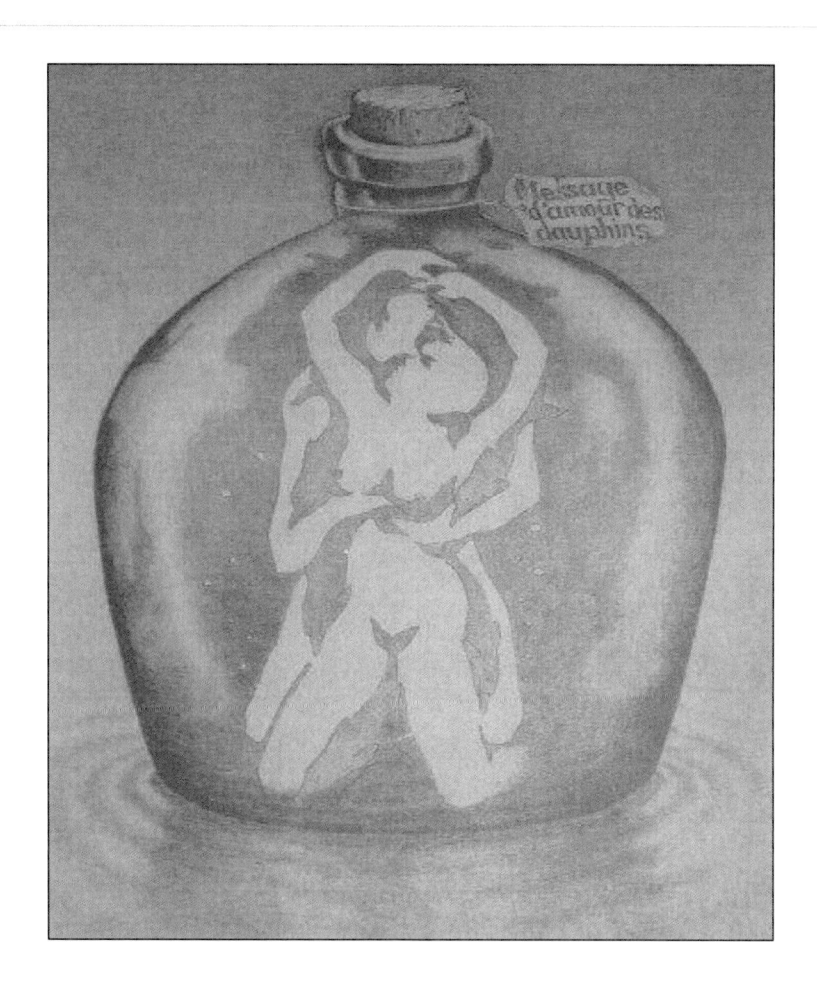

Abbildung 38: Beispiel für selektive Wahrnehmung I

Aufgabe:

Bitte betrachten Sie dieses Bild drei Minuten lang und schreiben Sie auf, was Sie darauf alles erkennen.

Bevor Sie umblättern, führen Sie die Aufgabe bitte wirklich aus. Sie werden überrascht sein.

Wie viele Delphine haben Sie gesehen?

Falls Sie keine Delphine gesehen haben, hilft Ihnen dieses Bild.

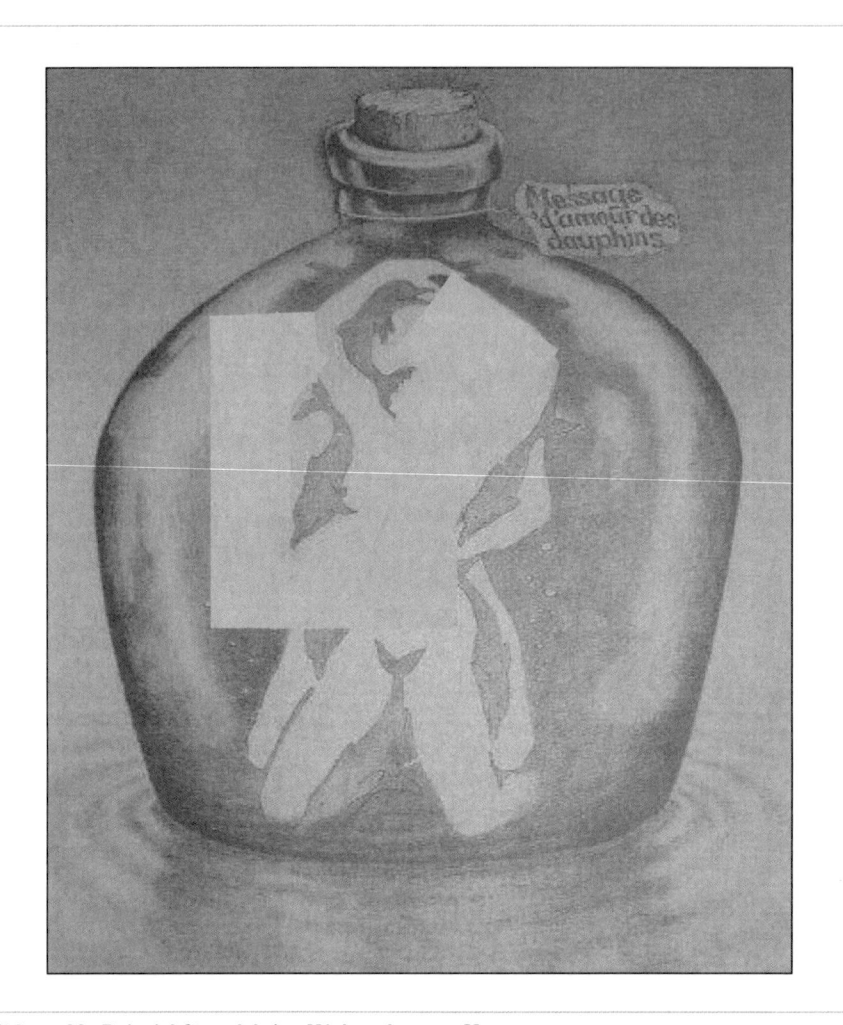

Abbildung 39: Beispiel für selektive Wahrnehmung II

Haben Sie auch schon einmal festgestellt, dass Sie in manchen Dingen etwas anderes erkennen als eine andere Person? Es ist tatsächlich nicht ungewöhnlich, dass zwei Menschen den gleichen Sachverhalt anschauen und ihre Aufmerksamkeit auf unterschiedliche Aspekte richten.

Gehen Sie deshalb bei Ihrer Präsentation nicht davon aus, dass der Kunde die Vorteile Ihres Angebotes von alleine erkennt. Es ist Ihre Aufgabe, dem Kunden die Vorteile und seinen Nutzen aufzuzeigen.

7.1 Erfolgsfaktoren der verständlichen Präsentation

> *„Die Welt erwartet Ergebnisse. Sprich nicht über deine Bemühungen.*
> *Zeige ihnen das Baby."*
> Arnold Glasow

Sie erleichtern es dem Kunden, Ihre Präsentation zu verstehen, wenn Sie auf eine gut nachvollziehbare Struktur achten. Orientieren Sie sich dabei an ein paar Fragen, die sich der Kunde grundsätzlich stellt.

Welche Frage stellt sich der Kunde bei einem Angebot?	Warum stellt sich der Kunde diese Frage?
Warum soll ich das machen?	Muss ich dafür wirklich Geld investieren?
Wie viel zahle ich?	Kann ich es mir leisten?
Was bekomme ich dafür?	Lohnt es sich?
Wie flexibel ist das Angebot?	Kann ich Veränderungen vornehmen, wenn sich meine Situation verändert?
Wie ist es mit der Sicherheit?	Kann ich Geld verlieren und wenn ja, wie viel?
Wie viel Steuern muss ich zahlen?	Lohnt es sich für mich oder doch nur für das Finanzamt?

Wenn Sie diese Punkte mit dem Kunden besprochen haben, dann sind die wohl wichtigsten Fragen geklärt. Selbstverständlich werden die Kunden noch andere Fragen stellen, auf die Sie dann natürlich eingehen.

Verständlich zu präsentieren bedeutet auch, Ihren Kunden zu verstehen und zu erkennen, wo dieser noch Fragen hat.

==Fragen Sie Ihren Kunden deshalb nach jedem Schritt Ihrer Präsentation, was er davon hält und ob er noch Fragen hat. So erfahren Sie, wie er zu einzelnen Punkten Ihres Vorschlags positioniert ist, denn==

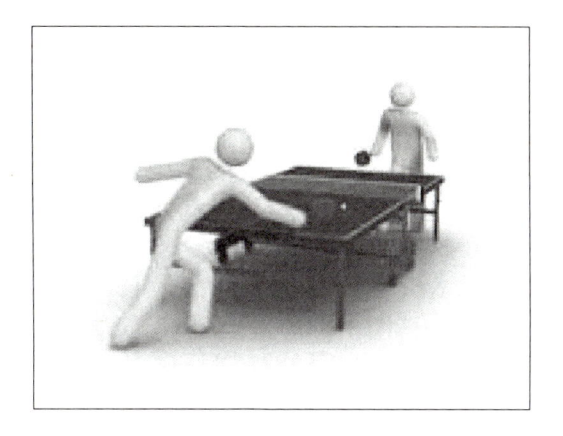

ein Gespräch ohne Feedback ist wie Tischtennis ohne Partner.

Nutzen Sie dazu Formulierungen wie

Berater: „Wie gefällt Ihnen das?"
Berater: „Was interessiert Sie dazu noch?"
Berater: „Was halten Sie davon?"
Berater: „Ist das so, wie Sie es sich vorgestellt haben?"
Berater: „Welche Fragen haben Sie dazu noch?"

Schauen Sie den Kunden bei diesen Fragen an, damit Sie seine Reaktionen sehen. An der Mimik und Körpersprache erkennen Sie, ob Ihr Kunde interessiert dabei ist oder in Gedanken bereits woanders.

Fragen Sie NIE

Berater: „Haben Sie das verstanden?"

Hier handelt es sich um eine abwertende Formulierung, die in einem Kundengespräch nichts verloren hat.

Nutzen Sie eine verständliche Sprache und vermeiden Sie Fremdwörter und Fachbegriffe.

„Der Agrarökonom verweigert die Zuführung nicht identifizierter Substanzen zu Nahrungszwecken."

Das hört sich vielleicht gebildet an, ist auf Anhieb aber kaum zu verstehen. Deshalb sagen wir dann lieber

„Wir wollen es uns erst noch einmal überlegen",

denn

„Was der Bauer nicht kennt, isst er nicht."

Und was wir nicht verstehen, dazu treffen wir keine Entscheidungen.

7.1.1 Vorsorgevorschläge nutzenorientiert präsentieren

> *„Das unfehlbare Mittel, Autorität über die Menschen zu gewinnen,*
> *ist, sich ihnen nützlich zu machen."*
> Marie von Ebner-Eschenbach

Ein Kunde, der im Baumarkt eine Bohrmaschine kauft, braucht keine Bohrmaschine. Was dieser Kunde haben will, sind Löcher in der Wand. Diese Erkenntnis sollten Sie bei der Präsentation Ihrer Angebote berücksichtigen. Ihren Kunden interessiert letztendlich nur eine Frage: „Was habe ich davon?"

Sie haben wieder verschiedene Möglichkeiten, wie Sie den Nutzen für den Kunden deutlich herausstellen können:

1. „Ihnen ist wichtig ... dieses Angebot bietet"-Ansatz

In der Bedarfsanalyse haben Sie die Wünsche und Ziele des Kunden ausführlich analysiert. Sie können deshalb mit der Einleitung

Berater: „Ihnen ist wichtig ..."

die Kundenerwartungen wiederholen und dann gezielt mit

Berater: „Dieses Angebot bietet ..."

nutzenorientiert argumentieren.

2. Nutzenorientierter Ansatz

Hier arbeiten Sie mit Formulierungen, die den Nutzen herausstellen und die Sie leicht in die Präsentation mit einfließen lassen können. Beispiele hierfür sind:

Berater: „... damit erreichen Sie ..."
Berater: „... das spart Ihnen ..."
Berater: „... dies sichert Ihnen ..."
Berater: „... damit steigern Sie ..."
Berater: „... das bringt Ihnen ..."

3. Merkmal-Vorteil-Nutzen-Kette

Was unterscheidet die einzelnen Begriffe?

Merkmal	=	Welche Eigenschaften hat das Produkt?
Vorteil	=	Was macht diese Eigenschaft?
Nutzen	=	Was bringt es dem Kunden ganz konkret?

Hierzu ein paar Beispiele, wie Sie Merkmale nutzenorientiert präsentieren können:

Hohe Finanzkraft Ihrer Gesellschaft

Berater: *„Herr Kunde, unsere Gesellschaft hat eine sehr hohe Finanzkraft. Dies ist gerade in der heutigen Zeit wichtig, denn damit ist unsere Zahlungsfähigkeit gewährleistet. Ihnen gibt das die Sicherheit, dass Sie die im Alter versprochene Rente auch wirklich erhalten."*

Strenge Gesundheitsprüfung bei der Berufsunfähigkeitsversicherung

Berater: *„Herr Kunde, unsere Gesellschaft prüft bei der Antragstellung den Gesundheitszustand der Kunden sehr genau. Dadurch wird vermieden, dass Kunden mit erheblichen Vorerkrankungen versichert werden. Dies sichert Ihnen einen stabilen Beitrag. Dadurch bleibt Ihre* *monatliche Zahlung für Sie berechenbar und Sie haben die Sicherheit, sich auch in einigen Jahren den Versicherungsschutz leisten zu können."*

Geringe Prozessquote bei Berufsunfähigkeitsrenten

Berater: „Herr Kunde, unsere Gesellschaft hat eine sehr niedrige Prozessquote, wenn es um die Leistungen im Rahmen der Berufsunfähigkeitsrenten geht. Dies zeigt, dass die Kunden mit der Abwicklung von Zahlungen im Falle der Berufsunfähigkeit überdurchschnittlich zufrieden sind. Das bedeutet, Sie können sich darauf verlassen, dass Ihre Versicherung im Schadensfall auch wirklich zahlt."

7.1.2 Umgang mit Einwänden des Kunden

„Die Welt besteht aus Optimisten und Pessimisten.
Letztendlich liegen beide falsch.
Aber der Optimist lebt damit glücklicher."
Kofi Annan

Einwände des Kunden sind etwas ganz Normales. Deshalb entwickeln Sie eine positive Einstellung zu Einwänden.

Versetzen Sie sich bitte in folgende Situation:

Sie sind mit dem Auto auf dem Weg zur Apotheke. Sie entdecken einen freien Parkplatz. Gerade als Sie dort einparken wollen, kommt ein roter Sportwagen mit quietschenden Reifen angerast und nimmt Ihnen den Parkplatz weg.

Was denken Sie jetzt?

Viele Seminarteilnehmer sagen etwas wie „So ein Idiot!".

Sie haben sich einen anderen Parkplatz gesucht und betreten die Apotheke. Am Eingang rempelt Sie der Sportwagenfahrer beim schnellen Verlassen der Apotheke an. Jetzt fühlen Sie sich noch mehr in Ihrer Einschätzung von eben bestätigt.

Als Sie bedient werden, sagen Sie zum Apotheker: „Also das vorhin war ja ein Idiot. Erst nimmt er mir den Parkplatz weg und jetzt rempelt er mich auch noch an." Der Apotheker schaut Sie an und sagt: „Da schätzen Sie den Herrn wohl falsch ein. Er ist an einem Unfall vorbeigekommen und hat dort Erste Hilfe geleistet. Ein Ersthelfer hat ihn gebeten, dringend benötigte Medikamente von der Apotheke zu holen. Er hat vom Auto aus angerufen und durchgegeben, was gebraucht wird, und ist jetzt schon wieder auf dem Rückweg."

Wahrscheinlich ändert sich Ihre Einschätzung über diesen sehr hilfsbereiten Menschen jetzt komplett. Die Situation hat sich objektiv nicht geändert, aber Ihre Sichtweise wurde verändert.

Genau darum geht es auch beim Umgang mit Einwänden des Kunden. Gehen Sie einfach davon aus, dass Kunden nur dann Einwände bringen, wenn Sie auch wirkliches Interesse an den Angeboten haben. Jeder Einwand des Kunden ist eigentlich die ungestellte Frage: „Was habe ich davon?".

In diesem Abschnitt ging es darum, dass Sie noch einmal Ihre Einstellung zu Einwänden hinterfragen. Konkrete Ideen zur Einwandbehandlung gibt es in den Abschnitten 4.3, 5.1 und bei den Beispielpräsentationen im Abschnitt 7.2.

7.1.3 Wirkungssteigernde Sprachmuster

> *„Es kommt nicht darauf an, wie eine Sache ist,*
> *es kommt darauf an, wie sie wirkt."*
> Kurt Tucholsky

Sprache steuert unser Denken, unsere Gefühle und unsere Handlungen. Deshalb kann Sprache gezielt und wirkungsvoll eingesetzt werden.

Die Wirkung Ihrer Aussagen hängt stark von Ihrer Sprache ab. Ist Ihre Sprache polarisierend, lösungs- und konsensorientiert, destruktiv oder konstruktiv? Die von Ihnen gewählte Sprache hat beispielsweise einen Einfluss darauf, welche Gefühle Sie bei Ihrem Kunden auslösen. Wollen Sie die Wirkung Ihrer Aussagen nicht dem Zufall überlassen, dann ist es wichtig, sich mit Sprachmustern zu beschäftigen.

Wenn Sie dem Kunden etwas verkaufen wollen, dann geht es darum, dass er sein Geldausgabeverhalten verändert. Sie konfrontieren den Kunden mit für ihn neuen Gedanken. Neues wird jedoch vom Gehirn nicht immer gleich als „Freund" begrüßt, sondern oft sehr kritisch betrachtet. Mit den passenden Sprachmustern schaffen Sie es, diese Abwehrhaltung zu reduzieren und die Aufmerksamkeit gezielt zu steuern.

Es wäre vermessen zu denken, dass Sie mit wirkungssteigernden Sprachmustern jeden zu allem veranlassen können. Darum geht es auch gar nicht. Ziel ist es, Kunden bei ihrem Entscheidungsprozess zur Verbesserung ihrer Vorsorgesituation zu unterstützen.

Setzen Sie Ihre Sprache bewusst ein, um sich die Aufmerksamkeit Ihres Kunden zu sichern. Neue Gedanken sollen die Chance bekommen, vom Kunden auch wahrgenommen zu werden. Von Ihnen gezielt angewendete Sprachmuster haben im Verkauf lediglich die Aufgabe, die Konzentration Ihrer Kunden besser auf Ihr Angebot und dessen Vorteile zu lenken.

Es gibt viele verschiedene Sprachmuster. Hier einige für den Verkauf besonders interessante.

Die eingebettete Aufforderung

Die Aussage „Schauen Sie im Internet nach dem Buch *Alternative Investments verständlich verkaufen* von Ralf Meyer und bestellen Sie es!", kann eine Abwehrreaktion der Art „Der hat mir gar nichts zu sagen." auslösen.

Bei der eingebetteten Aufforderung wird eine klare Aussage geschickt verpackt.

Durch die Einbettung in die Formulierung „Wir würden zum Beispiel nie zu Ihnen sagen ‚Schauen Sie im Internet nach dem Buch *Alternative Investments verständlich verkaufen* von Ralf Meyer und bestellen Sie es!', denn Sie sind ein selbstverantwortlicher Mensch, der seine Entscheidungen eigenständig trifft." lösen Sie keine unerwünschte Abwehrreaktion beim Gesprächspartner aus.

Anwendungsbeispiele:

Berater: *„Meine Mutter sagt immer: Hör Dir das Angebot doch mal an, dann kannst Du am besten entscheiden, ob es Dir gefällt."*

Berater: *„Wissen Sie, was John F. Kennedy in einer solchen Situation gesagt hätte? ‚Wenn alle Fakten dafür sprechen, soll man handeln.'."*

Berater: *„Schon ein altes Sprichwort sagt: Junges Blut, spar dein Gut, Armut im Alter weh tut."*

Die „Ja"-Straße

Bei der „Ja"-Straße stellen Sie möglichst viele Fragen, bei denen die Mehrzahl der Menschen mit „Ja" antwortet.

- *Sie möchten einen guten Kontakt zu Ihren Kunden herstellen?*
- *Ihre Kunden sollen gut und umfassend beraten werden?*
- *Außerdem möchten Sie, dass die Kunden bei Ihnen abschließen?*
- *Ihre Kunden sollen Sie weiterempfehlen?*
- *Dann machen Sie sich mit der Wirkung von Sprachmustern vertraut!*

Wahrscheinlich merken Sie gerade an diesem Beispiel, wie diese „Ja"-Straße wirkt, und überlegen bereits, wie Sie diese künftig konkret anwenden können. Hier noch ein weiteres Beispiel, wie stark diese Vorgehensweise wirken kann?

- *Legen Sie Wert auf persönliche Freiheit?*
- *Sind Sie der festen Überzeugung, dass jeder Mensch das Recht hat, glücklich zu sein?*
- *Sind Sie fest entschlossen, Ihr Leben nicht von jemand anderem bestimmen zu lassen und schon gar nicht von einer fremden Macht?*
- *Sind Sie der Überzeugung, dass es wichtig ist, seine Werte zu verteidigen und sich deshalb zu unserer Armee zu melden?*

Die ersten Ja´s in unserem Beispiel ergeben noch Sinn. Das Letzte ist jedoch unlogisch. Angehörige der Armee sind weder frei noch glücklich. Ihr Leben wird zum größten Teil von den Vorgesetzten bestimmt.

Bei vielen Menschen ist der logische Filter, der Ungereimtheiten entdeckt, nach drei Ja´s nicht mehr intakt, und es tritt eine automatische Reaktion ein. Viele Beispiele aus Reden von Politikern und der Werbung zeigen, dass diese Systematik auch bei unlogischen Schlussfolgerungen wirkt. Wie stark ist dann erst die Wirkung bei logischen Folgerungen?

Anwendungsbeispiel:

Berater:	„Herr Kunde, Sie möchten eine möglichst hohe Rendite für Ihre Altersvorsorge?"
Kunde:	„Ja, es soll ja schließlich ordentlich was rauskommen."
Berater:	„Und Sie wollen staatliche Förderungen kassieren?"
Kunde:	„Ja, natürlich."
Berater:	„Weiterhin wollen Sie flexibel verfügen können?"
Kunde:	„Ja, man weiß ja nie, was passiert."
Berater:	„Dann passt zu Ihnen unsere Spezialpolice ‚Top-Flex-Rendite', die das alles beinhaltet. Sie bietet eine hohe Rendite und sichert Ihnen die staatliche Sparförderung. Durch die Möglichkeit zur Beitragsanpassung bleiben Sie flexibel."

Bei der „Ja"-Straße bauen Sie mit den ersten Aussagen Vertrauen auf, damit der Kunde Ihren Ausführungen folgt und zustimmt.

Die Vorannahme

Bei der Vorannahme wird eine bestimmte Gegebenheit unterstellt.

- *Möglicherweise haben Sie den Spitzenverkäufer in sich noch nicht entdeckt.*

Diese Aussage unterstellt, dass Sie ein Spitzenverkäufer sind. Es stellt sich nur die Frage, ob Sie ihn schon in sich entdeckt haben oder erst noch entdecken werden.

Bei der Aussage

- *Sie sind ein Spitzenverkäufer.*

hätten vielleicht einige Leser mit Widerstand reagiert und gedacht „Das bin ich leider nicht".

Sie merken, dass die gewünschte Wirkung dadurch eintritt, dass die Vorannahme unbewusst akzeptiert wird.

Anwendungsbeispiele:

Berater: „Wissen Sie, warum unsere Kunden dieses Konzept zur Vorsorgeberatung so schätzen?"

Damit wird unterstellt, dass Kunden dieses Konzept schätzen. Es geht somit sofort um die Gründe, aus denen Kunden dieses Konzept schätzen. Ob es wirklich Kunden gibt, die das Konzept schätzen, wird durch die Vorannahme nicht mehr hinterfragt.

Berater: „Vielleicht sind Sie am Anfang noch skeptisch, ob mein Angebot wirklich zu Ihnen passt. Je länger Sie sich mit den einzelnen Punkten beschäftigen, desto deutlicher erkennen Sie die Vorteile."

Berater: „Ich bin schon ganz gespannt, welche Punkte meines Angebots Ihnen ganz besonders gefallen werden."

Berater: „Vielleicht möchten Sie herausfinden, wie es sein kann, dass dieses Angebot wirklich so günstig ist?"

Berater: „Ich frage mich, woran Sie zuerst erkennen, dass dieses Konzept genau für Sie passt."

Die Vorannahmen bestehen darin, dass das Angebot für den Kunden passt und Vorteile enthält. Er muss Sie nur noch entdecken.

Gedanken lesen

Möchten Sie mehr verkaufen? Sie haben recht, wer möchte das nicht? Sie fragen sich sicher: „Wie schaffe ich es, mehr zu verkaufen?"

Hier ist das Prinzip des Gedankenlesens gut erkennbar. Sie treffen eine Aussage oder Sie stellen eine Frage, auf die die meisten mit „Ja" antworten werden. Dann bestätigen Sie Ihren Gesprächspartner und lesen seine Gedanken: „Sie fragen sich sicher ..." Dadurch verstärken Sie das Vertrauen, denn Ihr Gegenüber denkt: „Da ist jemand, der weiß, was ich denke."

Anwendungsbeispiele:

Berater: „Möchten Sie, dass Sie und Ihre Familie gut abgesichert sind?"

Kunde: „Natürlich ist mir das wichtig."

Berater: „Herr Kunde, Sie haben recht. Wer will das nicht? Sie fragen sich sicher, wie Sie diese Absicherung gut und preiswert erreichen, richtig?"

oder

Berater: „Möchten Sie die Sicherheit, dass Sie wirklich alle staatlichen Förderungen nutzen?"

Kunde: „Das wäre schon gut."

Berater: „Herr Kunde, Sie haben recht. Wer will das nicht? Sie fragen sich bestimmt, wie Sie sicherstellen können, dass Sie keine staatlichen Förderungen verschenken, richtig?"

Ursache und Wirkung

Wenn Sie sich intensiv mit den Sprachmustern beschäftigen, dann werden Sie Ihre Gesprächsführung verbessern. Dadurch überzeugen Sie mehr Kunden von ihren Vorteilen und werden mehr verdienen.

Mit diesem Sprachmuster zeigen Sie dem Kunden auf, dass auf ein bestimmtes Ereignis automatisch ein anderes Ereignis folgt.

Anwendungsbeispiele:

Berater: „Wenn Sie sich für dieses Angebot entscheiden, dann ist Ihre finanzielle Freiheit im Alter gesichert."

Berater: „Während ich Ihnen Ihr persönliches Konzept vorstelle, wird Ihnen auffallen, welche Vorteile die Angebote wirklich für Sie haben."

Berater: „Sobald Sie sich für dieses Konzept entschieden haben, werden Sie spüren, dass es ein gutes Gefühl ist, für die Zukunft vorgesorgt zu haben."

Berater: „Die Erfahrung zeigt, je mehr Sie sich mit diesem Konzept beschäftigen, desto deutlicher erkennen Sie die Vorteile und umso schneller möchten Sie davon profitieren."

Höhere Werte ansprechen

Hier sprechen Sie Werte des Kunden an. Höhere Werte sind stark emotional besetzt. Beispiele sind Liebe, Glück, Freiheit, Unabhängigkeit, Verantwortungsbewusstsein, Sicherheit und Vertrauen.

Um einer Aussage, die höhere Werte anspricht, Sinn zu verleihen, muss sich der Hörer ein passendes Erlebnis in Erinnerung rufen. Dadurch wird ein stark emotionaler Zustand erreicht.

Anwendungsbeispiele:

Berater: „Es geht in unserer Zusammenarbeit darum, dass wir eine Partnerschaft finden, die auf Vertrauen, Ehrlichkeit und Zuverlässigkeit aufgebaut ist."

Berater: „Verantwortung für die Familie übernehmen. Den Kindern Chancen für die Zukunft ermöglichen. Freiraum für ihre Entwicklung schaffen. Das sind die Dinge, auf die es im Leben ankommt."

Berater: „Unabhängigkeit, Freiheit, eigenständig Entscheidungen treffen und anderen nicht zur Last fallen, das sind die Herausforderungen der Zukunft."

Ungenau sein

Hier soll der Kunde seine persönlichen Vorstellungen entwickeln. Eine allgemeine Aussage ist z.B. „Jeder weiß, dass Vorsorge besser ist als Nachsorge".

Diese Aussage ist absichtlich sehr vage gehalten, um Widerstände beim Kunden zu vermeiden. Denn wer ist „jeder", und was bedeuten die Begriffe „Vorsorge" und „Nachsorge"? Dennoch ist die Aussage klar genug, um den Kunden zu führen.

Anwendungsbeispiele:

Berater: „Zur Zeit interessieren sich alle für das Thema Inflation."

Berater: „Alle wissen: ‚Von nichts kommt Nichts.'"

Berater: „Es ist leicht, wenn man sich erst einmal damit beschäftigt."

Horoskope zeigen sehr gut, wie ungenaue Formulierungen funktionieren. Durch die allgemein gehaltenen Aussagen kann man sich damit identifizieren. Dennoch lassen sie viel Raum für die eigene Interpretation.

In die Zukunft schauen

Geben Sie dem Kunden das gute Gefühl, dass Sie als Berater genau wissen, was passieren wird. Damit zeigen Sie dem Kunden selbstbewusst, dass Sie über viel Erfahrung verfügen.

Anwendungsbeispiele:

Berater: „Sobald ich Ihnen die Vorteile aufgezeigt habe, werden Sie sich fragen, warum Sie das bisher noch nicht gemacht haben."

Berater: „Wenn man unsere Angebote nicht kennt, dann glaubt man, dass die eigenen Finanzen gut geordnet sind. Wenn Sie unsere Beratung erlebt haben, dann werden Sie sich nicht mehr vorstellen können, warum Sie bisher darauf verzichtet haben."

Berater: „Die Erfahrung hat gezeigt, dass gerade diejenigen, die mit voller Überzeugung der Meinung waren, dass Ihnen eine Vorsorgeanalyse nichts bringen würde, schlussendlich am meisten davon profitiert haben. Wann möchten Sie prüfen, wie Sie profitieren können?"

Berater: „Es ist ein gutes Zeichen, wenn Sie am Anfang noch kritisch sind. Denn das bedeutet ja, dass Sie sich ganz besonders mit diesem

Berater: "Sobald Sie die Entscheidung getroffen haben, werden Sie spüren, wie gut Sie sich fühlen, heute Nägel mit Köpfen gemacht zu haben."

Konzept auseinandersetzen. Je mehr Sie sich mit dem Angebot beschäftigen, desto deutlicher werden Sie die Vorteile erkennen."

Sicher ist Ihnen schon der Gedanke gekommen, dass sich diese Sprachmuster nicht immer eindeutig voneinander trennen lassen. Entscheidend ist die Erkenntnis, dass sie sich sehr gut kombinieren lassen. Wenn Sie die Systematik hinter den Sprachmustern erkannt haben, wird es Ihnen leicht fallen, eigene Formulierungen zu entwickeln.

Aufgabe:

Erstellen Sie zu jedem Sprachmuster drei Formulierungen, mit denen Sie künftig arbeiten wollen.

7.1.4 Bilder, Metaphern und Geschichten wirkungsvoll einsetzen

"Ein Bild sagt mehr als tausend Worte."
Sprichwort

Mit Bildern, Metaphern und Geschichten sprechen Sie die rechte, also die emotionale Seite des Gehirns an. Diese Gehirnhälfte schafft die stärkeren Eindrücke.

Dazu eine kleine Gedächtnisübung. Bitte merken Sie sich folgende Geschichte.

"Zweibein sitzt auf Dreibein und isst Einbein. Da kommt Vierbein, beißt Zweibein und schnappt sich Einbein. Daraufhin nimmt Zweibein Dreibein und schlägt nach Vierbein."

Aufgabe:

Bitte schließen Sie jetzt das Buch und versuchen Sie die Geschichte zu erzählen.

Bevor Sie weiterlesen, lösen Sie bitte diese Aufgabe, um den Erkenntnisgewinn zu steigern.

Bilder

Jetzt eine weitere Gedächtnisübung. Diesmal mit Bildern.

"Ein Mann (Zweibein) sitzt auf einem Hocker (Dreibein) und isst ein Hühnerbein (Einbein). Da kommt ein Hund (Vierbein), beißt den Mann (Zweibein) und schnappt sich das Hühnerbein (Einbein). Darauf nimmt der Mann (Zweibein) den Hocker (Dreibein) und schlägt nach dem Hund (Vierbein)."

Wenn Sie jetzt sagen müssten, welche Geschichte Sie sich schneller merken, dann würden Sie sich vermutlich für die Geschichte mit den „Bildern" entscheiden.

Manchmal erinnern sich Seminarteilnehmer noch nach Jahren an die Geschichte mit dem Mann und können diese gut nacherzählen. Die Geschichte mit den „Beinen" ist immer ganz schnell vergessen. Es ist wichtig, Bilder und Geschichten in Ihre Beratung mit einzubinden. Sie wecken Emotionen, werden leichter verstanden und gemerkt.

Metaphern

Metaphern sprechen Emotionen des Kunden an. Sie erhöhen damit die Wirkung Ihrer Aussagen.

Beispiele für Metaphern im Kundengespräch:

Statt ...	Lieber ...
Sie haben recht.	Da haben Sie den Nagel auf den Kopf getroffen.
Das wird Ihnen gefallen.	Da werden Sie sich pudelwohl fühlen.
Das ist nicht aktuell.	Das ist Schnee von gestern.
Stellen Sie sich der Realität.	Wir sollten keine rosarote Brille tragen.
Entscheiden Sie sich jetzt!	Man muss das Eisen schmieden, solange es heiß ist.
Sparen Sie ab jetzt regelmäßig!	Mit dem Vermögensaufbau ist es wie mit dem Leistungssport, wenn man nicht regelmäßig etwas tut, kommt man nicht zum Ziel.

Abbildung 40: Beispiele für Metaphern im Kundengespräch

Geschichten

Menschen sind sehr empfänglich für gute Geschichten. Gute Geschichten lehren uns, das Leben zu meistern. Sie fesseln die Aufmerksamkeit des Zuhörers und sprechen das Vorstellungsvermögen an. Sie veranschaulichen komplizierte Zusammenhänge und werden deshalb besonders gut behalten. Damit schaffen Sie Verständlichkeit und steigern die Überzeugungswirkung.

Geschichten unterlaufen das Bewusstsein und wirken direkt auf das Unterbewusstsein. Deshalb sind viele Abwehrmechanismen, die sonst in Gesprächen arbeiten, ausgeschaltet. Nutzen Sie Geschichten, um Ihre Kunden zu überzeugen. Erzählen Sie Geschichten, in denen auch Sie die Vorteile eines Angebots erst später erkannt haben und jetzt noch nutzen. Erzählen Sie Geschichten von Kunden, die Ihre Angebote nutzen und von den Vorteilen profitieren.

Aufgabe:

Überlegen Sie, wie Sie Bilder, Metaphern und Geschichten stärker in Ihre Beratungsgespräche einbauen.

7.1.5 Überzeugen durch Beweise

Nichts ist im Kundengespräch wirkungsvoller, als Ihre Aussagen durch geeignete Beweise zu unterstreichen. Überzeugen geht leichter über Zeugen.

Deshalb nutzen Sie

Referenzen

Referenzen sind ein wichtiges Instrument für den Ausbau bestehender Kundenbeziehungen und zur Gewinnung von Neukunden. Referenzen sind Kundenerfahrungen, an denen sich der Interessent bei seiner Entscheidungsfindung orientieren kann. Sie wirken vertrauensfördernd.

Können Sie zufriedene Kunden vorweisen, bedeutet dies Pluspunkte in nahezu jedem Verkaufsgespräch. Holen Sie deshalb regelmäßig Referenzen von Ihren Kunden ein.

Eine Referenz erhalten Sie von einem zufriedenen Kunden, der über seine Erfahrungen mit Ihnen, der Firma, dem Produkt oder den Dienstleistungen berichtet.

Kundenbefragungen

Verwenden Sie positive Ergebnisse von Kundenzufriedenheitsbefragungen, um Ihre Aussagen gegenüber dem Gesprächspartner zu unterstreichen.

Aufsätze/Artikel aus Fachzeitschriften

Beziehen Sie sich auf Veröffentlichungen in Zeitschriften, Fachzeitschriften und wissenschaftlichen Quellen, um den Beweis für Ihre Aussagen zu führen. Testberichte, Statistiken und Artikel, in denen Ihre Produkte und Lösungen gut abgeschnitten haben, gehören in jede Verkaufsmappe.

Publikationen öffentlicher Stellen bzw. regierungsnaher Organisationen, z.B. Bundesministerien, Länderbehörden, das Statistische Bundesamt oder Stiftung Warentest, besitzen eine hohe Glaubwürdigkeit.

Eigene Angaben des Kunden

Die größte Wirkung erreichen Sie mit Zahlen, Daten, Fakten oder Argumenten, die Ihnen der Kunde selbst gegeben hat. Durch eine ausführliche Analyse seiner Situation, wie sie in Abschnitt 5.2 vorgestellt wurde, erhalten Sie jede Menge

Informationen von ihm. Diese Informationen werden Ihnen bei der Präsentation Ihrer Lösung hilfreich sein.

Der Kunde kann sich gegen alles wehren, nur nicht gegen ein Lob und das, was er selbst gesagt hat.

Berater: „*Sie berichteten bei Ihren Erfahrungen zur Pflege Ihrer Mutter, dass für einen Heimplatz, der vor fünf Jahren noch 2.800,- Euro kostete, heute bereits 3.200,- Euro monatlich aufzuwenden sind. Um künftige Preissteigerungen mit zu berücksichtigen, empfehle ich Ihnen, für Ihre Pflegezusatzversicherung eine regelmäßige Dynamisierung Ihrer Leistung.*"

Gütesiegel

Eine hohe Wertschätzung bei Ihren Kunden genießen auch Gütesiegel anerkannter Institute und öffentlicher Stellen. Setzen Sie diese gezielt in Ihren Gesprächen ein.

Konkurrieren Sie im Kundengespräch mit Gütesiegeln des Wettbewerbers, stehen Sie vor der Herausforderung, deren Glaubwürdigkeit zu hinterfragen.

Wie Gütesiegel erstellt werden und was deren Glaubwürdigkeit ausmacht, beschreibt Frank Nobis, Geschäftsführer des Instituts für Vorsorge und Finanzplanung, in seinem Gastbeitrag.

7.1.6 Gastbeitrag „Gütesiegel" vom Institut für Vorsorge und Finanzplanung

Frank Nobis ist Geschäftsführer und Gesellschafter des Instituts für Vorsorge und Finanzplanung. Zuvor war Frank Nobis als verantwortlicher Direktor für den strategischen und operativen Aufbau der Financial Planner Organisation bei der Entrium Bank (heute ING-DiBa) zuständig. Von 1992 bis 2001 war er im Deutsche Bank Konzern in leitender Position tätig, unter anderem verantwortete er die Vertriebsunterstützungseinheiten der Versicherungsgruppe der Deutschen Bank AG.
Seit 2004 ist er Gesellschafter-Geschäftsführer des Instituts für Vorsorge und Finanzplanung, Fachautor und Fachreferent in den Bereichen Altersvorsorge und Financial Planning. Frank Nobis ist Bankkaufmann und Certified Estate Planner. Er absolvierte sein Studium zum Diplom Betriebswirt an der FH Nürnberg.
Kontaktdaten: Institut für Vorsorge und Finanzplanung GmbH
Auf der Haide 1, 92665 Altenstadt/WN; Tel.: 09602/944 928-0; eMail: info@vorsorge-finanzplanung.de;
http://www.vorsorge-finanzplanung.de

Gütesiegel – sinnvoller Wegweiser durch den Dschungel von Vorsorgeprodukten oder Verbraucherverunsicherung auf hohem Niveau?

Eines steht fest: Gütesiegel sind derzeit in Mode. Sie treten in allen Bereichen des täglichen Lebens in Erscheinung, so eben auch im Finanz- und Vorsorgebereich. Erstklassige Rendite, Testsieger im Bereich Transparenz, ausgezeichneter Beratungsservice, beste Bank, höchste Rente etc. – die Möglichkeiten, Auszeichnungen zu „verhängen", scheinen schier unbegrenzt. Gütesiegel dienen dazu, Interessenten – in der Regel handelt es sich hier um Verbraucher – im Prozess der Entscheidung zu unterstützen, ihnen die (Aus-)Wahl zu erleichtern. Soweit zur Theorie. In der Praxis sieht es anders aus. Inzwischen jedenfalls. Das hängt mitunter damit zusammen, dass die Palette an Gütesiegeln in den vergangenen Jahren stark gewachsen ist. Als Folge hat sich Verwirrung unter den Verbrauchern darüber breitgemacht, welcher Auszeichnung man tatsächlich (ver-)trauen kann oder sollte?

Die Spreu vom Weizen trennen – Gütesiegel ist nicht gleich Gütesiegel

Bunt, schwarz-weiß, eckig, rund – Gütesiegel gibt es in den unterschiedlichsten Farben und Formen. Hier den Überblick zu behalten, ist nicht leicht. Wer sich allerdings die Mühe macht, genauer hinzuschauen, findet schnell aussagekräftige Charakteristika und Hinweise, um zumindest eine Vorauswahl treffen zu können. In erster Linie gilt: Immer genau hinsehen! Was wird hier ausgezeichnet? Welche Formulierung wird gewählt? Eine gesunde Skepsis sollte stets bei der Verwendung von Superlativen aufkommen: Beste Rente, bester Anbieter etc. Noch zweifelhafter ist die Aussagekraft, wenn gleich mehrere Superlative nebeneinander aufgeführt sind. Aber worauf fußt die Aussage eigentlich? Was und wer steckt dahinter? Basiert die Auszeichnung auf einer umfassenden Analyse? Woher stammen die Informationen für die Untersuchung? Wer und wie viele Personen wurden befragt? Handelt es sich um eine repräsentative Umfrage? Die Palette an Fragen, deren Antworten über die Wertigkeit eines Gütesiegels entscheiden, scheint schier unendlich. Endlos scheint auch der Bedarf an Zeit zu sein, die man hier aufwenden müsste, um fundierte Hintergrundinformationen zu verschiedenen Gütesiegeln zu erhalten. Aus diesem Grund hat das Institut für Vorsorge und Finanzplanung ein überschaubares Regelwerk erstellt, um in Erfahrung zu bringen, ob ein Gütesiegel tendenziell vertrauensvoll ist oder nicht. Ganz ohne zu hinterfragen geht es also nicht – aber es bedarf keiner wissenschaftlichen Untersuchung, um sich Erkundigungen zu den Auszeichnungen und deren Anbieter einzuholen.

Die sechs goldenen Regeln vom Institut für Vorsorge und Finanzplanung (IVFP) für ein vertrauenswürdiges Gütesiegel

Das Institut für Vorsorge und Finanzplanung vertritt die Auffassung, dass sechs Regeln erfüllt sein müssen, um ein Rating als ordnungsgemäß und damit vertrauenswürdig zu erachten. Ist das gegeben, kann man den Ergebnissen in Form von Gütesiegeln in der Regel ebenfalls vertrauen.

Unabhängigkeit

Wer sich anschickt, Auszeichnungen zu vergeben, muss stets unabhängig bleiben. So dürfen keinerlei Kapitalverflechtungen oder persönliche Abhängigkeiten zwischen dem Unternehmen, das die Bewertungen durchführt, und den untersuchten Produktanbietern bestehen. Zudem dürfen für die Teilnahme an der Analyse keinerlei Kosten erhoben werden.

Kompetenz

Nur wer über die notwendige Fachkompetenz verfügt, kann eine fundierte und aussagekräftige Bewertung vornehmen. Fragwürdig erscheinen daher Gütesiegel von Unternehmen, die die komplette Klaviatur des täglichen Lebens abbilden: von der Privatrente bis zum Einrichtungshaus, von der Zahnpaste bis zum Kreditinstitut. An dieser Stelle sollten Verbraucher besonders genau hinsehen. Wer kann sich schon anmaßen, in den unterschiedlichsten Bereichen gleichermaßen kompetent zu sein? Sozusagen die eierlegende Wollmilchsau: Allein die dafür notwendigen personellen und finanziellen Ressourcen sind enorm – vor allem dann, wenn keine Stiftung, sondern ein „normales", also wirtschaftlich agierendes Unternehmen dahinter steckt.

Gemäß dem Motto „Schuster bleib bei deinen Leisten" empfiehlt das IVFP daher, sich vornehmlich an Auszeichnungen von Unternehmen zu orientieren, die sich auf eine spezielle Branche, einen fest definierten Bereich konzentrieren.

Vollständigkeit

Eine Bewertung verfügt nur dann über qualitative Aussagekraft, wenn die komplette Bandbreite an (für die Zielgruppe verfügbaren) ähnlichen Produkten bzw. ähnlichen Anbietern in der Untersuchung berücksichtigt werden. Das Institut für Vorsorge und Finanzplanung ist der Meinung, dass eine Marktabdeckung von mindestens 90 Prozent vorliegen sollte, um ein (weitgehend) objektives Ergebnis zu erhalten. Kritisch zu betrachten sind auch an dieser Stelle wieder Superlative wie „bester", „höchster", „niedrigster" etc. zu beäugen, da sie vorgeben, dass alle Konkurrenz-

/Mitbewerber-Produkte und -Anbieter in die Betrachtung eingeflossen sind. Es ist davon auszugehen, dass es immer einen kleinen Prozentsatz an Unternehmen gibt, die partout keine Informationen zu ihren Produkten zur Verfügung stellen – das muss jedoch nicht gleichzeitig bedeuten, dass sie über schlechte Produkte verfügen.

Fokus auf eine Zielgruppe

An wen richtet sich eigentlich das Gütesiegel? Eine der zentralen Fragen in Hinsicht Vertrauenswürdigkeit. Jedes Gütesiegel bzw. jede Untersuchung dahinter muss klar aufzeigen, an wen sich die Aussage des Gütesiegels richtet. Steht der Verbraucher im Mittelpunkt – wie dies beim IVFP der Fall ist – oder eine branchenrelevante Zielgruppe? Dass es unterschiedliche Adressaten gibt, ist nichts Ungewöhnliches – bedenklich ist es, wenn mit einer Auszeichnung mehrere Zielgruppen bedient werden sollen. Zwei Herren gleichzeitig dienen, wer kann das schon?

Zielgruppenperspektive heißt zudem, Produkte zu wählen, die auch tatsächlich von Interesse für diese sind. Sinnhaftigkeit der Produktwahl ist daher ein weiterer wichtiger Aspekt für die Seriosität einer Auszeichnung.

Transparenz

Anhand welcher Kriterien erfolgte die Beurteilung? Sind diese klar ersichtlich? Gibt es ausführliche Erläuterung zu den Kriterien bzw. der Analyse?

Ganzheitlichkeit

Einige Gütesiegel auf dem Markt vergeben Auszeichnungen für Teilaspekte des Produkts. Diese können sein: besonders leicht zu bedienen, sehr guter Service, besonders umweltfreundlich, exzellentes Preis-/Leistungsverhältnis etc. Hier gilt es darauf zu achten, ob in der vorherigen Untersuchung lediglich dieser Teilbereich untersucht wurde, oder ob die Auszeichnung lediglich einen Teil des Ganzen ausweist. Kritisch sind auch in diesem Zusammenhang Superlative zu betrachten, denn ähnlich wie bei der Vollständigkeit – 90 Prozent aller Anbieter – kann auch hier nur die Gesamtbetrachtung ein weitgehend objektives Ergebnis liefern.

Besonderes Bestreben des IVFP: Akkreditierung der Anbieter von Gütesiegeln

Seit Längerem macht sich das Institut für Vorsorge und Finanzplanung insbesondere bei Vertretern aus der Politik dafür stark, Anbieter von Gütesiegeln zu akkreditieren. Die Vorteile – vor allem für den Verbraucher – liegen klar auf der Hand. Es erfolgt eine Art natürliche Selektion: Der Markt an Gütesiegeln dünnt sich aus, die Spreu trennt sich also vom Weizen. Gleichzeitig sind Verbraucher einer geringeren Anzahl an Gütesiegeln ausgesetzt, können sich daher leichter orientieren. Denn je weniger Auszeichnungen es gibt, desto besser ist die Übersicht. In letzter Konsequenz wird das Vertrauen der Verbraucher in Gütesiegel maßgeblich gestärkt.

7.1.7 Preise erfolgreich verkaufen

*„Menschenkenner haben immer gewusst,
dass man den Leuten eine teure Sache
leichter verkaufen kann als eine billige."*
William Somerset Maugham

Der Einwand des Kunden „zu teuer" ist ein ganz deutliches Kaufsignal. Wer sich ernsthaft damit beschäftigt, etwas zu kaufen, der beschäftigt sich auch mit dem Preis. Wer an einem Angebot nicht interessiert ist, der sagt eher „kein Interesse".

Die moderne Hirnforschung liefert eine wichtige Erkenntnis zum Thema Preis. Der Verlust von Geld aktiviert ein Hirnareal, das für die Schmerzverarbeitung zuständig ist, die Insula.

Es existiert ein „Kaufnetzwerk" im Gehirn, das zwischen dem Verlangen nach einem Produkt und dem Verlustempfinden für Geld abwägt. Dabei gilt: Je stärker die subjektive Belohnung beim Kauf empfunden wird, desto mehr „Geld-Schmerz" sind wir bereit zu zahlen. Stellt sich kein gutes Gefühl ein, so trösten wir uns höchstens noch mit Billigpreisen und Rabatten.

Es ist also wichtig, die Vorteile des Angebots so begehrenswert darzustellen, dass das Verlangen nach dem Produkt größer ist als das Verlustempfinden für das Geld.

1. Entgehen Sie der Vergleichbarkeitsfalle

Wenn die Angebote komplett vergleichbar sind, dann entscheidet immer der Preis. Es geht darum, sich vom Wettbewerber abzuheben.

Bei der Entscheidung für ein Angebot betrachten die Kunden folgende Kriterien:

Service	Beziehung
Beratung	Preis

Abbildung 41: Kriterien der Kaufentscheidung

Welche Ihrer Leistungen rechtfertigen einen höheren Preis?

Fachkompetenz in der Beratung

Oftmals sind es die selbstverständlichen Dinge, mit denen Sie sich vom Großteil der Wettbewerber absetzen können.

„80 Prozent der deutschen Versicherungskunden wollen sich darauf verlassen können, dass ihr Berater das für sie beste Produkt anbietet. Dieser Wunsch nach Fachkompetenz rangiert damit bei der Wertschätzung von Beratungsleistungen unter den drei wichtigsten Anforderungen an die eigene Assekuranz. Doch Anspruch und Wirklichkeit könnten aus Kundensicht bei einigen Versicherern noch deutlich verbessert werden."

Quelle: Studie *Geschäftspotenziale im Bankenvertrieb* des Institut für Management- und Wirtschaftsforschung (www.imwf.de)

Individualität der Beratung

Arbeitsgemeinschaft-Finanzen.de zitiert eine Studie des Instituts für Management- und Wirtschaftsforschung (IMWF) mit dem Titel *Versicherungskunden wollen vor allem bedarfsgerecht beraten werden*.

„Welche Ansprüche an die Beratung gelegt werden, darin unterscheiden sich die Verbraucher gerade im Bereich der Versicherungspolicen zum Teil deutlich. Zumindest war dies in früheren Jahren mitunter der Fall.

Eine neue Studie des Instituts für Management- und Wirtschaftsforschung (IMWF) zeigt nun aber, dass es den Versicherten heute vor allem darum geht, dass ihnen im Rahmen des Beratungsgesprächs die individuell richtigen Produkte angeboten werden. Den Kunden geht es also vor allem um die nötige Fachkompetenz.

Vier von fünf Befragten liegt die bedarfsgerechte Beratung bei der Auswahl der Policen besonders am Herzen. Andere Faktoren werden inzwischen als weniger wichtig eingestuft."

Quelle:http://www.arbeitsgemeinschaft-finanzen.de/kurznotiert/verbraucher/20110203/ versicherungskunden-wollen-vor-allem-bedarfsgerecht-beraten-werden.php

Dieses Buch bietet Ihnen viele Tipps, wie Sie Ihre Beratung noch genauer auf den Bedarf der Kunden abstellen können.

Servicequalität

„Die Bereitschaft der deutschen Versicherungskunden, aufgrund attraktiver Konkurrenzangebote zu anderen Versicherungsgesellschaften zu wechseln, ist in den letzten fünf Jahren deutlich von 30 Prozent auf aktuell 48 Prozent gestiegen. Gleichzeitig halten die Kunden an der Qualität fest.

Hochwertige Versicherungsleistungen und ein guter Service der Produktgeber bleiben für die Mehrheit der Versicherten grundsätzlich wichtiger als der günstigste Preis. Allein das Gefühl, bei „seiner" Versicherungsgesellschaft gut aufgehoben zu sein, zählt für jeden zweiten Versicherungskunden mehr als reine Preisargumente."

Quelle: „Kundenmonitor Assekuranz" des Marktforschungs- und Beratungsinstituts YouGov Psychonomics AG zum Schwerpunktthema „Preissensibilität vs. Serviceorientierung der Versicherungskunden"

Die Servicequalität ihrer Versicherung nehmen die Kunden auf verschiedenen Ebenen wahr.
Nach einer Umfrage der Agentur ServiceRating vom März 2011 wünschen sich die Kunden in erster Linie innovativere Lösungen rund um Produktinformationen und Angebote ihrer Versicherungsgesellschaft. Sie erwarten konkrete Informationen und nicht nur Image-Werbung und Hochglanzbroschüren.

Für das Kundengespräch bedeutet dieser Serviceanspruch, auf die Bedürfnisse und Kundennutzen einzugehen und es nicht bei allgemeinen Statements zu belassen.

Weitere von Kunden wahrgenommene Merkmale der Servicequalität sind:

- Verhalten des Beraters in der Beratungs- und Abschlussphase
- Verhalten des Beraters in der laufenden Betreuung
- Kontakthäufigkeit/-initiative
- Einhalten von Zusagen
- aktive Produktempfehlungen
- Verständlichkeit von Erklärungen
- Erreichbarkeit
- Verhalten bei Schadensfällen
- Verhalten bei Beschwerden
- Zufriedenheit mit der Bearbeitung

Qualität der Beziehung

Die Bedeutung einer guten Beziehung zum Kunden und wie diese aufgebaut werden kann wurde bereits im Abschnitt 3.1 ausführlich erläutert.

2. Kennen Sie die Vorteile Ihres Angebots ganz genau

Verschaffen Sie sich Klarheit über die Vorteile Ihres Angebots und stellen Sie sicher, dass Sie auch über bestehende Nachteile der Produkte des Wettbewerbs informiert sind, und nicht anders herum.

Eine kleine Geschichte, die nachdenklich macht:

„Eine Bäckereiverkäuferin erzählt, dass Bio-Brötchen in ihrem Laden ganz selten gekauft werden. Als sie gefragt wurde, was denn der Unterschied zwischen den normalen und den Bio-Brötchen sei, sagte sie ‚Die Bio-Brötchen sind teurer'."

Jeder Preis ist für Ihren Kunden erst einmal zu hoch. Erst wenn er erkennt, welchen Nutzen eine bestimmte Leistung oder ein Produkt für ihn persönlich hat, wird er entscheiden, ob es ihm diesen Preis wert ist.

Bringen Sie den Preis nicht zu früh ins Spiel. Erst wenn Sie die Bedürfnisse Ihres Kunden und die möglichen Lösungen dafür mit den Vor- und Nachteilen besprochen haben, ist es an der Zeit, über Geld zu reden.

Die Qualität einer Versicherung zeigt sich erst im Leistungsfall. Betonen Sie deshalb, wie wichtig die Leistungsbereitschaft (kundenorientierte Bedingungen) und die Leistungsfähigkeit (Finanzkraft) Ihres Unternehmens sind.

Was nutzt dem Kunden eine billige Versicherung, die im Versicherungsfall nicht zahlen will oder nicht mehr leisten kann.

3. Verknüpfen Sie den Preis mit dem Nutzen

Rechtfertigen oder entschuldigen Sie nie die Höhe des Preises. Konzentrieren Sie sich auf eine gute Erläuterung, warum Ihr Angebot diesen Preis wert ist. Ein Kunde kann nur einschätzen, ob ein Angebot auch seinen Preis wert ist, wenn er auch dessen Nutzen kennt.

Verpacken Sie den Preis nach der „Sandwich-Methode". Hier nennen Sie einen Nutzen, dann den Preis und dann wieder einen Nutzen.

Beispielformulierung:

Berater: „Im Falle der Berufsunfähigkeit erhalten Sie eine monatliche Zahlung in Höhe von garantiert 1.000,- Euro. Damit sichern Sie Ihren Lebensstandard. Dafür investieren Sie monatlich 75,- Euro. Bei diesem Angebot erhalten Sie sogar noch eine Auszahlung zum 65. Lebensjahr in Höhe von 23.350,- Euro. Dadurch haben Sie zum Laufzeitende nochmals Kapital zu Ihrer freien Verfügung."

Machen Sie den Kunden auch nachdenklich, ob ein Angebot mit einem niedrigeren Preis auch wirklich alle Nutzenerwartungen erfüllt. Manchmal vergleichen Kunden leider Äpfel mit Birnen.

Kunde: „Die Versicherungsbeiträge im Internet sind niedriger als bei Ihnen."

Berater: „Ich stimme Ihnen zu. Versicherungsbeiträge im Internet sind günstiger – wenn man die Versicherung nicht braucht. Sobald Sie aber eine Beratung brauchen oder eine Leistung in Anspruch nehmen wollen, werden Sie merken, dass billiger nicht immer preiswerter ist."

4. Seien Sie selbst kein „Geiz ist geil"-Kunde

Wenn Sie selbst immer nach Rabatten fragen und feilschen, dann haben Sie natürlich viel Verständnis dafür, dass Ihre Kunden dies auch tun. Wenn Sie selbst nicht bereit sind, für Beratung und Qualität zu bezahlen, werden Sie es schwer haben, über diese Aspekte zu verkaufen.

Lernen Sie als Kunde eine gute Dienstleistung, Beratung oder ein Produkt zu schätzen. Dann werden Sie auch bei Ihren Kunden diese Punkte glaubwürdig in den Vordergrund stellen.

5. Positionieren Sie sich klar

Fragen Sie sich, ob Sie wirklich Rabatte und Nachlässe geben müssen. Wenn Sie eine ausgezeichnete Leistung zu einem angemessenen Preis bieten, dann überlegen Sie, ob Sie sich diese Grundeinstellung zu eigen machen wollen:

Berater: „*Herr Kunde, wir können über alles reden, nur nicht über den Preis.*"

Die besten Tipps zu Preisgesprächen helfen nichts, wenn Sie selbst der Meinung sind, dass Ihr Produkt seinen Preis nicht wert ist.

7.2 Beispielpräsentationen inklusive Einwandbehandlung

Die Beispielpräsentationen orientieren sich an folgender Musterfamilie. Es handelt sich um Informationen, die sie Sie aus dem Analysegespräch mit dem Kunden erhalten haben.

Persönliche Daten:

Franz Fischer
Fischerallee 12

12345 Fischhausen

Geburtsdatum: 19.10.1977
Beruf: kfm. Angestellter
Hobby: Ski fahren
Fam.-Stand: verheiratet

Frieda Fischer
Fischerallee 12

12345 Fischhausen

Geburtsdatum: 10.05.1980
Beruf: Büroangestellte
Hobby: Ski fahren
Fam.-Stand: verheiratet

Gemeinsame Kinder: Florian   04.12.2005
                     Franziska 02.10.2007

Hausbesitzer: ja

Ziele und Wünsche

Die Kunden möchten beim Vermögensaufbau eine gute Rendite erzielen, staatliche Förderungen nutzen und natürlich nicht mehr als notwendig an das Finanzamt zahlen.

Im Rentenalter soll ausreichend Geld zur Verfügung stehen, damit sich die Kunden keinesfalls einschranken müssen. Es ist gewünscht, dass sich die Altersvorsorge auch dann weiter aufbaut, wenn sie aufgrund von Unfall oder Krankheit ihren Beruf nicht mehr ausüben können.

Für die Ausbildung der Kinder sind bereits Sparverträge durch die Großeltern und die Paten vorhanden. Somit sehen die Kunden hier keinen Handlungsbedarf.

Eine Todesfallabsicherung des Ehepartners ist beiden sehr wichtig.

Die Einkommensabsicherung ist das zentralste Thema der Kunden. Unfallversicherungen sind wichtig, deshalb wurden bereits Verträge abgeschlossen.

Als Prioritäten wurden festgelegt:

Priorität 1: Einkommensabsicherung im Falle der Berufsunfähigkeit des Ehemanns. Bei der Ehefrau gibt es aufgrund von Vorerkrankungen gesundheitliche Einschränkungen. Sie ist leider nicht mehr versicherbar.

Priorität 2: Gegenseitige Todesfallabsicherung in Höhe der bestehenden Immobilienfinanzierung. Das Restdarlehen beträgt ca. 100.000,- Euro, und die Tilgung erfolgt voraussichtlich in den nächsten 20 Jahren.

Priorität 3: Die Altersvorsorge soll aufgestockt werden.

Die Kunden interessieren sich weiterhin für eine Umstellung der bestehenden Unfallversicherungen. Eine Pflegeabsicherung ist nur dann interessant, wenn Sie nicht so teuer ist.

Die Kunden sind bereit, monatlich bis zu 300,- Euro zu investieren. Die finanziellen Entscheidungen treffen sie gemeinsam. Ob das Konzept mit Ihnen umgesetzt wird, hängt vom Angebot ab. Bereits bestehende Sparverträge können umgestellt werden, wenn es sinnvoll ist.

Ist-Situation

Die monatliche Haushaltsrechnung enthält folgende Zahlen:

Einkommen:		Ausgaben:	
Gehalt Franz:	2.850,- Euro	Lebenshaltung:	2.000,- Euro
Gehalt Frieda:	1.020,- Euro	Wohnnebenkosten:	250,- Euro
Kindergeld:	368,- Euro	Auto:	200,- Euro
		Immodarlehen:	550,- Euro
		Sparverträge:	500,- Euro

Bei den Sparverträgen handelt es sich um 100,- Euro für eine private Rentenversicherung für Franz Fischer, abgeschlossen am 01.12.2004. Frieda Fischer spart seit dem 01.07.2005 monatlich 50,- Euro in eine Riester-Rente. Daneben besteht ein Sparauftrag von 350,- Euro auf das gemeinsame Tagesgeldkonto.

Es errechnet sich ein Überschuss von 738,- Euro. Falls es für das Erreichen der Ziele notwendig ist, sind die Kunden bereit, noch zusätzlich zu den genannten 300,- Euro bis zu 100,- Euro zu investieren.

Die Kunden nutzen bisher nur die Riester-Förderung für die Ehefrau. Aufgrund des Einkommens erhalten sie keine Arbeitnehmersparzulage und keine Wohnungsbauprämie. Deshalb besteht auch kein Bausparvertrag. Über die Rürup-Förderung hat das Ehepaar Fischer bisher keine Informationen.

Beide planen jeweils den Ruhestand mit 65 Jahren. Sie haben nur geringes Vertrauen in die gesetzliche Rentenversicherung. Die gewünschte Rente beträgt bei Franz Fischer 2.500,- Euro und bei Frieda Fischer 800,- Euro. Nachdem dann die Kinder nicht mehr im Haus sind, sind die Kunden der Meinung, dass Sie mit diesen Summen auskommen werden. In die Berechnungen soll eine Inflationsrate von zwei Prozent einfließen. Eine betriebliche Altersvorsorge besteht bei beiden nicht.

Die Unterlagen der Kunden enthalten folgende Informationen:

Franz:	Renteninformation per 31.12.2010	
	Höhe der bislang erreichten Rentenanwartschaft	552,70 Euro
	Bisher erreichte Entgeltpunkte	20,12
	Arbeitsbeginn mit dem 17. Lebensjahr	
	Voraussichtliche Rente aus privater Rentenversicherung	571,81 Euro
Frieda:	Renteninformation per 31.12.2010	
	Höhe der bislang erreichten Rentenanwartschaft	281,57 Euro
	Bisher erreichte Entgeltpunkte	10,25
	Arbeitsbeginn mit dem 19. Lebensjahr	
	Voraussichtliche Riester-Rente mit 65	250,00 Euro

Franz Fischer ist bereit, im Falle seiner Berufsunfähigkeit „irgendeine Tätigkeit" auszuüben. In dieser Situation möchte er weiter sein aktuelles Nettoeinkommen zur Verfügung haben.

Die Kunden bevorzugen Sicherheit bei ihrer Geldanlage. Bei entsprechenden Chancen sind sie aber auch bereit, überschaubare Risiken einzugehen. Größere Anschaffungen sind in den nächsten Jahren nicht geplant, somit hat das Thema Verfügbarkeit keine Bedeutung.

Bei der Hausbank bestehen ein Tagesgeld in Höhe von 12.000,- Euro und ein Depot mit europäischen Aktienfonds im Wert von 7.000,- Euro. Die Kunden haben sich für die Anlagestrategie „Ertrag" entschieden. Die Anlagestrategien wurden in Abschnitt 5.6 beschrieben.

Einstieg in das Präsentationsgespräch

Nach der Begrüßung und der Small-Talk-Phase geht es darum, einen guten Bogen vom Analysegespräch zum heutigen Präsentationsgespräch zu spannen. Dazu ist es sinnvoll, die Kundenwünsche aus dem Analysegespräch zu wiederholen:

Berater: *„In unserem letzten Gespräch sagten Sie mir, dass Ihr wichtigstes Thema die Absicherung Ihres Einkommens im Falle der Berufsunfähigkeit ist. Weiterhin ist Ihnen wichtig, dass die Schulden auf dem Haus getilgt werden, wenn einer von Ihnen versterben sollte. Zusätzlich ist Ihnen auch das Thema Altersvorsorge wichtig, da Sie dafür in der Vergangenheit noch nicht so viel getan haben. Für diese Ziele sind Sie bereit, monatlich 300,- Euro zu investieren. Hat sich daran etwas geändert?"*

Kunde: *„Da hat sich nichts geändert."*

Gerade die Frage, ob sich daran etwas geändert hat, ist sehr wichtig. Der Kunde hat seit dem ersten Gespräch über seine Ziele nachgedacht. Vielleicht haben sich daraus Änderungen ergeben, die Sie in dem Konzept berücksichtigen müssen.

Weiterhin haben Sie im Rahmen der Vorabschlussfragen geklärt, ob der Kunde auch wirklich bereit ist, ein überzeugendes Konzept mit Ihnen umzusetzen. Holen Sie sich hierzu nochmals die Bestätigung.

Berater: *"Sie sagten auch, dass Sie ein überzeugendes Konzept mit mir umsetzen werden. Ist das noch so?"*

Kunde: *"Wenn das Konzept wirklich passt, dann spricht nichts dagegen."*

Hieraus können Sie schon mal Ihre Chancen ableiten, mit diesem Kunden ins Geschäft zu kommen.

Zeigen Sie dem Kunden kurz auf, welche Ideen Sie für die Erreichung seiner Ziele haben und wie Sie weiter vorgehen wollen.

Wir erfüllen Ihre Wünsche und Ziele

Unsere Empfehlung: Ihr Vorteil

Name: _____   Kundennummer: _____

Ihre Wünsche	Meine Empfehlung für Sie	Betrag/€	Ihr Vorteil

Berater: *"Hier habe ich eine Übersicht über die Vorschläge zu den Themen erstellt, die Ihnen wichtig waren. Für das Ziel ‚Einkommensabsicherung' habe ich einen Vorschlag, mit dem Sie Ihre Lücke komplett decken. Dafür investieren Sie ca. 90,- Euro monatlich. Für die Todesfallabsicherung in Höhe von jeweils 100.000,- Euro investieren Sie ca. 20,- Euro monatlich. Für den restlichen Betrag habe ich noch Vorschläge für die Altersvorsorge. Sie sehen also, dass wir mit dem von Ihnen vorgegebenen Budget Ihre wichtigsten Ziele gut erreichen."*

Berater:	*„Wir haben uns für heute einen Zeitrahmen von 1 bis 1,5 Stunden vorgenommen. Ich möchte gerne heute mit Ihnen Ihr wichtigstes Thema, die Einkommensabsicherung, besprechen und eine Entscheidung treffen. Wenn Sie dann noch Zeit und Energie haben, dann besprechen wir die anderen Themen oder vereinbaren einen neuen Termin. Was halten Sie davon?"*
Kunde.	*„Das hört sich gut an."*

Vielleicht stellen Sie sich jetzt die Frage, ob es nicht besser ist, gleich alle Angebote zu präsentieren. Unter Umständen bekommt der Kunde bei so vielen Angeboten jedoch zu viele Informationen auf einmal. Diese kann er nicht verarbeiten und trifft mit hoher Wahrscheinlichkeit am Ende des Gesprächs die Entscheidung, dass er es sich noch einmal überlegen will.

Haben Sie schon einmal versucht, einen Liter Wasser in ein 0,3-Liter-Glas zu schütten? Wahrscheinlich nicht. Genau so ist es, wenn Sie dem Kunden zu viel auf einmal erklären. Es gilt der gute alte Grundsatz: „Wenn Du es eilig hast, dann gehe langsam."

7.2.1 Beispielpräsentation Berufsunfähigkeitsabsicherung

Angebotspräsentation für Franz Fischer

Berater:	*„Dann lassen Sie uns Ihr wichtigstes Thema, ‚Einkommens-absicherung', besprechen."*

Einkommensabsicherung von	Franz Fischer
Geburtsdatum	19.10.1977
Absicherung gegen	Erwerbsunfähigkeit
Absicherung ab	sofort
Absicherung bis zum Lebensjahr	65
Versorgungsbedarf per heute	**2.850,- Euro**

Berater:	*„Im Falle, dass Sie Ihren Beruf aufgrund von Unfall oder Krankheit nicht mehr ausüben können, möchten Sie weiterhin ein Einkommen in Höhe von 2.850,- Euro zur Verfügung haben."*

	Betrag
Volle Erwerbsminderungsrente	1.316,38 Euro
Teilweise Erwerbsminderungsrente	658,19 Euro
Gesetzliche Ansprüche vor Steuer	1.316,38 Euro
Anteilige Steuern	7,75 Euro
Gesetzliche Ansprüche nach Steuer	1.308,63 Euro

Berater: „Vom Gesetzgeber erhalten Sie im Falle der vollen Erwerbsminderung allerdings nur ca. 1.300,- Euro. Aktuell haben Sie noch keine private Absicherung."

	Betrag	Prozent
Versorgungsbedarf	2.850,00 Euro	100 %
Gesetzliche Ansprüche nach Steuer	1.308,63 Euro	45,92 %
Anfängliche Lücke	1.541,37 Euro	54,08 %

Berater: „Somit beträgt Ihre Lücke aktuell ca. 1.500,- Euro."

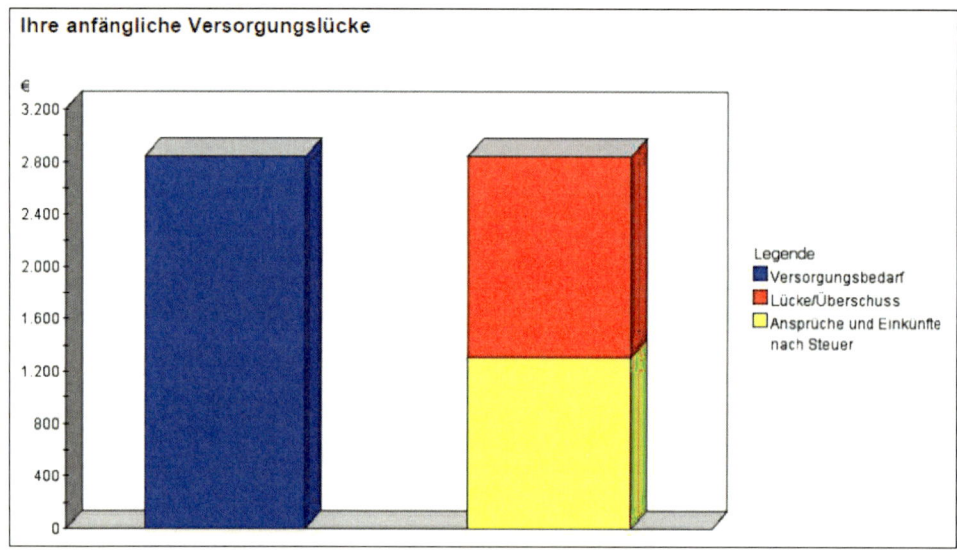

Abbildung 42: Versorgungslücke nach Ansprüchen aus gesetzlicher Leistung

Berater: „Da Ihnen die Einkommensabsicherung am wichtigsten war, empfehle ich Ihnen eine Berufsunfähigkeitsabsicherung in Höhe von 1.500,- Euro. Hierfür investieren Sie ca. 90,- Euro monatlich, und damit ist Ihre Lücke gedeckt."

Tarif	Berufsunfähigkeitsrente mit Beitragsbefreiung
Ablauf der Versicherungsdauer	01.12.2042
Ablauf der Beitragszahlungsdauer	01.12.2042
Ablauf der Leistungsdauer	01.12.2042
Garantierte jährliche Berufsunfähigkeitsrente	18.403,44 EUR
monatlicher Beitrag	115,46 EUR
Vom monatlichen Beitrag entfallen	
... auf die Hauptversicherung	2,93 EUR
... auf die Berufsunfähigkeits-Zusatzversicherung	112,53 EUR
monatlich zu zahlender Beitrag [1]	90,97 EUR

[1] Der Beitrag wird von Beginn an durch die zuletzt für 2011 gültige Überschussbeteiligung ermäßigt. Der zu zahlende Beitrag hängt im Weiteren von der künftigen Überschussbeteiligung ab und kann sich daher ändern.

Berater: „Was halten Sie davon?"

Kunde: „Hört sich erst mal gut an. Und wie funktioniert das genau?"

Damit sind die wichtigen Fragen nach der Bedeutung der Absicherung, der Höhe des Beitrags und dem Leistungsanspruch geklärt.

Da die Versicherungsbedingungen bei den verschiedenen Gesellschaften sehr unterschiedlich sind, konzentrieren wir uns hier auf typische Fragestellungen, die den Kunden wichtig sind.

Kunde: „Herr Berater, was ist denn der Unterschied zwischen dem monatlichen Beitrag und dem Zahlbeitrag?"

Berater: „Herr Kunde, die Beiträge werden unter Annahme der Entwicklung der künftigen Kapitalerträge, des Leistungsverlaufs und der Kosten berechnet. Da diese Entwicklung vorsichtig kalkuliert wird, erzielen die Gesellschaften daraus Überschüsse. Diese Überschussanteile werden jeweils mit den fälligen Beiträgen für die Berufsunfähigkeitsabsicherung verrechnet. Dadurch wird der Zahlbeitrag reduziert."

Kunde: „Welche Rolle spielt der Beruf bei der Prämienhöhe?"

Berater: „Es gibt Berufe mit unterschiedlichen Gefährdungsgraden. Je höher dieser Gefährdungsgrad ist, desto höher ist auch die Prämie."

Kunde: „Was ist denn unter Verzicht auf abstrakte Verweisbarkeit zu verstehen?"

Berater:	„Bei Verzicht auf die abstrakte Verweisbarkeit verzichtet die Versicherung darauf, von Ihnen zu verlangen, einen anderen Beruf anzunehmen. Sie erhalten auch dann die Berufsunfähigkeitsrente, wenn Sie noch immer fähig sind, in einem gleichwertigen Beruf zu arbeiten. Sie werden also nicht auf einen anderen Beruf verwiesen."
Kunde:	„Was ist denn unter Verzicht auf konkrete Verweisbarkeit zu verstehen?"
Berater:	„Bei Verzicht auf konkrete Verweisbarkeit wäre es auch möglich, nach einem Versicherungsfall durch eine andere Tätigkeit Einkommen zu erzielen, ohne dass dieses auf die Berufsunfähigkeitsrente angerechnet wird. So können Sie sich frei für einen anderen Beruf entscheiden, um etwas dazu zu verdienen, und erhalten trotzdem die volle Berufsunfähigkeitsrente."

Überlegen Sie bitte auch, welche besonderen Leistungsmerkmale Ihre Versicherung dem Kunden bietet.

- Finanzkraft Ihrer Versicherung
- Verzicht auf die „abstrakte Verweisung"
- Prognosedauer der Berufsunfähigkeit
- rückwirkende Zahlungen
- Nachversicherungsgarantien
- Eindeutigkeit der Gesundheitsfragen
- Gütesiegel und Testergebnisse

Einwände des Kunden bei der Berufsunfähigkeitsabsicherung

Bei der passenden Absicherungshöhe und Laufzeit empfinden manche Kunden die Beiträge als sehr hoch.

Kunde:	„Die Berufsunfähigkeitsabsicherung ist aber sehr teuer."
Berater:	„Herr Kunde, verstehe ich Sie richtig, dass Sie sich fragen, ob sich diese Investition für Sie lohnt?"
Kunde:	„Naja, ist halt sehr viel Geld."
Berater:	„Auf den ersten Blick mag Ihnen der Beitrag hoch erscheinen. Die Höhe des Beitrags ist ein Indiz für die Bedeutung der Absicherung. Je höher das Risiko der Berufsunfähigkeit bei einem Beruf ist, desto höher ist auch die Versicherungsprämie. Laut der unabhängigen Verbraucherzeitschrift Finanztest ist die Berufsunfähigkeitsabsicherung eine der wichtigsten Versicherungen. Können Sie es sich leisten, jeden Monat auf 1.500,- Euro im Falle der Berufsunfähigkeit zu verzichten?"

Andere Kunden sind als Berufsoptimisten unterwegs und unterschätzen das Risiko, dass auch Sie berufsunfähig werden können.

Kunde: „Ich werde schon nicht berufsunfähig."

Berater: „Herr Kunde, da haben Sie recht, selbstverständlich gibt es keine Sicherheit, dass Sie berufsunfähig werden. Andererseits gibt es auch keine Sicherheit, dass Sie nicht betroffen sind, denn mittlerweile wird jeder Vierte berufsunfähig. Es ist doch besser, man ist versichert und es passiert nichts, als dass etwas passiert und man ist nicht versichert. Wie sehen Sie das?"

Viele Menschen unterschätzen die finanziellen Folgen einer Einschränkung ihrer Arbeitskraft aus gesundheitlichen Gründen.

Kunde: „Wenn ich berufsunfähig werde, dann werde mich eben einschränken müssen."

Deshalb geht es darum, dem Kunden die finanziellen Konsequenzen bewusst zu machen. Sie haben im Rahmen der Bedarfsanalyse eine Haushaltsrechnung durchgeführt. Erstellen Sie jetzt einfach eine Haushaltsrechnung mit der Erwerbsminderungsrente.

Berater: „Was würde es für Sie bedeuten, wenn Sie künftig mit X,- Euro auskommen müssten?"

Besprechen Sie diese Situation ausführlich und fragen Sie nach.

Berater: „Kennen Sie Menschen, die mit X,- Euro auskommen müssen, und wenn ja: Wie ist deren Lebensstandard?"

Klären Sie, ob der Kunde sich wirklich einschränken will.

Berater: „Möchten Sie so leben?"

Denken Sie bitte an die Antriebskräfte der Menschen aus Abschnitt 4.1. Stellen Sie die Bedeutung der Absicherung ganz deutlich heraus, damit der Kunde bereit ist, den „kleinen Schmerz" der Beitragszahlung zu akzeptieren.

7.2.2 Beispielpräsentation Hinterbliebenenvorsorge

Angebotspräsentation für Franz Fischer

Berater: „Ein weiteres wichtiges Thema ist für Sie, dass die Verbindlichkeiten auf dem Haus zurückgezahlt werden, wenn Ihnen etwas passiert. Für eine Risiko-Lebensversicherung in Höhe von 100.000,- Euro investieren Sie monatlich 11,72 Euro, und in Ihrem Ablebensfall sind die Verbindlichkeiten komplett zurückgezahlt. Was halten Sie davon?"

Tarif	Risikoabsicherung mit fallender Versicherungssumme
Versicherungsbeginn	01.12.2011
Ablauf der Versicherungsdauer	01.12.2031
Ablauf der Beitragszahlungsdauer	01.12.2024
Garantierte anfängliche Todesfallsumme	100.000,00 Euro
monatlicher Beitrag	16,73 Euro
abzüglich Überschussbeteiligung aus der Risikoversicherung	5,01 Euro
monatlich zu zahlender Beitrag 1)	11,72 Euro

1) Der Beitrag wird von Beginn an durch die zuletzt für 2011 gültige Überschussbeteiligung ermäßigt. Der zu zahlende Beitrag hängt im Weiteren von der künftigen Überschussbeteiligung ab und kann sich daher ändern.

Berater: „Dieses Angebot hat zwei wesentliche Vorteile:
1. Sie zahlen den Beitrag nur bis zum 01.12.2024, sind aber dennoch bis zum 01.12.2031 versichert, und
2. die Höhe Ihres Darlehens reduziert sich durch die Tilgung. Bei meinem Angebot optimieren Sie den Versicherungsbeitrag, indem auch die Versicherungssumme regelmäßig reduziert wird. Wie gefällt Ihnen das?"

Beispielhafter Verlauf der zukünftigen Leistungen und Beiträge

Termin	(1) garantierte Leistung im Versicherungsfall EUR	(2) Gesamtleistung im Versicherungsfall EUR	(3) monatlicher Beitrag EUR	(4) monatlich zu zahlender Beitrag EUR
01.12.2011	100.000,00	100.000,00	16,73	11,72
01.12.2012	95.000,00	95.000,00	16,73	11,72
01.12.2013	90.000,00	90.000,00	16,73	11,72
01.12.2014	85.000,00	85.000,00	16,73	11,72
01.12.2015	80.000,00	80.000,00	16,73	11,72
01.12.2016	75.000,00	75.000,00	16,73	11,72
01.12.2017	70.000,00	70.000,00	16,73	11,72
01.12.2018	65.000,00	65.000,00	16,73	11,72
01.12.2019	60.000,00	60.000,00	16,73	11,72
01.12.2020	55.000,00	55.000,00	16,73	11,72
01.12.2021	50.000,00	50.000,00	16,73	11,72
01.12.2022	45.000,00	45.000,00	16,73	11,72
01.12.2023	40.000,00	40.000,00	16,73	11,72
01.12.2024	35.000,00	35.000,00	0,00	0,00
01.12.2025	30.000,00	30.000,00	0,00	0,00
01.12.2026	25.000,00	25.000,00	0,00	0,00
01.12.2027	20.000,00	20.000,00	0,00	0,00
01.12.2028	15.000,00	15.000,00	0,00	0,00
01.12.2029	10.000,00	10.000,00	0,00	0,00
01.12.2030	5.000,00	5.000,00	0,00	0,00

(1) Diese Leistung ist vertraglich garantiert. Sie fällt monatlich gleichmäßig bis auf null zum Ablauf der Versicherung. Sie wird bei Tod der versicherten Person gezahlt.
(2) Für die Gesamtleistung im Versicherungsfall wird die garantierte Leistung eventuell durch nicht garantierte Überschussanteile erhöht.
(3) Dieser Beitrag liegt den garantierten Versicherungsleistungen zugrunde.
(4) Der zu zahlende Beitrag ergibt sich aus dem Beitrag (siehe Spalte (3)) abzüglich der Überschussbeteiligung aus der Risikoversicherung. Der zu zahlende Beitrag ist nicht garantiert.

Abbildung 43: Beispielhafter Verlauf der zukünftigen Leistungen und Beiträge

Die Angebotspräsentation für Frieda ist identisch aufgebaut.

Berater: *„Bei der Berechnung für Sie habe ich mir noch folgende Gedanken gemacht: Wie verändert sich denn die finanzielle Situation, wenn einer von Ihnen beiden verstirbt?"*

Abzusichernde Person	**Franz Fischer**
Geburtsdatum	19.10.1977
Name der Partnerin	Frieda Fischer
Geburtsdatum der Partnerin	10.05.1980
Anzahl zu versorgender Kinder	2
Absicherung bei	natürlichen Tod
Absicherung ab	sofort
Absicherung bis zum Lebensjahr	65
Versorgungsbedarf per heute	**2.850,- Euro**

Berater: „Im Falle Ihres Ablebens sollten Ihrer Familie ebenfalls weiterhin 2.850,- Euro zur Verfügung stehen."

	Betrag
Gesetzliche Witwenrente	724,01 Euro
Halbwaisenrente (pro Kind)	131,64 Euro
gesetzliche Ansprüche vor Steuer	**987,29 Euro**
Anteilige Steuern	0,00 Euro
gesetzliche Ansprüche nach Steuer	**987,29 Euro**

Berater: „Aus der Witwen- und der Halbwaisenrente erhalten Sie ca. 1.000,- Euro. Eine private Absicherung besteht bisher nicht."

	Betrag	Prozent
Versorgungsbedarf	2.850,00 Euro	100 %
gesetzliche Ansprüche nach Steuer	987,29 Euro	34,64 %
Anfängliche Lücke	**1.862,71 Euro**	**65,36 %**

Berater: „Somit beträgt Ihre Lücke aktuell ca. 1.860,- Euro. War Ihnen das bewusst?"

Kunde: „Hätte nicht gedacht, dass die Lücke so groß ist."

Berater: „Da Ihnen die Absicherung Ihrer Familie im Todesfall wichtig war, empfehle ich Ihnen den Abschluss einer Risiko-Lebensversicherung in Höhe von 400.000,- Euro. Dafür investieren Sie monatlich 64,81 Euro und haben die Gewissheit, dass die finanziellen Folgen abgesichert sind, wenn Sie versterben sollten."

Tarif	**Risikoabsicherung mit fallender Versicherungssumme**
Versicherungsbeginn	01.12.2011
Ablauf der Versicherungsdauer	01.12.2042
Ablauf der Beitragszahlungsdauer	01.12.2031
Garantierte anfängliche Todesfallsumme	400.000,00 Euro
monatlicher Beitrag	92,58 Euro
abzüglich Überschussbeteiligungen aus der Risikoversicherung	27,77 Euro
monatlich zu zahlender Beitrag 1)	64,81 Euro

1) Der Beitrag wird von Beginn an durch die zuletzt für 2011 gültige Überschussbeteiligung ermäßigt. Der zu zahlende Beitrag hängt im Weiteren von der künftigen Überschussbeteiligung ab und kann sich daher ändern.

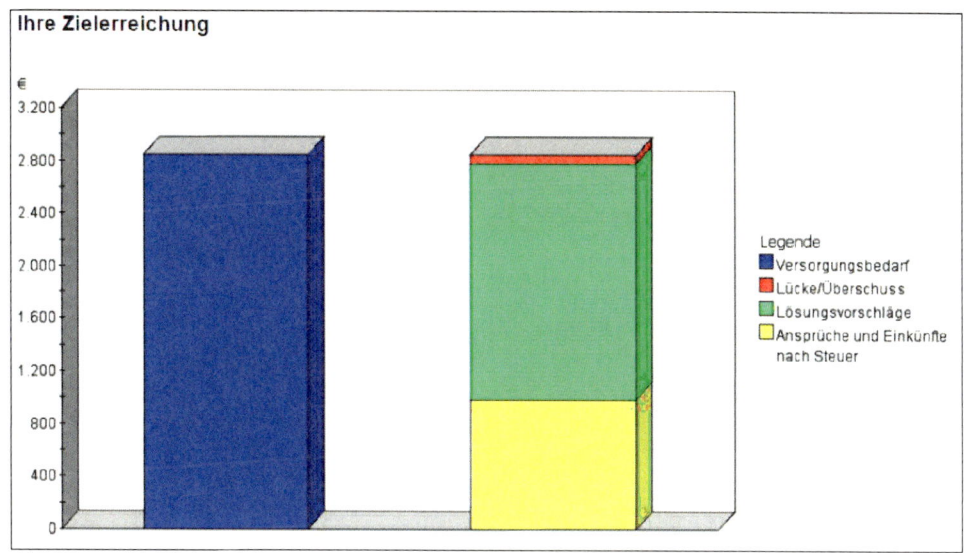

Abbildung 44: Zielerreichung nach Umsetzung der Lösungsvorschläge

Überlegen Sie bitte auch, welche besonderen Leistungsmerkmale Ihre Versicherung dem Kunden bietet.

- Tarifgestaltung
- Finanzkraft
- Eindeutigkeit der Gesundheitsfragen
- Nachversicherungsgarantien
- Auszeichnungen

Einwände des Kunden bei der Hinterbliebenen-Absicherung

Auch bei diesem Thema gibt es Kunden, die der Meinung sind, dass eine Absicherung nicht notwendig ist bzw. die Familie sich dann einfach finanziell einschränken muss. Hier können Sie die gleiche Einwandbehandlung wie bei der Berufsunfähigkeitsabsicherung verwenden.

Beziehen Sie gerade bei dem Thema „Todesfallabsicherung" die Ehepartner sehr stark mit ein. Bedenken Sie: „Wenn alle Frauen das wüssten, was Witwen wissen, dann wären die Männer viel besser abgesichert."

7.2.3 Beispielpräsentation Altersvorsorge

Angebotspräsentation für Franz Fischer

Berater: „Ein weiteres Thema, dass Ihnen wichtig ist, ist das Thema Altersvorsorge."

Abzusichernde Person	Franz Fischer
Geburtsdatum	19.10.1977
Rentenzahlung ab	65 Jahren
(Vor-)Ruhestandsalter geplant mit	65 Jahren
Absicherung bis zum Lebensjahr	85
Versorgungsbedarf per heute	**2.500 Euro**
Preissteigerung in Prozent p.a.	2,00
Versorgungsbedarf per 01.11.2042	**4.618,97 Euro**

Berater: „Sie wollen ab dem 65. Lebensjahr 2.500,- Euro zur Verfügung haben. Bei einer Preissteigerung von 2,0 Prozent benötigen Sie einen Betrag von ca. 4.600,- Euro, um keine Kaufkraft zu verlieren. Hätten Sie gedacht, dass das so viel ist?"

Name	Franz Fischer
Gesetzliche Rente	1.743,43 Euro
Ansprüche vor Steuer zum 01.11.2042	**1.743,43 Euro**
Anteilige Steuern	64,05 Euro
Ansprüche nach Steuer zum 01.11.2042	**1.679,38 Euro**

Berater: „Da Sie kein Vertrauen in die gesetzliche Rentenversicherung haben, wurden keine Rentensteigerungen mit eingerechnet. Ihr Anspruch auf gesetzliche Rente beträgt somit voraussichtlich 1.740,- Euro. Davon werden Sozialversicherungsbeiträge und Steuern abgezogen, sodass Sie mit 1.680,- Euro rechnen können."

Art	Betrag
Versorgungsbedarf	4.618,97 Euro
gesetzliche Ansprüche nach Steuer	1.679,38 Euro
Bestehende private Vorsorge	571,81 Euro
Anfängliche Lücke	**2.367,78 Euro**

Berater: „Aus Ihrem Versorgungsziel, den gesetzlichen Ansprüchen und Ihrer bestehenden privaten Vorsorge ergibt sich eine Lücke von 2.367,78 Euro."

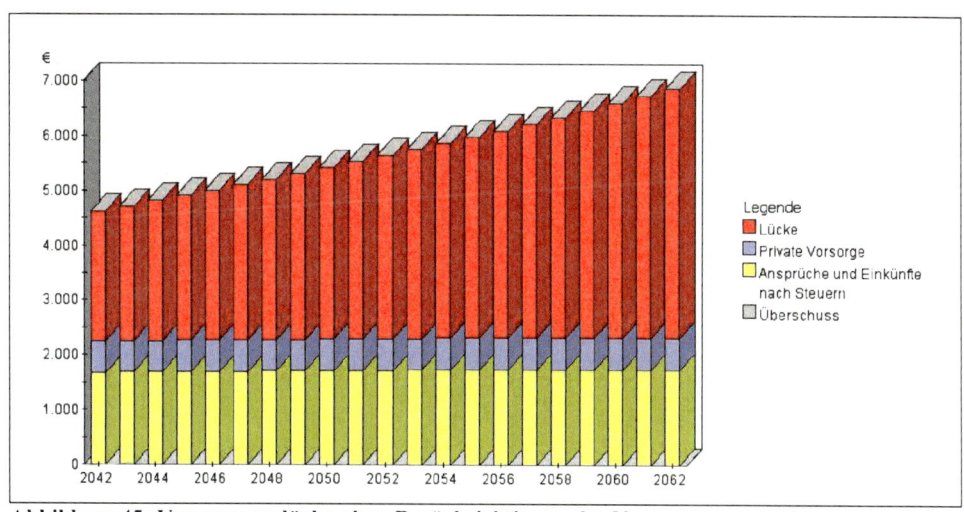

Abbildung 45: Versorgungslücke ohne Berücksichtigung des Versorgungsvorschlags

Berater: „Hätten Sie so eine große Lücke erwartet?"

Kunde: „Nein, mit so viel habe ich nicht gerechnet!"

Berater: „Nachdem Sie noch etwas für die Altersvorsorge investieren wollten, empfehle ich Ihnen zwei Verträge zur Altersvorsorge.
1. Eine private Rentenversicherung, bei der Sie monatlich 100,- Euro investieren und dafür eine voraussichtliche Rente von etwa 350,- Euro erhalten, und
2. eine Riester-Rente. Hier investieren Sie monatlich 162,17 Euro und erhalten eine voraussichtliche Rente von 625,- Euro. Mit diesem Vertrag sichern Sie sich staatliche Zulagen und Steuervorteile."

Art	Betrag
Versorgungsbedarf	4.618,97 Euro
gesetzliche Ansprüche nach Steuer	1.679,38 Euro
bestehende private Vorsorge	571,81 Euro
Lösungsvorschlag Riester-Rente	**625,68 Euro**
Lösungsvorschlag Privat-Rente	**346,79 Euro**
Anfängliche Restlücke	**1.395,31 Euro**

Berater: „Damit verringern Sie Ihre Altersvorsorgelücke ganz erheblich. Was halten Sie davon?"

Auch hier geht es um die Bedeutung der privaten Altersvorsorge, die Beitragshöhe und die monatliche Rente bei Erreichen des vereinbarten Rentenalters. Besprechen Sie jetzt die wichtigsten Aspekte Ihres Angebots nutzenorientiert mit dem Kunden.

Da auch hier der Aufbau und die Leistungen der verschiedenen Gesellschaften sehr unterschiedlich sind, konzentrieren wir uns auf typische Fragestellungen, die Kunden haben.

Manchmal entstehen Fragen zur Berechnung der gesetzlichen Rentenansprüche.

Kunde: „Warum haben Sie keine Rentenerhöhungen aus der gesetzlichen Rente mit eingerechnet?"

Berater: „Herr Kunde, Sie sagten, dass Sie kein Vertrauen in die gesetzliche Rentenversicherung haben. Deshalb habe ich die gesetzliche Rente ohne Steigerungen berechnet."

Bei klassischen Rentenversicherungen wird zwischen Garantie-Rente und Gesamtrente unterschieden.

Kunde: „Wie sicher ist es denn, dass ich die Rente in Höhe von 350,- Euro bekomme?"

Berater: „Herr Kunde, bei dieser Rentenversicherung erhalten Sie eine Garantie-Rente in Höhe von 171,75 Euro. Diese Rente erhöht sich durch die Überschüsse, die die Versicherungsgesellschaft voraussichtlich erwirtschaftet, auf eine Gesamt-Rente von etwa 350,- Euro. Aufgrund der Erfahrungen der letzten Jahre sind diese Überschüsse vorsichtig kalkuliert, sodass es wahrscheinlich ist, dass Sie diese Gesamtrente zur Verfügung haben."

Gerade bei langen Vertragslaufzeiten ist den Kunden auch das Thema „Flexibilität" wichtig.

Kunde: „Was kann ich machen, wenn ich den Vertrag während der Laufzeit verändern möchte?"

Berater: „Bei der Rentenversicherung können Sie die Beiträge reduzieren, den Vertrag beitragsfrei stellen, Zuzahlungen leisten und Teilauszahlungen vornehmen. Bei der Riester-Rente können Sie die Beiträge auch jederzeit reduzieren oder erhöhen. Dadurch können Sie Ihre Beiträge Ihrer jeweiligen finanziellen Situation anpassen. Teilauszahlungen sind in der Ansparphase nicht möglich, Sie können den Vertrag aber beitragsfrei stellen."

In der Analysephase sagen Ihnen die meisten Kunden, dass Sie an staatlichen Förderungen interessiert sind.

Kunde: „Wie hoch sind die Förderung und der Steuervorteil bei Riester?"

Berater: „Herr Kunde, bei diesem Vertrag erhalten Sie jährlich 154,- Euro Zulage. Bis zum Rentenalter also 4.770,- Euro. Weiterhin können Sie die Beiträge als Vorsorgeaufwendungen geltend machen und haben daraus einen Steuervorteil von jährlich ca. 280,- Euro. Bis zum Rentenalter also ca. 8.600,- Euro. Was sagen Sie zu dieser staatlichen Förderung?"

Ein weiterer wichtiger Aspekt ist, was mit dem Geld im Ablebensfall des Kunden passiert.

Kunde: „Was passiert mit dem Geld, wenn ich versterbe?"

Berater: „Herr Kunde, bei der Rentenversicherung erhalten die Erben bei Tod vor dem Rentenbeginn die eingezahlten Beiträge zurück. Bei Tod nach dem Rentenbeginn zahlen wir die Rente bis zum Ablauf der vereinbarten Garantiezeit."

Beachten Sie bitte, dass hier die Regelungen je nach Tarif und Gesellschaft abweichen können.

Berater: „Herr Kunde, bei der Riester-Rente ..."

Überlegen Sie bitte auch, welche besonderen Leistungsmerkmale Ihre Versicherung den Kunden bietet.

- Finanzkraft
- Liquiditätsoptionen
- Beitragspausen
- flexible Gestaltung der Vertragslaufzeit
- Entnahmemöglichkeiten

Bei einer großen Versorgungslücke ist es sinnvoll, mit dem Kunden zusätzliche Ideen zu besprechen, wie er diese reduzieren kann. Eine Möglichkeit ist, die monatliche Einzahlung zu erhöhen. Sollte dies nicht möglich oder nicht gewünscht sein, kann der geplante Ruhestandsbeginn auf einen späteren Zeitpunkt verschoben werden.

Für unseren Kunden Franz Fischer erhöhen sich die Ansprüche aus der gesetzlichen Rente durch die Verlegung des Rentenbeginns auf das 67. Lebensjahr.

Abzusichernde Person	**Franz Fischer**
Geburtsdatum	19.10.1977
Rentenzahlung ab	67 Jahren
(Vor-)Ruhestandsalter geplant mit	67 Jahren
Absicherung bis zum Lebensjahr	85
Versorgungsbedarf per heute	**2.500 Euro**
Preissteigerung in Prozent p.a.	2,00
Versorgungsbedarf per 01.12.2044	**4.805,58 Euro**

Auch die Rentenzahlungen aus den bestehenden Verträgen und den neu abzuschließenden Verträgen steigen.

	Betrag
Versorgungsbedarf	4.805,58 Euro
gesetzliche Ansprüche nach Steuer	1.926,83 Euro
Bestehende private Vorsorge	634,39 Euro
Lösungsvorschlag Riester-Rente	**662,41 Euro**
Lösungsvorschlag Privat-Rente	**398,04 Euro**
Anfängliche Restlücke	**1.183,91 Euro**

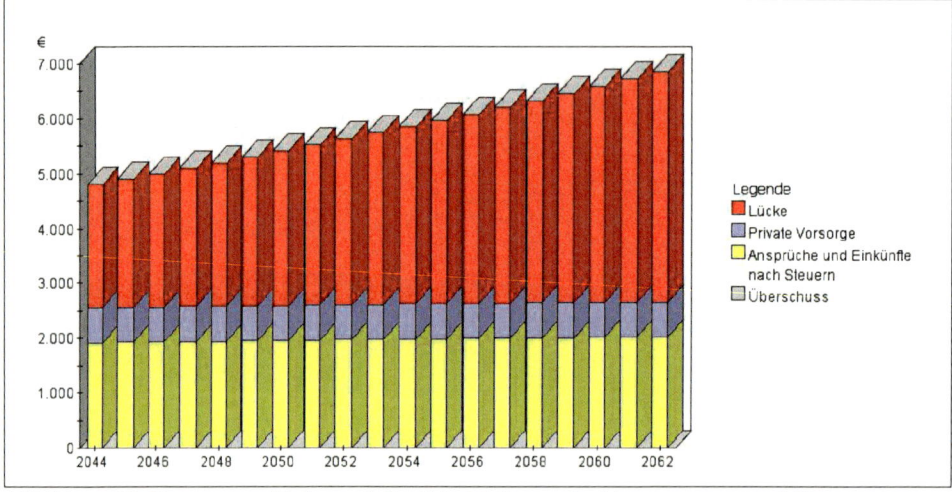

Abbildung 46: Versorgungslücke nach Berücksichtigung der Versorgungsvorschläge

In unserem Fall verringert der Kunde seine Lücke von bisher 1.395,31 Euro auf dann 1.183,91 Euro, wenn er zwei Jahre länger arbeitet. Selbst wenn dem Kunden diese Idee nicht gefällt, ist es Ihre Aufgabe, ihm Transparenz über seine Situation und seine Möglichkeiten zu verschaffen.

Angebotspräsentation für Frieda Fischer

Als Alternative zur klassischen Rentenversicherung wird hier eine fondsgebundene Variante angeboten. Der Aufbau der Präsentation ist genau wie bei der Altersvorsorge für Franz Fischer. Deshalb klären wir gleich die zusätzlichen Fragestellungen, die bei einer Fondspolice besprochen werden sollten.

Die besondere Herausforderung bei Fondspolicen ist, dass es keine garantierte Rente und keine festen Leistungen gibt. Deshalb geht es darum, die Vorteile von Fonds herauszustellen.

Kunde: „Mit welcher Rente kann ich denn rechnen?"

Wir empfehlen Ihnen, die folgende Abbildung im Kundengespräch zu nutzen.

Historische Wertentwicklung verschiedener Anlageklassen und Indizes
Wertentwicklungen einer mtl. Einzahlung von 100 EUR vom 01.07.1981 bis zum 30.06.2010 (30 Jahre)

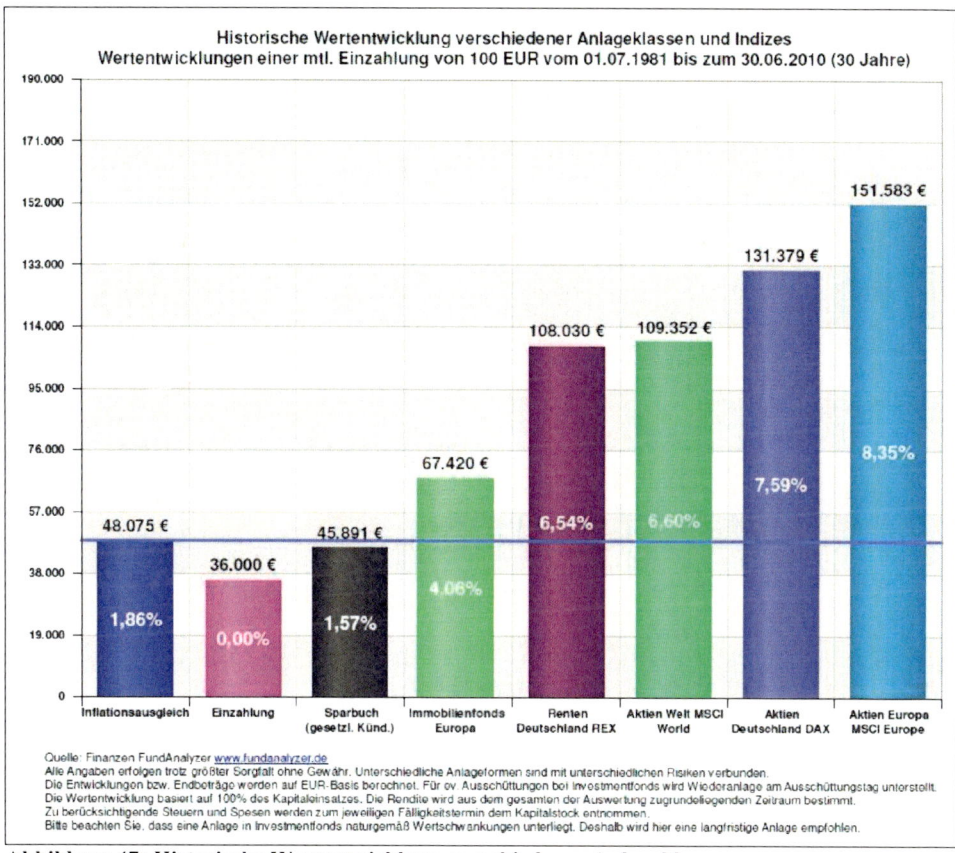

Anlageklasse	Endbetrag	Rendite p.a.
Inflationsausgleich	48.075 €	1,86 %
Einzahlung	36.000 €	0,00 %
Sparbuch (gesetzl. Künd.)	45.891 €	1,57 %
Immobilienfonds Europa	67.420 €	4,06 %
Renten Deutschland REX	108.030 €	6,54 %
Aktien Welt MSCI World	109.352 €	6,60 %
Aktien Deutschland DAX	131.379 €	7,59 %
Aktien Europa MSCI Europe	151.583 €	8,35 %

Quelle: Finanzen FundAnalyzer www.fundanalyzer.de
Alle Angaben erfolgen trotz größter Sorgfalt ohne Gewähr. Unterschiedliche Anlageformen sind mit unterschiedlichen Risiken verbunden.
Die Entwicklungen bzw. Endbeträge werden auf EUR-Basis berechnet. Für ov. Ausschüttungen bei Investmentfonds wird Wiederanlage am Ausschüttungstag unterstellt.
Die Wertentwicklung basiert auf 100% des Kapitaleinsatzes. Die Rendite wird aus dem gesamten der Auswertung zugrundeliegenden Zeitraum bestimmt.
Zu berücksichtigende Steuern und Spesen werden zum jeweiligen Fälligkeitstermin dem Kapitalstock entnommen.
Bitte beachten Sie, dass eine Anlage in Investmentfonds naturgemäß Wertschwankungen unterliegt. Deshalb wird hier eine langfristige Anlage empfohlen.

Abbildung 47: Historische Wertentwicklung verschiedener Anlageklassen

„Anleger, die zum Beispiel in den vergangenen 30 Jahren jeden Monat 100 Euro in Aktienfonds mit Schwerpunkt Deutschland eingezahlt haben, verbuchten ein Depotvolumen von im Schnitt rund 129.000 Euro zum Jahresultimo 2010. Dies entspricht – bei Einzahlungen von insgesamt 36.000 Euro – einem jährlichen Wertzuwachs von 7,5 Prozent. Hierbei ist neben allen Fondskosten auch der Ausgabeaufschlag, der die Beratungs- und Vertriebskosten deckt, berücksichtigt.

Für Anleger, die schwankungsärmere Fondsgruppen bevorzugen, haben zum Beispiel Euro-Rentenfonds, Euro-Mischfonds oder Offene Immobilienfonds attraktive Renditen erzielt. Dies ist der Sparplanstatistik des BVI Bundesverband Investment und Asset Management per 31. Dezember 2010 zu entnehmen, die Anlagezeiträume zwischen zehn und 35 Jahren untersucht.

Für Anleger, die höhere Renditen erwarten und damit verbunden mehr Risiko eingehen, waren Aktienfonds-Sparpläne mit Schwerpunkt auf Osteuropa, Emerging Markets oder Rohstoffe/Energiewerte ein lohnendes Investment. Diese Gruppen erzielten im Zehn-Jahresbereich Zuwächse von im Schnitt 10,6 bis 12,0 Prozent pro Jahr."

Quelle: Bundesverband Investment und Asset Management e.V. vom 19.01.2011

Berater: *„Auf dieser Abbildung ist sehr gut ersichtlich, dass Sie mit Aktien in den letzten 30 Jahren die besten Wertzuwächse erreicht hätten. Deshalb ist es sinnvoll, einen Teil Ihrer Altersvorsorge auf Aktienfonds abzustellen. Trotz Krise sind die Renditechancen von Aktienfonds höher als bei anderen seriösen Geldanlagen. Das bestätigt auch Stiftung Warentest in der Ausgabe Finanztest 03/2010. Was bedeutet das für Ihre Altersvorsorge?"*

Mögliche Rentenhöhen bei unterschiedlichen Fonds-Wertentwicklungen

	Jährliche Wertentwicklung der Fondsanteile			
Möglicher Rentenbeginn am 01.12.2045	5 %	6 %	3 %	0 %
Policenwert aus der unverbindlichen Beispielrechnung zum Rentenbeginn am 01.12.2045	64.421,01 EUR	78.443,16 EUR	44.211,85 EUR	25.849,16 EUR
garantierter Rentenfaktor zum Rentenbeginn am 01.12.2045	29,51	29,51	29,51	29,51
Lebenslange monatliche Rente*) (vor Rentenbeginn nicht garantiert)	190,12 EUR	231,50 EUR	130,48 EUR	76,28 EUR
Beispielhafte Berechnung der monatlichen Gesamtrente bei einem für die Überschussbeteiligung im Rentenbezug angenommenen Anteilsatz von 2,85 %	298,35 EUR	363,29 EUR	204,76 EUR	119,71 EUR

*) Voraussetzung für die Zahlung der Rente ist, dass eine monatliche Mindestrente von 50 EUR erreicht wird. Wird dieser Betrag nicht erreicht, so wird der Policenwert in EUR ausgezahlt.
Die in der Tabelle angegebenen Werte stellen keine Unter- oder Obergrenze dar.

Abbildung 48: Mögliche Rentenhöhen bei unterschiedlichen Fonds-Wertentwicklungen

Berater: *„Bei einer angenommenen Wertentwicklung von fünf Prozent erreichen Sie zum 01.12.2045 einen Policenwert von ca. 64.000,- Euro. Daraus ergeben sich eine lebenslange monatliche Garantierente von 190,12 Euro und eine Gesamtrente inklusive der Überschüsse von 298,35 Euro. Sollte die Wertentwicklung niedriger sein, dann erhalten Sie eine geringere Rente. Falls die Wertentwicklung höher ist, dann erhalten Sie selbstverständlich eine höhere Rente. Was interessiert Sie dazu noch?"*

Sicherheit ist für Kunden oft eine wichtige Komponente.

Kunde: *„Wie sicher ist denn die Rente?"*

Berater: *„Bei einer fondsgebundenen Rentenversicherung gibt es keine festen Garantiewerte. Sie können jedoch aufgrund der historischen Wertentwicklung davon ausgehen, dass Sie eine höhere Rente erreichen als bei einer klassischen Rentenversicherung."*

Welche Bedeutung hat der Rentenfaktor in der fondsgebundenen Rentenversicherung?

Kunde: „Wie errechnet sich diese Rente?"

Beispiel für eine Fondsgebundene Rentenversicherung

Beispielhaft hochgerechnete Leistung bei Rentenbeginn am 01.12.2045

Um Ihnen einen Eindruck über die mögliche Rentenhöhe zu vermitteln, ist beispielhaft zu einem möglichen Rentenbeginn am 01.12.2045 ausgehend von dem Policenwert aus der unverbindlichen Beispielrechnung die lebenslange monatliche Rente in der Tabelle angegeben.

Für einen Policenwert erhalten Sie die zugehörige monatliche Rente mit der Umrechnungsformel:

Rentenfaktor * Policenwert zum Rentenbeginn / 10.000 = Lebenslange monatliche Rente

Der Rentenfaktor gibt die monatliche Rente für einen Policenwert in Höhe von 10.000 EUR an. Er ist vom möglichen Rentenbeginn abhängig.

Abbildung 49: Beispiel für eine Fondsgebundene Rentenversicherung

Berater: „Der Policenwert, der sich aus der angenommenen Wertentwicklung ergibt, wird mit dem Rentenfaktor multipliziert. Das bedeutet für Sie: Policenwert zum Rentenbeginn geteilt durch 10.000 mal Rentenfaktor ergibt Ihre lebenslange monatliche Rente.
In Ihrem Fall sind das bei einer angenommenen Wertentwicklung von fünf Prozent 64.421,01 Euro geteilt durch 10.000 mal 29,51 ist 190,12 Euro lebenslange monatliche Rente.
Zu dieser Rente kommen noch die voraussichtlichen Überschüsse und somit erhalten Sie eine voraussichtlich Gesamtrente von 298,35 Euro. Was interessiert Sie hierzu noch?"

Ein weiterer wichtiger Aspekt ist, was mit dem Geld im Ablebensfall des Kunden passiert.

Kunde: „Was bekommen meine Erben, wenn ich versterbe?"

Berater: „Herr Kunde, bei Tod vor dem Rentenbeginn erhalten die Erben den aktuellen Wert der Police, mindestens aber die eingezahlten Beiträge. Bei Tod nach dem Rentenbeginn erhalten die Erben den Wert der Police bei Rentenbeginn abzüglich gezahlter garantierter Renten."

Überlegen Sie bitte, welche besonderen Leistungsmerkmale Ihre Versicherung den Kunden bei Fondspolicen bietet.

- individuelle Fondsauswahl
- Fondstausch
- Wechsel aus Fonds in Deckungsstock und zurück
- Entnahmemöglichkeiten
- Beitragspausen
- flexible Gestaltung der Vertragslaufzeit

Nach einer überzeugenden Präsentation entscheiden sich Kunden oft gleich für Ihr Angebot.

Zögert der Kunde noch, dann zeigen Sie einfach auf, wie sich sein Lebensstandard im Alter entwickeln wird, wenn er sich gegen eine private Absicherung entscheidet.

Denken Sie auch an die Weihnachtsgeschichte von Charles Dickens. In dieser Geschichte wird Ebenezer Scrooge mit seiner möglichen Zukunft konfrontiert, wenn er alles so belässt wie bisher. Erst nachdem ihm dies offenbart wurde, ist er bereit, sein Verhalten zu verändern.

Machen Sie dem Kunden Folgendes bewusst:

Berater: „Wer später eine gute Altersvorsorge haben will, der muss heute investieren. Sie können sich ja auch nicht vor den Ofen setzen und sagen: ‚Wenn Du mich wärmst, dann gebe ich dir Holz.'"

oder

Berater: „Wenn man nicht bereit ist, in seine Zukunft zu investieren, dann wird man nicht die Zukunft haben, die man sich wünscht."

7.2.4 Beispielpräsentation Pflegeabsicherung

Angebotspräsentation für Franz Fischer

Berater: „Sie sagten, dass Sie sich für eine Pflegeversicherung interessieren, wenn die Beiträge dafür nicht zu hoch sind. Lassen Sie uns zuerst die Bedeutung einer Pflegeabsicherung besprechen."

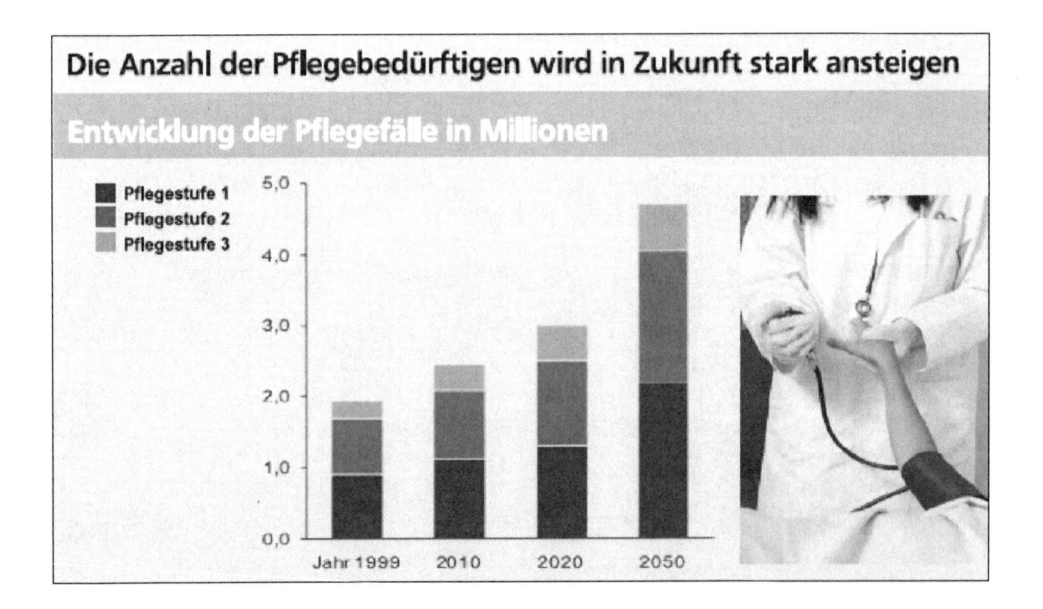

Die Anzahl der Pflegebedürftigen wird in Zukunft stark ansteigen

Entwicklung der Pflegefälle in Millionen

Berater: „Wie Sie sehen, wird sich die Zahl der Pflegefälle von aktuell ca. 2,5 Millionen auf um die fünf Millionen im Jahr 2060 erhöhen. In der Pflegestufe 3 wird ebenfalls mit einer Verdoppelung von einer Million auf zwei Millionen gerechnet."

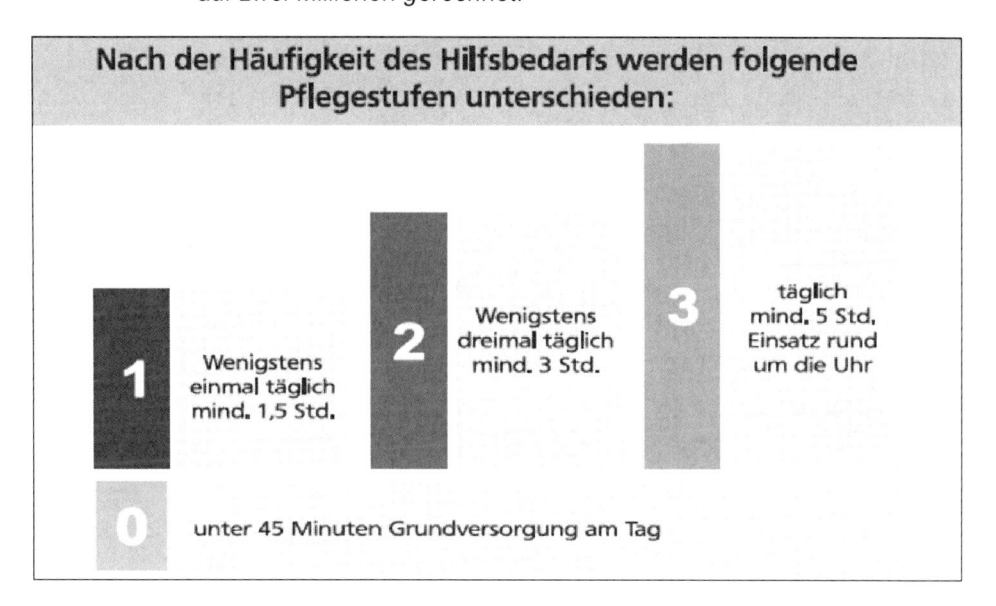

Nach der Häufigkeit des Hilfsbedarfs werden folgende Pflegestufen unterschieden:

- **1** Wenigstens einmal täglich mind. 1,5 Std.
- **2** Wenigstens dreimal täglich mind. 3 Std.
- **3** täglich mind. 5 Std. Einsatz rund um die Uhr
- **0** unter 45 Minuten Grundversorgung am Tag

Berater: „Wichtig ist auch zu wissen, was der Gesetzgeber unter Pflegebedürftigkeit in den einzelnen Stufen versteht.
In der Pflegestufe I sind Personen, deren Hilfsbedarf täglich bei der Körperpflege, der Ernährung, der Mobilität und zusätzlich der hauswirtschaftlichen Versorgung mindestens 1,5 Stunden beträgt.
In der Pflegestufe II beträgt der tägliche Hilfsbedarf mindestens drei Stunden.
Bei Pflegestufe III besteht Hilfsbedarf für mindestens fünf Stunden und Einsatz rund um die Uhr."

Leistungen der gesetzlichen Pflegeversicherung im Überblick

Häusliche Pflege durch ein Familienmitglied/ehrenamtlich

Pflegestufe 1:	225 €
Pflegestufe 2:	430 €
Pflegestufe 3:	685 €

Vollstationäre Pflege

Pflegestufe 1:	1.023 €
Pflegestufe 2:	1.279 €
Pflegestufe 3:	1.510 €
Härtefälle:	1.918 €

Häusliche Pflege durch einen zugelassenen Pflegedienst

Pflegestufe 1:	440 €
Pflegestufe 2:	1.040 €
Pflegestufe 3:	1.510 €
Härtefälle:	1.918 €

Teilstationäre Pflege

Pflegestufe 1:	440 €
Pflegestufe 2:	1.040 €
Pflegestufe 3:	1.510 €

- Neu seit 01.01.2008 „Pflegestufe 0" z. B. Demenz
- Grundbetrag von bis zu 100,00 €mtl.
- Erhöhter Betrag von bis zu 200,00 € mtl.

Berater: „Die Leistungen aus der gesetzlichen Pflegeversicherung reichen nicht aus, um die tatsächlichen Kosten zu tragen."

Bedarfslücken in den Pflegestufen I, II und III für Franz Fischer

	Pflegestufe I	Pflegestufe II	Pflegestufe III
durchschnittliche Pflegekosten	2.303,- Euro	2.909,- Euro	4.000,- Euro
gesetzliche Leistung	1.023,- Euro	1.279,- Euro	1.510,- Euro
private Vorsorge	0,- Euro	0,- Euro	0,- Euro
Bedarfslücke	1.280,- Euro	1.630,- Euro	2.490,- Euro

Berater: „Um diese Lücken zu schließen, habe ich Ihnen für jede Pflegestufe ein Angebot ausgearbeitet."

Vorschlag für eine Pflegezusatzversicherung	
Herrn Franz Fischer geboren am 19.10.1977	
Pflegevorsorge	mtl. Beitrag in EURO
EURO 1.280,- monatliches Pflegegeld für Pflegestufe I EURO 256,- monatliches Pflegegeld für erheblichen Betreuungsbedarf mit planmäßiger Erhöhung von Beitrag und Leistung sowie Beitragsfreiheit ab Pflegestufe I	11,14
EURO 1.630,- monatliches Pflegegeld für Pflegestufe II mit planmäßiger Erhöhung von Beitrag und Leistung sowie Beitragsfreiheit ab Pflegestufe I	13,20
EURO 2.490,- monatliches Pflegegeld für Pflegestufe III mit planmäßiger Erhöhung von Beitrag und Leistung sowie Beitragsfreiheit ab Pflegestufe I	9,21
24 Stunden Service-Hotline mit Informationen und Beratung zur Pflegebedürftigkeit Vermittlung und Erstattung von Dienstleistungen bis EURO 2.500,- 24-Stunden Pflegedienst und Heimplatzgarantie	1,50
Summe der monatlichen Beiträge	35,05

Berater: „Für eine Deckung der Bedarfslücke in der Pflegestufe III in Höhe von 2.490,- Euro investieren Sie monatlich 9,21 Euro. Gerade bei der Pflegestufe III sollten die Kosten für eine stationäre Unterbringung versichert sein, selbst wenn Sie die Pflege zu Hause organisieren. Wie sehen Sie das?"

Berater: „Für eine Deckung der Lücke in der Pflegestufe II in Höhe von 1.630,- Euro investieren Sie monatlich 13,20 Euro. Auch in der Pflegestufe II sollten die Kosten für die stationäre Unterbringung versichert sein, auch wenn Sie die Pflege zu Hause organisieren wollen. Was halten Sie von diesem Vorschlag?"

Berater: „Bei der Pflegestufe I sollten Sie überlegen, ob Sie die Kosten für eine stationäre Unterbringung oder nur die Zusatzkosten bei einer Pflege zu Hause absichern wollen. Für eine Deckung der Lücke bei stationärer Unterbringung in der Pflegestufe I in Höhe von 1.280,- Euro investieren Sie monatlich 11,14 Euro. Wie ist Ihre Meinung dazu?"

Überlegen Sie bitte, welche besonderen Leistungsmerkmale Ihre Pflegeversicherung dem Kunden bietet.

- keine Wartezeiten
- Beitragsbefreiung bereits ab Pflegestufe 1
- Option auf Höherversicherung
- dynamische Anpassung ohne erneute Gesundheitsprüfung
- Europageltung

Einwände des Kunden gegen eine Pflegeversicherung

Als häufigster Grund gegen eine Pflegeabsicherung wird der Preis genannt. Die Bereitschaft, für die Pflegevorsorge etwas zu tun, ist hoch, jedoch wird der Beitrag für den Versicherungsschutz deutlich überschätzt.

Kunde: *„Die Beiträge für eine Pflegeabsicherung sind aber sicher sehr hoch?"*

Berater: *„Bereits ab 9,21 Euro erhalten Sie eine Absicherung für die Pflegestufe III in Höhe von 2.490,- Euro."*

Jüngere Kunden sind oft der Meinung, dass das Thema Pflegebedürftigkeit noch weit in der Zukunft liegt.

Kunde: *„Eine Pflegeversicherung kann ich auch noch später abschließen."*

Berater: *„Wenn Sie sich in Ihrem Alter für das vorgeschlagene Pflegekonzept entscheiden, dann investieren Sie monatlich 35,05 Euro. Ein 20 Jahre älterer Mann zahlt bereits 85,15 Euro für den gleichen Versicherungsschutz. Sie sehen also, es ist deutlich günstiger, sich früher zu entscheiden. Ein weiterer Aspekt ist, dass viele Kunden im fortgeschrittenen Alter gerne eine Pflegeversicherung abschließen möchten. Leider bekommen viele aufgrund ihres Gesundheitszustandes keine Absicherung mehr. Was halten Sie davon, wenn Sie sich darüber keine Sorgen mehr machen müssen, weil Sie bereits frühzeitig zu günstigen Konditionen vorgesorgt haben?"*

Manchmal wird hier die Frage gestellt, ob sich eine Pflegeversicherung wirklich lohnt.

Kunde: *„Ist es denn wirklich aus finanzieller Hinsicht sinnvoll, eine Pflegeversicherung abzuschließen?"*

Berater: *„Sie investieren für Ihr Pflegekonzept 35,05 Euro monatlich. Bis zum 80. Lebensjahr haben Sie dann 35,05 Euro monatlich, 12 mal im Jahr für 46 Jahre, also insgesamt 19.347,60 Euro, investiert. Wenn Sie im 80. Lebensjahr ein Pflegefall mit der Pflegestufe III werden, haben Sie eine monatliche Lücke von 2.490,- Euro. Das bedeutet, dass sich bereits nach weniger als zehn Monaten Pflegestufe III Ihre eingezahlten Beiträge gerechnet haben. Bei einer durchschnittlichen* *stationären Pflegedauer von mehr als vier Jahren lohnt sich für Sie der Abschluss einer Pflegeversicherung."*

Die gleiche Rechnung sollten Sie dem Kunden aufstellen, wenn er der Meinung ist, dass er lieber selbst für die Pflegeabsicherung spart.

58 Prozent der Befragten lehnten eine Absicherung mit dem Hinweis ab, dass ihre Pflege voraussichtlich durch den Partner bzw. Familienangehörige geleistet wird. Die im Abschnitt 2.4 beschriebenen demographischen und familiären Entwicklungen widersprechen allerdings dieser Annahme.

Kunde: *„Ich werde von meiner Familie gepflegt."*

Berater: *„Von seiner Familie gepflegt zu werden ist mit Sicherheit das Beste, was einem in dieser Situation passieren kann. Es zeigt die Stärke Ihrer Familie, wenn sich Ihr Umfeld dieser Herausforderung stellt. Wie wichtig ist es Ihnen, dass Ihre Familie in dieser sicherlich anspruchsvollen Situation wenigsten finanziell entlastet ist?"*

Tief sitzt auch das Misstrauen, dass die Versicherung im Ernstfall nicht zahlt. Dieser Vorwurf kommt immer auf, wenn es um die Leistungsbereitschaft von Versicherungen geht. Gerade Pflegezusatzversicherungen orientieren sich aber meist an den Leistungen der gesetzlichen Pflegeversicherung. Wenn diese leistet, leistet auch die Zusatzversicherung.

Kunde. *„Ihr Versicherungen zahlt doch im Ernstfall sowieso nicht."*

Berater: *„Es ist selbstverständlich, dass es Ihnen wichtig ist, dass eine private Versicherung im Falle der Pflegebedürftigkeit wirklich zahlt. Bei der privaten Pflegeversicherung ist das ganz einfach geregelt. Sobald von der gesetzlichen Pflegeversicherung eine Pflegestufe festgestellt wurde, zahlt auch die private Versicherung entsprechend der Pflegestufe."*

7.2.5 Beispielpräsentation Unfallabsicherung

Nachdem die Kunden ausdrücklich um ein Alternativangebot für die bestehenden Unfallversicherungen gebeten haben, können Sie selbstverständlich gleich in die Angebotspräsentation einsteigen. Um einen Verstärker für das Thema zu setzen, kann es trotzdem sinnvoll sein, auf die grundsätzliche Bedeutung der privaten Unfallversicherung vorab einzugehen.

Berater: *„Wie von Ihnen gewünscht, habe ich die bestehenden Unfallversicherungen für Sie überprüft. Nachdem Sie einzelne Verträge abgeschlossen haben, profitieren Sie nicht von den Vorteilen einer Familienunfallversicherung. Außerdem waren die Versicherungsleistungen sehr niedrig angesetzt. Deshalb habe ich Ihnen ein entsprechendes Angebot erstellt. Lassen Sie uns zuerst einmal die Lücken der gesetzlichen Unfallversicherung besprechen."*

Gesetzliche Unfallversicherung

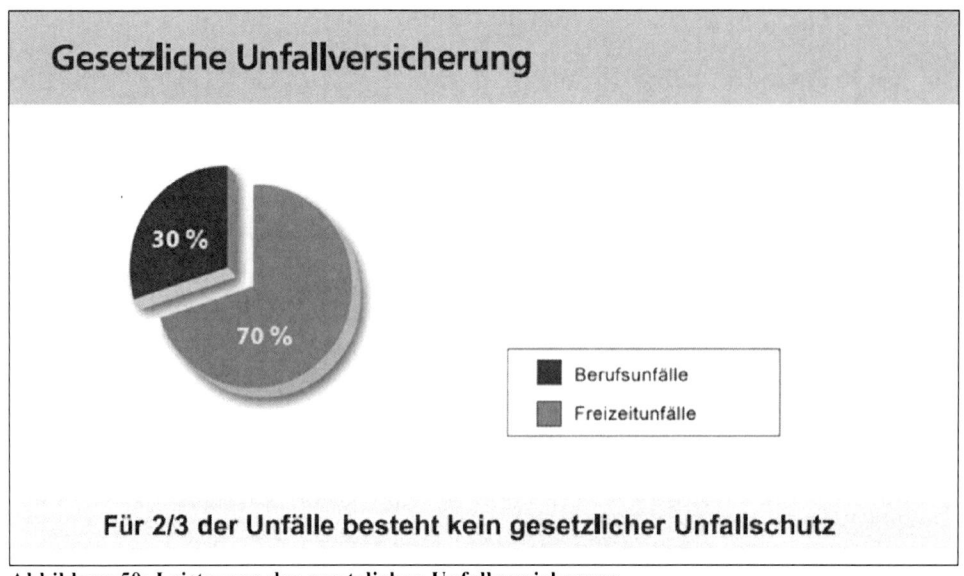

- 30 % Berufsunfälle
- 70 % Freizeitunfälle

Für 2/3 der Unfälle besteht kein gesetzlicher Unfallschutz

Abbildung 50: Leistungen der gesetzlichen Unfallversicherung

Berater: „Wie Sie sehen, besteht für die meisten Unfälle kein gesetzlicher Versicherungsschutz."

Risikosituation allgemein
Nach einem Unfall ...

Sofort anfallende Kosten	Euro
Rampe und Treppenlift	16.000
Schwellen, Türen	15.000
Elektrik	5.000
Bad, Küche	35.000
Spezialbett	5.000
Auto	25.000

z. B. 101.000 Euro

Dauerhaft möglicher Bedarf	Euro
Behandlungskosten außerhalb der GKV/PKV	1.000
Eigenanteil Pflegekraft	21.300
Haushaltshilfe	3.900
Erhöhte Ausbildungskosten	15.000
Gehaltsausfall, -entwicklung, entgangene Beförderung	10.000

z. B. 22.300 Euro/Jahr

Berater: „Die private Unfallversicherung soll die anfallenden einmaligen Kosten nach einem Unfall abdecken, und es soll auch genügend Kapital für eventuell anfallende Zusatzkosten zur Verfügung stehen."

Berechnungsbeispiel für eine Unfallversicherung				
	Franz Fischer 19.10.1977	Frieda Fischer 10.05.1980	Florian Fischer 04.12.2005	Franziska Fischer 02.10.2007
Invalidität mit Progression 600: Versicherungssumme	50.000,- Euro	50.000,- Euro	50.000,- Euro	50.000,- Euro
Leistung bei 100% Invalidität	300.000,- Euro	300.000,- Euro	300.000,- Euro	300.000,- Euro
Erweitertes Unfall-Krankenhaustagegeld	15,- Euro	15,- Euro	15,- Euro	15,- Euro
Beitrag monatlich	9,15 Euro	9,15 Euro	6,68 Euro	6,68 Euro
Gesamtbeitrag monatlich inklusive Versicherungsteuer:				31,66 Euro

Berater „Bei unserem Angebot erhalten alle Familienmitglieder im Falle der Vollinvalidität eine Versicherungsleistung von 300.000,- Euro. Ein Unfallkrankenhaustagegeld von 15,- Euro ist ebenfalls mitversichert. Dafür investieren Sie monatlich 31,66 Euro. Damit sind die einmaligen Kosten für Umbauten versichert, und es steht noch ausreichend Kapital für eventuell anfallende regelmäßige Kosten zur Verfügung."

Typische Fragestellungen des Kunden zum Thema Unfallversicherung:

Kunde: „Was ist überhaupt ein Unfall?"

Berater: „Ein Unfall liegt vor, wenn die versicherte Person durch ein plötzlich von außen auf ihren Körper wirkendes Ereignis (Unfallereignis) unfreiwillig eine Gesundheitsschädigung erleidet. Als Unfall gilt auch, wenn durch eine erhöhte Kraftanstrengung an Gliedmaßen oder Wirbelsäule ein Gelenk verrenkt wird oder Muskeln, Sehnen, Bänder oder Kapseln gezerrt oder zerrissen werden."

Kunde: „Brauche ich eine Unfallversicherung, wenn ich schon eine Berufsunfähigkeitsabsicherung habe?"

Berater: „Die Berufsunfähigkeitsabsicherung sichert das Einkommen ab, wenn Sie aufgrund von Unfall oder Krankheit Ihren Beruf nicht mehr ausüben können. Die Unfallversicherung soll einmalig auftretende Kosten und zusätzliche regelmäßige Kosten nach einem Unfall absichern."

Überlegen Sie bitte, welche besonderen Leistungsmerkmale Ihre Versicherung dem Kunden bietet.

- Vorteile der Progressionsstufen
- erweiterte Versicherungsleistungen (z.B. Zeckenbiss/Schlaganfall/Herzinfarkt)
- beitragsfreie Versicherungsleistungen
- Vorsorgeschutz für Kinder
- psychische Reaktionen

Hier noch eine spezielle Idee für den Umgang mit dem Kundeneinwand

Kunde: *„Das will ich mir doch noch einmal überlegen."*

beim Abschluss einer Unfallversicherung.

Berater: *„Selbstverständlich ist es Ihr gutes Recht, sich die Entscheidung noch einmal in aller Ruhe zu überlegen. Vielleicht machen Sie sich bereits auf dem Heimweg Gedanken, wie Ihre finanzielle Situation im Falle eines Unfalls sein wird. Spätestens jedoch, wenn Sie die Unfallmeldungen in der Zeitung lesen, werden Sie sich denken, dass es wirklich richtig ist, sich kurzfristig für diese Absicherung zu entscheiden und mit mir einen neuen Termin vereinbaren."*

7.3 Kunden zum Abschluss führen

Die Ziele und Wünsche des Kunden wurden ausführlich analysiert und die Angebote gut strukturiert und nachvollziehbar erläutert. Sie haben dem Kunden viele Rückfragen gestellt und seine Fragen zur Zufriedenheit beantwortet.

Während des Verkaufsgesprächs haben Sie sensibel auf Kaufsignale des Kunden geachtet.

Diese können sein:

Aktionen des Kunden:
- Macht sich Notizen und nimmt die Unterlagen
- Nimmt den Kugelschreiber in die Hand

Sprachliche:
- Fragt nach Einzelheiten
- Bringt konkrete Einwände (Kunden tun dies nur, wenn Sie wirklich ernsthaft über den Kauf nachdenken)
- Äußert sich positiv und stimmt Ihnen zu
- Stellt Fragen, die sich auf die Zeit nach dem Kauf beziehen

Körpersprachliche:
- Verändert seine Körperhaltung – ist Ihnen zugeneigt
- entspannt sich und wirkt gelöst
- nickt
- lächelt

Der Abschluss ist nun die folgerichtige Konsequenz. Geben Sie dem Kunden das Gefühl, dass sich die Frage, ob er unterschreibt, gar nicht mehr stellt. Vielmehr klären Sie mit dem Kunden nur noch das weitere Vorgehen.

Führen Sie den Kunden mit einfachen Abschlussfragen zum Ergebnis.

Die Alternativfrage

Diese auch als Samstag-Abend-Technik bekannte Methode („Gehen wir zu dir oder zu mir?") ist wohl eine der effektivsten Abschlusstechniken.

Berater: *„Herr Kunde, möchten Sie den Versicherungsschutz ab 01.04. oder lieber schon ab 01.03.?"*

Die Umsetzungsfrage

Hier geht es um Umsetzungsdetails. Auch hier stellt sich nicht mehr die Frage „ob" umgesetzt wird, sondern nur noch „wie".

Berater: *„Herr Kunde, von welchem Konto sollen die Beiträge abgebucht werden?"*

oder

Berater: *„Herr Kunde, wann soll die Absicherung beginnen?"*

Der Airbag-Abschluss

Die Airbag-Technik stellt der Frage nach dem Abschluss eine Formulierung voran.

Berater: *„Jetzt geht es darum, dass die Vorteile, die meine Angebote bieten, nicht nur auf dem Papier stehen, sondern auch Wirklichkeit werden. Damit Sie Wirklichkeit werden stellt sich die Frage, möchten Sie am 01.02. oder am 01.03. beginnen?"*

Nutzen Sie einen „konkreten Airbag", indem Sie die wesentlichen Aspekte noch einmal zusammenfassen:

Berater: *„Herr Kunde, Sie wollen etwas für die Altersvorsorge investieren. Dieses Angebot bietet Ihnen bei einer monatlichen Investitionssumme von 100,- Euro eine voraussichtliche Rente von X,- Euro. Sie sehen also, das Angebot passt genau zu Ihren Erwartungen. Wann wollen Sie mit der Absicherung beginnen? Ab dem 01.03. oder bereits zum 01.02.?"*

7.4 Zusatzverkauf

7.4.1 Unfallversicherung mit Beitragsrückgewähr

Sie gewinnen Ihren Kunden am einfachsten für das Thema Unfallversicherung mit Beitragsrückgewähr, wenn Sie den Nutzen, nämlich die Beitragsrückzahlung, in den Vordergrund stellen.

Variante 1:   Der Kunde hat eine Risiko-Unfallversicherung

Berater: *„Herr Kunde, haben Sie eine Unfallversicherung?"*

Kunde: *„Ja, die habe ich."*

Berater: *„Bekommen Sie dort Ihre Beiträge zurück?"*

Kunde: *„Nein, die sind weg."*

Klären Sie, ob der Kunde dies als Ärgernis empfindet:

Berater: *„Finden Sie das gut?"*

Die wenigsten Kunden sind der Meinung, dass das gut ist.

Kunde: *„Nein, aber das ist halt so."*

Finden Sie nun heraus, ob der Kunde an einer Lösung für dieses Ärgernis interessiert ist.

Berater: *„Angenommen, ich habe eine Unfallversicherung, bei der Sie mehr einzahlen, dafür bekommen Sie aber die eingezahlten Beiträge plus Verzinsung zurück. Dabei ist es egal, ob Sie Leistungen in Anspruch genommen haben oder nicht. Wäre das grundsätzlich interessant für Sie?"*

Kunde: *„Das hört sich gut an."*

Jetzt brauchen Sie sich nur noch die bestehende Police geben zu lassen und ein Alternativangebot zu erstellen.

Variante 2:   Kunde hat keine Unfallversicherung

Berater: *„Herr Kunde, haben Sie eine Unfallversicherung?"*

Kunde: *„Nein, habe ich nicht."*

Fragen Sie hier einfach nach, was der Grund dafür ist.

Berater:	„Hat das einen bestimmten Grund?"
Kunde:	„Ich brauche keine Unfallversicherung."

Hier hat der Kunde den Sinn einer Unfallversicherung in der Vergangenheit vielleicht noch nicht erkannt. Gerade bei der Unfallversicherung ist die Wahrscheinlichkeit sehr hoch, dass er schon einmal beraten worden ist und sich dagegen entschieden hat.

Probieren Sie es mit folgender Vermutung:

Berater:	„Herr Kunde, viele Kunden, die sich gegen eine Unfallabsicherung entschieden haben, sagen: ‚Wenn mir nichts passiert, dann ist das Geld weg, und das gefällt mir nicht.' Ist das bei Ihnen genauso?"
Kunde:	„Ja, man kann sich ja schließlich nicht gegen alles versichern."

Klären Sie, ob der Kunde an einer Variante mit Beitragsrückzahlung interessiert ist.

Berater:	„Angenommen ich habe eine Unfallversicherung, bei der Sie die eingezahlten Beiträge plus Verzinsung zurückbekommen, egal ob Sie Leistungen in Anspruch genommen haben oder nicht. Wäre das grundsätzlich interessant für Sie?"

Variante 3: Ansprache auf die Unfallabsicherung für Kinder

Berater:	„Herr Kunde, wie stehen Sie zu der Aussage, dass die beste Geldanlage eine Investition in die Ausbildung der Kinder ist?"
Kunde:	„Da ist wohl was Wahres dran."
Berater:	„Was haben Sie denn für die Ausbildung der Kinder bereits getan?"
Kunde:	„Da habe ich einen Sparvertrag."
Berater:	„Haben Sie einen einfachen oder einen doppelten Sparplan für Ihr Kind?"
Kunde.	„Was ist denn damit gemeint?"
Berater:	„Beim einfachen Sparplan zahlen Sie ein und bekommen am Ende der Laufzeit einen bestimmten Betrag ausgezahlt. Beim doppelten Sparplan zahlen Sie ein, bekommen am Ende der Laufzeit einen bestimmten Betrag ausgezahlt und Ihr Kind ist zusätzlich gegen Unfallfolgen abgesichert."
Kunde:	„Das mit dem doppelten Sparplan hört sich interessant an."
Berater:	„Was halten Sie davon, wenn ich für Sie prüfe, ob es sinnvoll ist, Ihren bestehenden Sparplan entsprechend umzustellen?"

7.4.2 Zusatzverkauf Sachversicherungscheck

„Mit der Wahl der richtigen Versicherungsverträge können Familien Jahr für Jahr viele Hundert Euro sparen. Es lohnt sich, den Versicherungsschutz von Zeit zu Zeit zu überprüfen, nach günstigen Verträgen zu suchen und sich von unnötigen und zu teuren Policen rigoros zu trennen."

Quelle: http://www.test.de/themen
Versicherungs-Check für Familien: Plus für die Familienkasse vom 20.07.2010

Manchmal haben Kunden eine starke emotionale Bindung zu ihrem Versicherungsvertreter. Klären Sie zunächst, wie das Verhältnis Ihres Kunden zu seinem Vertreter ist. Viele Berater tun dies, indem Sie fragen:

Berater: „Herr Kunde, wie zufrieden sind Sie mit Ihrem Versicherungsvertreter?"

Hier reagieren etwa 80 Prozent der Kunden mit

Kunde: „Ich bin mit meinem Versicherungsvertreter zufrieden."

Diese Reaktion ist ganz normal. Wer einen Anbieter hat, mit dem er langjährig zusammenarbeitet, ist dort meistens zufrieden, sonst hätte er schon längst gewechselt. Viele Berater gehen jetzt in die Defensive, denn der Kunde ist ja zufrieden mit seinem Vertreter.

Versuchen Sie doch die Alternative

Berater: „Herr Kunde, sind Sie Ihrem Versicherungsvertreter verpflichtet?"

Viele Kunden reagieren hier ganz spontan mit

Kunde: „Verpflichtet bin ich nicht."

Andere Kunden fragen aber auch nach

Kunde: „Was meinen Sie mit verpflichtet?"

Erklären Sie dem Kunden, was damit gemeint ist.

Berater: „Verpflichtet bedeutet, dass Sie Ihre Versicherungen auch dann bei Ihrem Vertreter machen müssen, selbst wenn ich bessere Angebote für Sie habe."

Da die meisten Menschen innerlich denken „Ich muss gar nichts", erfolgt hier sehr oft die folgende Reaktion:

Kunde: „Ich kenne den zwar gut, aber verpflichtet bin ich nicht."

Jetzt ist der richtige Zeitpunkt gekommen, die Vorteile des Versicherungs-Checks vorzustellen:

Berater: „Dann habe ich einen ganz besonderen Service für Sie – einen Versicherungs-Check. Hier prüfe ich für Sie Ihre Versicherungen. Ich verspreche ich Ihnen, dass Sie auf alle Fälle davon profitieren werden.
Denn entweder stelle ich fest, dass alles optimal ist, dann ist es doch gut, dies auch einmal von jemand anderem als dem eigenen Vertreter zu hören, stimmt´s? Oder es gibt Optimierungsbedarf, dann liegt es an Ihnen, Entscheidungen zu treffen. Was halten Sie davon?"

Kunde: „Das ist für mich interessant."

Lassen Sie sich von Ihrem Kunden die Versicherungsunterlagen aushändigen.

7.4.3 Zusatzverkauf Rürup-Rente

Felix, der Zwillingsbruder von Franz Fischer, möchte sich bei Ihnen beraten lassen. Nach einer ausführlichen Analyse ergibt sich bei Felix folgende Situation:

Er ist selbstständiger Software-Entwickler und hat ein zu versteuerndes Einkommen von 50.000,- Euro im Jahr. Er möchte etwas für die Altersvorsorge investieren. Dabei sind ihm staatliche Förderungen wichtig. Er ist ledig und hat keine Kinder.

Er ist bereit, bis zu 500,- Euro monatlich zu investieren. Nachdem sein Einkommen Schwankungen unterliegt, möchte er auch Sonderzahlungen leisten können.

Der Aufbau der Präsentation für die Altersvorsorge erfolgt wie bei Franz im Abschnitt 7.2.3. Deshalb gehen wir hier gleich auf das Angebot ein.

Tarif	Vorsorge- und Vermögensplan Basisversorgung
Versicherungsbeginn	01.12.2011
Ablauf der Versicherungsdauer	01.12.2042
monatliche garantierte Altersrente	839,71 Euro
gesamte mögliche Altersrente 1)	1.848,22 Euro
monatlicher Beitrag	500,00 Euro

1) Die Höhe der möglichen Altersrente hängt von der Überschussbeteiligung einschließlich einer Beteiligung an den Bewertungsreserven ab und kann nicht garantiert werden.

Berater: „Da Sie an einer staatlich geförderten Altersvorsorge interessiert sind, empfehle ich Ihnen eine Rürup-Rente. Bei diesem Vertrag investieren Sie 500,- Euro und erhalten im Alter von 65 eine garantierte Rente in Höhe von 839,71 Euro. Die voraussichtliche Gesamtrente inklusive der Überschussanteile beträgt 1.848,22 Euro. Damit kommen Sie

		Ihrem Ziel, Ihren gewohnten Lebensstandard im Alter fortführen zu können, einen großen Schritt näher. Was halten Sie davon?"
Kunde:		„Hört sich erst mal gut an. Sie sagten, dass es hier eine steuerliche Förderung gibt. Wie hoch ist diese?"

Darstellung der möglichen Steuerersparnis		
	mit	ohne
	Basisversorgung	
zu versteuerndes Einkommen	50.000,00 Euro	50.000,00 Euro
Beitrag zur Basisversorgung in Höhe von	6.000,00 Euro	
davon in 2011 steuerlich abziehbar (72%)	4.320,00 Euro	
verbleibendes Jahreseinkommen	45.680,00 Euro	50.000,00 Euro
Einkommensteuer darauf	12.634,82 Euro	14.581,34 Euro
Steuerersparnis	1.946,52 Euro	
Nettoaufwand	4.053,48 Euro	
durchschnittlicher Nettoaufwand bis zum Ablauf der Beitragszahlungsdauer	3.498,76 Euro	

Die aufgewendeten Beiträge können im Jahr 2011 zu 72% als Sonderausgaben abgezogen werden. Bei laufender Beitragszahlung steigt die steuerliche Abzugsfähigkeit des Beitrags in den Folgejahren um jährlich 2%-Punkte, bis im Jahr 2025 100% des Beitrags steuerlich abziehbar sind.

Berater:	„Von dem Beitrag in die Rürup-Rente von 6.000,- Euro pro Jahr können Sie im Jahr 2011 72 Prozent, also 4.320,- Euro, steuerlich geltend machen. Damit verringert sich Ihr zu versteuerndes Einkommen von 50.000,- Euro auf 45.680,- Euro. Dies ergibt eine Steuerersparnis von 1.946,52 Euro. Herr Fischer, was halten Sie davon, fast 2.000,- Euro weniger Steuern im Jahr zu bezahlen?"
Kunde:	„Finde ich gut."
Berater:	„Von den 6.000,- Euro können Sie jedes Jahr zwei Prozent mehr steuerlich geltend machen, bis im Jahr 2025 der gesamte Beitrag steuerlich abziehbar ist. Somit steigt Ihr Steuervorteil Jahr für Jahr an."
Berater:	„Herr Fischer, Ihnen war wichtig, Sonderzahlungen leisten zu können. Bei meinem Angebot ist dies jederzeit möglich. Dadurch erhöhen Sie Ihre Bezüge im Alter und sparen noch zusätzlich Steuern."
Berater:	„Bei einer Rürup-Rente erhalten Sie, wie bei der gesetzlichen Rente, keine Kapitalzahlung, sondern eine lebenslange monatliche Rentenzahlung. Deshalb investieren viele Kunden den Steuervorteil in einen privaten Sparvertrag und erhalten daraus noch eine zusätzliche Kapitalzahlung."

Investmentberechnung Ansparphase	
regelmäßige jährliche Einzahlung	2.000,00 Euro
Ausgabeaufschlag	5,00 %
angenommene Wertentwicklung pro Jahr	5,00 %
Dauer der Ansparphase	33 Jahre
erreichtes Guthaben nach 33 Jahren	324.134,00 Euro

Berater: „Bei meinem Vorschlag investieren Sie die jährliche Steuerersparnis von ca. 2.000,- Euro in einen Sparplan in Investmentfonds. Bei einer angenommenen Wertentwicklung von fünf Prozent hat sich zu Ihrem 65. Lebensjahr ein Kapital von rund 320.000,- Euro angesammelt. Von diesem Betrag wird noch die Abgeltungssteuer abgezogen. Dieses Restkapital haben Sie zur freien Verfügung. Wie gefällt Ihnen mein Vorschlag?"

Kunde: „Was passiert aber mit dem Geld im Rürup-Vertrag, wenn ich versterben sollte?"

Berater: „Die Regelung ist hier vergleichbar mit dem, was bei der gesetzlichen Rentenversicherung gilt. Im Falle Ihres Todes wird eine Rente an die berechtigten Hinterbliebenen ausgezahlt. Berechtigte Hinterbliebene sind Ihre Ehegattin, die eine lebenslange Rente erhält, und Ihre Kinder, deren Rente längstens bis zur Vollendung des 25. Lebensjahres bezahlt wird. Die Rente errechnet sich aus dem zur Verfügung stehenden Kapital und wird nach dem dann gültigen Tarif und dem Lebensalter der berechtigten Hinterbliebenen ermittelt."

Kunde: „Und wenn ich dann noch ledig bin und auch keine Kinder habe?"

Berater: „Sind keine berechtigten Hinterbliebenen vorhanden, endet der Rürup-Vertrag bei Tod, ohne dass eine Leistung erbracht wird. Das Geld aus der Steuerersparnis, dass Sie im Investmentsparvertrag angelegt haben, erhalten Ihre Erben."

Typische Fragestellungen des Kunden zum Thema Rürup-Rente:

Kunde: „Wie muss die Rürup-Rente versteuert werden?"

Berater: „Die Rentenzahlung ist im Rentenalter voll steuerpflichtig. Normalerweise haben Sie als Rentner ein niedrigeres Einkommen und deshalb auch eine niedrigere Steuerbelastung. Welche weitere Frage haben Sie noch?"

Überlegen Sie, welche besonderen Leistungsmerkmale Ihre Versicherung dem Kunden bietet.

- Finanzkraft
- flexible Gestaltung der Beitragszahlung
- flexible Gestaltung der Vertragslaufzeit
- Höhe der Überschüsse

Einwände des Kunden gegen eine Rürup-Rente

Kunde: „Ich habe gehört, dass die Rürup-Rente sehr unflexibel ist."

Berater: „Die Beitragszahlung eines Rürup-Vertrags kann jederzeit erhöht, reduziert oder ausgesetzt werden. Auch die von Ihnen gewünschten Sonderzahlungen sind möglich. Es gibt keine Möglichkeit, den Vertrag aufzulösen oder auf das Kapital vorzeitig zurückzugreifen. Die Rürup-Rente ist somit ein Vertrag der ‚wahren Altersvorsorge'. Dies hat den großen Vorteil, dass der Vertrag im Falle einer Insolvenz oder Arbeitslosigkeit sicher vor dem Zugriff von Gläubigern oder des Arbeitsamtes ist. Wollen Sie die Sicherheit, dass Ihre Altersvorsorge auch in finanziell schwierigen Zeiten erhalten bleibt?"

Kunde: „Eine Kapitalentnahme ist also gar nicht möglich?"

Berater: „Wenn Sie den Steuervorteil gleich in einen Sparvertrag investieren, schaffen Sie sich die Möglichkeit, dass Ihnen Kapital zur Verfügung steht."

Kunde: „Ohne Frau und Kind ist mein eingesetztes Kapital verloren. Selbst meine Erben bekommen nichts."

Berater: „Durch eine Risiko-Lebensversicherung haben Sie die Möglichkeit, die eingezahlten Beiträge für mögliche Erben abzusichern."

7.4.4 Zusatzverkauf betriebliche Altersvorsorge

Altersvorsorge: Weitere staatlich geförderte Produkte

Mit etwa 17 Millionen Verträgen gehört auch die Betriebsrente zu den beliebten Vorsorgeprodukten. Die staatliche Förderung macht sie attraktiver als etwa eine private Rentenversicherung. Und auch vermögenswirksame Leistungen sollte sich keiner, der sie bekommen kann, entgehen lassen. test.de gibt einen Überblick.

Betriebliche Altersvorsorge

Immerhin: Die Renditen der betrieblichen Altersvorsorge liegen ähnlich hoch wie bei der Riester-Rente. Betriebsrenten gibt es über fünf Wege: Pensionskasse, Pensionsfonds, Direktversicherung, Unterstützungskasse und Direktzusage. Der Arbeitgeber entscheidet für sein Unternehmen, welchem Weg er den Vorzug gibt. Im Jahr 2008 können Arbeitnehmer von ihrem Gehalt bis zu 2.544 Euro steuer- und sozialabgabenfrei für eine Betriebsrente abzweigen. Gut für Sparer: Ab 2009 sollten sie ursprünglich für ihre Beiträge genauso Sozialabgaben zahlen wie für das Gehalt, das nicht in die Betriebsrente fließt. Dann wären gesetzlich Krankenversicherte doppelt zur Kasse gebeten worden. Zunächst für ihre Einzahlungen und im Alter mit einem erneuten Beitrag zur Krankenversicherung für ihre Auszahlungen. Doch der Bundestag hat die geltende Regelung unbefristet verlängert. Dadurch können sich gesetzlich Krankenversicherte weiterhin über eine gute Rendite freuen. Für privat Krankenversicherte lohnt sich die Betriebsrente sowieso.

Tipp: Die beste Rendite auf ihre Betriebsrente erhalten privat krankenversicherte Arbeitnehmer mit einem Bruttoeinkommen von mindestens 4.500 Euro. Für sie ist die Betriebsrente erste Wahl. Für gesetzlich Krankenversicherte ist die Betriebsrente ähnlich attraktiv wie die Riester-Rente. Wenn der Arbeitgeber etwas dazugibt, kann die Betriebsrente die Riester-Rendite sogar überholen.

Nachteile der betrieblichen Altersvorsorge

Das betriebliche Sparen hat auch Nachteile. Die Rente ist wie bei Riester-Verträge voll steuerpflichtig. Zusätzlich werden auf Betriebsrenten Kranken- und Pflegeversicherungsbeiträge fällig. Nur privat krankenversicherte Rentner bleiben davon verschont. Manchmal spricht auch die berufliche Planung gegen eine Betriebsrente. Ist der Arbeitsplatz nicht sicher, steht ein Jobwechsel an oder will sich der Arbeitnehmer irgendwann selbstständig machen, unterbricht er das Sparen im Betrieb. Trotz jüngst verbesserter Mitnahmemöglichkeiten führt das fast zwangsläufig zu Einbußen bei der späteren Rente aus dieser Quelle.

Quelle:*http://www.test.de/themen/versicherung-vorsorge/special/Altersvorsorge-Optimal-abgesichert vom 06.06.2008*

Bei der Analyse der Ziele und Wünsche geben viele Kunden an, dass ihnen staatliche Förderungen und Steuerersparnis wichtig sind.

Gerade die betriebliche Altersvorsorge bietet hier entsprechende Vorteile.

Modelle der betrieblichen Altersvorsorge				
	Direktversicherung	Pensionskasse	Unterstützungskasse	Pensionszusage
Höchstbeiträge	4% der Beitragsbemessungsgrenze der gesetzlichen Rentenversicherung zzgl. 1.800,- Euro pro Jahr	4% der Beitragsbemessungsgrenze der gesetzlichen Rentenversicherung zzgl. 1.800,- Euro pro Jahr	unbegrenzt	unbegrenzt
private Fortführung	Ja	Ja	Grundsätzlich: Nein Ausnahme: Innerhalb Abfindungsgrenzen	Nein
Steuern in der Ansparphase	Der Beitrag ist steuerfrei.	Der Beitrag ist steuerfrei.	Der Beitrag ist steuerfrei.	Der Beitrag ist steuerfrei.
Steuern in der Leistungsphase	Die Leistungen müssen voll versteuert werden.	Die Leistungen müssen voll versteuert werden.	Die Leistungen müssen voll versteuert werden.	Die Leistungen müssen voll versteuert werden.
Sozialversicherung	4% der Beitragsbemessungsgrenze sind frei.	4% der Beitragsbemessungsgrenze sind frei.	Arbeitgeberfinanziert: unbegrenzt steuerfrei; Arbeitnehmerfinanziert: 4% der Beitragsbemessungsgrenze	Arbeitgeberfinanziert: unbegrenzt steuerfrei; Arbeitnehmerfinanziert: 4% der Beitragsbemessungsgrenze
Hinterbliebenenbegriff	Ehepartner; frühere Ehepartner; Kinder bis max. zum 25. Lebensjahr, soweit sie sich noch in Ausbildung befinden; Stiefkinder/Pflegekinder bis max. zum 25. Lebensjahr, die sich in einem Obhuts- und Pflegeverhältnis zu dem Arbeitnehmer bzw. Vorsorgeberechtigten stehen und in der Versorgungsvereinbarung namentlich genannt sind; Lebensgefährte, soweit namentlich benannt und ein gemeinsamer Haushalt geführt wird.			
Übertragbarkeit	Ja	Ja	Nein	Nein

Abbildung 51: Modelle der betrieblichen Altersvorsorge
Quelle: HanseMerkur Versicherungsgruppe

Aufgabe:

Erarbeiten Sie Ihre Angebotspräsentation für eine Altersvorsorge im Rahmen der betrieblichen Altersvorsorge. Die Beispielpräsentation zur Altersvorsorge im Abschnitt 7.2.3 liefert Ihnen Ideen zur Struktur. Beachten Sie bitte auch die weiteren Erfolgsfaktoren im Abschnitt 7.1.

8. Umgang mit unentschlossenen Kunden

Sie haben mit Ihrem Kunden ein vorbildliches Vorsorgegespräch geführt. Seine Situation wurde geklärt, und seine Wünsche, Ziele und Pläne finden sich in Ihrem Vorsorgevorschlag wieder. Die Argumentation ist abgeschlossen, und Ihr Kunde stellt keine Fragen mehr. Alles, was fehlt, ist seine Unterschrift unter dem Antrag.

Der Abschluss ist somit die logische Konsequenz Ihres Verkaufsgesprächs. Denn nur die Unterschrift hilft dem Kunden, einen weiteren Schritt bei der Realisierung seiner Pläne voranzukommen.

Berater: „Herr Kunde, wenn Sie einverstanden sind, dann lassen Sie uns das so vereinbaren."

Kunde „Na ja, das geht mir dann doch ein wenig zu schnell."

Jetzt ist „Dranbleiben" die Devise. Gewinner geben nie auf, Aufgeber gewinnen nie. Bleiben Sie ruhig und sachlich, so wie Sie das Gespräch die ganze Zeit bereits geführt haben.

Was lässt den Kunden zögern?

Kunde ist noch nicht von Ihrem Angebot überzeugt

Klären Sie durch konkrete Fragen, was ihn zögern lässt. Vielleicht bekommen Sie bereits einen Hinweis durch allgemeine Fragen wie

Berater: „Wie müsste mein Angebot aussehen, damit Sie sich dafür entscheiden können?"

oder

Berater: „Was müssen wir noch klären, damit Sie sich entscheiden können?"

Wenn Sie sich nun fragen, ob es wirklich so einfach ist, dann probieren Sie es bitte aus. Sie werden überrascht sein, wie gut es funktioniert.

Es fällt dem Kunden generell schwer, Entscheidungen zu treffen

Der unentschlossene Kunde tritt in zwei Ausprägungen auf. Der eine Typus hat Angst vor Fehlentscheidungen und scheut die Konsequenzen, die seine Unterschrift unter dem Antrag mit sich bringen.

Diesem Kunden begegnen Sie mit Informationen, die Ihre Aussagen unterstützen und Ihre Glaubwürdigkeit und Zuverlässigkeit unterstreichen. Er freut sich über Prospekte, Testberichte, Referenzen und Gütesiegel. Natürlich halten Sie in Ihren Verkaufsunterlagen entsprechende Belege bereit.

Berater: „Bei einem Test eines unabhängigen Instituts wurde unser Haus als bester Serviceversicherer ausgezeichnet. Ich lege Ihnen den vollständigen Bericht gerne zu Ihren Unterlagen."

Der zweite Typus des unentschlossenen Kunden ist grundsätzlich nicht sehr entscheidungsfreudig, er ist entscheidungsschwach.

Dieser Kunde braucht Ihre Unterstützung bei der Entscheidung in Form einer Empfehlung. Betonen Sie nochmals die Produkteigenschaften und die daraus resultierenden Nutzen, die Ihrem Kunden besonders wichtig waren.

Beziehen Sie nochmals klar Stellung zu Ihrem Angebot. Anschließend fordern Sie eine Entscheidung. Ihr Kunde ist für Ihre Unterstützung bei der Entscheidungsfindung dankbar.

Berater: *„Ihnen war wichtig, dass Sie bereits ab dem nächsten Monat Versicherungsschutz genießen. Mein Angebot ist so konzipiert, dass Sie bereits hier am Tisch mit Ihrer Unterschrift und ohne Wartezeit den vollen Versicherungsschutz erhalten. Von welchem Konto sollen die Beiträge eingezogen werden?"*

Kunde unterschreibt grundsätzlich nicht sofort

Sie haben die genannten Einwandbehandlungen angewendet, aber der Kunde ist nicht bereit den Antrag zu unterschreiben. Manche Kunden haben sich zum Grundsatz gemacht, eine Entscheidung nicht sofort zu treffen. Hier hilft eine Vereinbarung über die terminierte Auftragsweitergabe.

Berater: *„Herr Kunde, wenn ich die Situation richtig einschätze, dann gefällt Ihnen das Angebot. Ist das richtig?"*

Kunde: *„Ja, das Angebot passt genau."*

Berater: *„Herr Kunde, dann mache ich Ihnen einen Vorschlag, der ist einfach für Sie und einfach für mich. Sie unterschreiben den Antrag. Wenn ich bis nächste Woche Mittwoch nichts mehr von Ihnen höre, dann gebe ich Ihren Auftrag weiter. Ansonsten vernichte ich die Unterlagen. Was halten Sie davon?"*

Nachdem der Kunde damit noch keine endgültige Entscheidung getroffen hat, lässt sich ein Teil der Kunden darauf ein.

Eine Variante der terminierten Auftragsweitergabe ist die Überlassung eines frankierten, an Sie adressierten Rückumschlags beim Kunden. Bereiten Sie alle Unterlagen vor, inklusive der Unterschriften des Kunden. Trennen Sie die Kundenunterlagen von den Antragsunterlagen und stecken Sie diese in das Briefkuvert.

Berater: *„Herr Kunde, ich mache Ihnen folgenden Vorschlag, der ist einfach für Sie und einfach für mich. Sie unterschreiben den Antrag. Wenn Sie das Angebot annehmen wollen, senden Sie mir einfach diesen Umschlag zu."*

Kunde will weitere Angebote einholen

Sie kennen diese Situation.

Kunde: „Ich überlege mir das noch einmal."

Oft bedeutet das nichts anderes, als dass er noch bei Ihrem Mitbewerber ein Vergleichsangebot einholen will. Arbeiten Sie hier mit einer gezielten Verunsicherung. Diese Vorgehensweise für unentschlossene Kunden funktioniert in vier Schritten:

1. Schritt: Loben Sie Ihren Kunden

Berater: „Sie haben völlig recht. Bei einer so wichtigen Entscheidung wie dem Abschluss einer Pflegezusatzversicherung sollte man nochmals vergleichen."

2. Schritt: Kompetenz stärken

Berater: „Ich muss Ihnen ja nicht sagen, worauf Sie bei einer Pflegeversicherung achten müssen. Sie haben sich ja sicherlich bereits umfassend informiert."

3. Schritt: Verunsicherung

Hier betonen Sie Merkmale und Leistungen Ihres Angebots, von denen Sie sicher wissen, dass Sie gegenüber den Lösungen der Mitbewerber deutliche Vorteile haben.

Berater: „Sie wissen sicherlich auch, dass es gravierende Unterschiede bei den Leistungen gibt. Bitte achten Sie darauf, dass
1. keine Wartezeiten bis zum Beginn des Versicherungsschutzes bestehen,
2. die Beitragsbefreiung bereits ab der Pflegestufe I eintritt und
3. die Leistungen Ihnen zur freien Verfügung stehen."

4. Schritt: Kompetenz stärken

Berater: „Aber damit erzähle ich Ihnen nichts Neues, Sie haben sich ja bereits umfassend informiert, stimmt´s?"

Entweder der Kunde entscheidet sich sofort für Ihr Angebot, oder er wird die von Ihnen genannten Punkte bei seinem Gespräch mit einem Mitbewerber unbedingt ansprechen. Damit erhalten Sie sich zumindest die Chance auf einen Abschluss.

9. Kundenbindung stärken

„Nach dem Spiel ist vor dem Spiel."
Sepp Herberger

Natürlich braucht Ihr Unternehmen Wachstum aus der Akquisition von Neukunden. Experten gehen davon aus, dass die Gewinnung neuer Verbindungen die fünf- bis siebenfachen Kosten verursacht wie die Pflege bestehender Kunden. Zufriedene Bestandskunden sind also Ihr größtes Potenzial. Sie kaufen wieder, sind wesentlich loyaler und auch profitabler als andere Kunden.

Kundenbindung und -loyalität müssen hart erarbeitet und ständig erneuert werden. Das erreichen Sie auf

- wirtschaftlicher,
- funktionaler und
- emotionaler

Ebene.

Wirtschaftliche Loyalität

Der Kunde profitiert von einem finanziellen Vorteil. Sobald dieser Vorteil entfällt, verlässt Sie der Kunde und wechselt zu einem anderen Anbieter. Die wirtschaftliche Loyalität ist am einfachsten zu steuern aber auch die schwächste Form der Bindung. Nur mit attraktiven Konditionen bleibt Ihnen der Kunde erhalten.

Die Bindung von Kunden, die wegen kleiner Beitragsunterschiede bei Kfz-Versicherungen oder minimaler Zinsdifferenzen für Tagesgeld den Anbieter wechseln, ist sehr gering.

Funktionale Loyalität

Bei der funktionalen Loyalität steht der Nutzen des Produkts oder der Dienstleistung im Mittelpunkt. Dies kann zum Beispiel ein qualitativ hochwertiges Anlage- und Beratungskonzept sein. Der Kunde nimmt diesen Vorteil gegenüber Ihren Mitbewerbern wahr und fühlt sich an Sie gebunden. Wenn Sie diesen Vorsprung dauerhaft gewährleisten, bewirken Sie beim Kunden eine nachhaltige Loyalität.

Emotionale Loyalität

Hier stehen Begriffe wie „Werte", „Leistung", „Zuverlässigkeit", „Tradition" und „Sicherheit" im Zentrum des Kundeninteresses. Der Aufbau einer emotionalen Loyalität ist am schwierigsten zu erreichen, kann aber mit verhältnismäßig wenig Aufwand erhalten werden.

Diese Kunden stehen zu Ihnen. Sie stellen Sie als *„mein Berater"* ihren Freunden und Bekannten vor und empfehlen Sie weiter. Sie beteiligen sich an Kundenbefragungen und wirken bei Produkt- oder Leistungsverbesserungen mit.

Emotional loyale Kunden akzeptieren sogar bis zu einem bestimmten Grad höhere Preise.

Mit dieser Form der Kundenbindung erreichen Sie die beste Abschottung Ihres Kunden gegenüber den Bemühungen Ihrer Mitbewerber.

Die Bedeutung rationaler Elemente beim Kauf von Finanzdienstleistungen wird regelmäßig überschätzt. Emotionen spielen auch hier eine große Rolle. Bei identischen Produkten und Leistungen werden immer mehr Kunden ihre Entscheidung für einen Anbieter davon abhängig machen, wie sie behandelt werden. Studien unterstreichen diese Aussage.

Kundenbeziehungen aktiv gestalten und bewahren

Ein geeignetes Beziehungskonzept stellt darauf ab, die Kundenerwartungen zu kennen, zu erfüllen und darauf zu achten, dass der Kunde die erbrachte Leistung auch positiv wahrnimmt.

Der erste Schritt zu einer aktiven Gestaltung der Kundenbeziehung ist, die Erwartungen des Kunden zu kennen. Vieles erzählt uns der Kunde bereits im Gespräch. Hören Sie aufmerksam zu. „Bitte seien Sie pünktlich" ist Ausdruck für erwartete Zuverlässigkeit. „Unter welcher Nummer kann ich Sie Tag und Nacht anrufen?" signalisiert Ihnen, dass Ihr Kunde großen Wert auf Ihre Erreichbarkeit legt.

Klären Sie aber auch ab, was Sie leisten können und wollen. So vermeiden Sie, dass Ihr Kunde enttäuscht wird und Sie dafür in die Verantwortung nimmt.

Berater: *„Ich bin gerne für Sie da. Wenn Sie mich nicht gleich erreichen, ist meine Mailbox eingeschaltet. Bitte hinterlassen Sie mir eine Nachricht, und ich werde Sie innerhalb von 24 Stunden zurückrufen."*

Nur wenn Sie die Erwartungen des Kunden kennen, kann es Ihnen gelingen, diese zu übertreffen.

Berater: *„Für unsere Kunden haben wir eine 24-Stunden-Hotline eingerichtet, unter der Sie immer einen Ansprechpartner erreichen. Ich gebe Ihnen gleich die Nummer."*

Kundenbindung nach dem Kauf

Nach dem Kauf stellt sich bei vielen Kunden Unsicherheit ein, die auch als „Kaufreue" bezeichnet wird. Der Kunde kommt ins Grübeln und überlegt, ob die Entscheidung richtig war.

Tragen Sie durch Ihr Verhalten dazu bei, erst gar keine solchen Überlegungen aufkommen zu lassen. Bestätigen Sie den Kunden nach der Unterschrift in seiner Entscheidung.

Berater: *„Vielen Dank, Herr Kunde, für dieses angenehme Gespräch. Ich freue mich, dass Sie sich für diesen Vorschlag entschieden haben. Ab jetzt haben Sie die Gewissheit, dass Ihre Familie finanziell gut abgesichert ist. Eine wirklich gute Entscheidung!"*

Entscheiden Sie jetzt, ob Sie noch ein weiteres Thema ansprechen wollen. Achten Sie darauf, Ihren Kunden nicht zu überfordern. Ist in dem bisherigen Gespräch ein weiteres Thema angesprochen worden, das Sie jetzt aber nicht mehr vertiefen wollen, dann vereinbaren Sie einen neuen Termin.

Berater: *„Herr Kunde, ich habe gemerkt, dass Sie das Thema der Pflegeversicherung sehr interessiert hat. Wann nehmen wir uns die Zeit, um über dieses wichtige Thema zu sprechen? Passt es Ihnen besser Dienstag am Vormittag oder Mittwoch am Nachmittag?"*

Treffen Sie Vereinbarungen für die weitere Zusammenarbeit und holen Sie sich die schriftliche Zustimmung des Kunden dazu ein.

Berater: *„Herr Kunde, wenn ich ein interessantes Angebot für Sie habe, dann melde ich mich wieder bei Ihnen."*

Kunde: *„Natürlich, gerne."*

Berater: *„Damit ich Sie auch in Zukunft über aktuelle Themen informieren darf, bitte ich Sie um Ihre Einwilligung, Sie über Telefon oder Email kontaktieren zu dürfen."*

Nach einem abschließenden Small Talk verabschieden Sie sich freundlich von Ihrem Kunden.

Nach dem Abschluss kümmern Sie sich um die korrekte Abwicklung des Auftrags, wie mit dem Kunden vereinbart. Treten unerwartete Verzögerungen auf oder werden Rückfragen erforderlich, dann informieren Sie Ihren Kunden unverzüglich.

Pflegen Sie neu gewonnene Informationen in Ihre Kundendatenbank ein und legen sich vereinbarte Aufgaben und Termine in Ihrem Kalender an.

Ist der Auftrag abgewickelt, geben Sie einen telefonischen „Abschlussbericht" an Ihren Kunden.

Berater: *„Hallo Herr Kunde. Ich habe gesehen, dass Sie Ihre Police erhalten haben. Ich bin die Unterlagen noch einmal durchgegangen und habe mich vergewissert, dass alles so policiert wurde, wie wir es vereinbart haben. Sind denn bei Ihnen noch Fragen aufgetreten?"*

Einen Ausschnitt möglicher weiterer Kundenbindungsmaßnahmen bietet die nachfolgende Abbildung.

Kundenbindungsmaßnahmen	
Maßnahme	Besonderheit/Effekt
Kundengeschenke	Kleine Geschenke erhalten die Freundschaft
Geburtstagsgrüße	Kleiner Aufwand, große Wirkung
Newsletter	Informiert über aktuelle Themen und hält Sie beim Kunden in Erinnerung
Pressearbeit	Unverzichtbar für ein positives Bild in der Öffentlichkeit
Veranstaltungen	Tag der offenen Tür Betriebsjubiläum Auszeichnungen
Sponsoring	Ihr Unternehmen wird als sozial verantwortlich und engagiert wahrgenommen

Abbildung 52: Kundenbindungsmaßnahmen

Exkurs: Umgang mit Kundenbeschwerden

Eine besondere Bedeutung kommt dem Beschwerdemanagement zu. Trotz aller organisatorischen und fachlichen Kompetenz wird es immer wieder zu Reklamationen kommen.

Ein Kunde, der sich beschwert, will erst einmal Dampf ablassen. Lassen Sie den Kunden ausreden. Signalisieren Sie Ihrem Kunden, dass Sie aufmerksam zuhören und sich Notizen machen. Mit Rückfragen und durch Zusammenfassung der Aussagen stellen Sie sicher, dass Sie Ihren Kunden richtig verstanden haben.

Berater: „Herr Kunde, verstehe ich Sie richtig, dass Sie ..."

Zeigen Sie Verständnis für die Verärgerung des Kunden. Wenn angemessen, dann entschuldigen Sie sich, ohne aber eine Schuld einzugestehen.

Übernehmen Sie die Verantwortung, auch wenn Sie nicht der Verursacher sind. Nehmen Sie die Kundenbeschwerde als Ihre Angelegenheit an.

Machen Sie keine Schuldzuweisungen an Kollegen oder andere Dritte. Selbst wenn der Kunde einen Fehler gemacht hat, geben Sie ihm keine Schuld. Wichtiger, als die Schuldfrage zu klären, ist es, das Problem zu lösen.

Fragen Sie Ihren Kunden, wie er sich die Lösung des Problems vorstellt.

Berater: „Was erwarten Sie von uns?"

oder

Berater: „Ich möchte Sie als Kunden behalten. Was muss Ihrer Meinung nach nun passieren, damit Sie wieder zufrieden sind?"

Treffen Sie eine Vereinbarung mit dem Kunden, bis wann sein Problem gelöst sein wird. Planen Sie genug Zeit für die Klärung des Sachverhalts ein, damit Sie sich nicht unnötig unter Druck setzen. Klären Sie die Erreichbarkeit des Kunden und teilen Sie ihm auch mit, wie er Sie erreichen kann.

So signalisieren Sie dem Kunden, dass Sie sein Anliegen ernst nehmen und sich kümmern.

10. Fazit

Verhaltenskodex für den Vertrieb von Versicherungsprodukten
Allgemeines

Versicherungsschutz ist für den Verbraucher wichtiger Bestandteil seiner Daseinsvorsorge. Hierfür bietet die Versicherungswirtschaft eine Vielfalt von Produkten an, die auf die Bedürfnisse der Verbraucher aufsetzen. Versicherungsschutz ist in hohem Maße erklärungsbedürftig. Die Versicherungsunternehmen übernehmen damit eine hohe Verantwortung. Gerade die Entwicklungen im Rahmen der Finanzmarktkrise der Banken haben gezeigt, dass das Vertrauen der Verbraucher eine große Rolle spielt.

Versicherungsunternehmen bedienen sich zum Vertrieb ihrer Produkte qualifizierter Versicherungsvermittler. Der Versicherungsvertrieb ist somit Bindeglied zwischen Versicherungsunternehmen und Kunden. Wichtige Voraussetzung für die Kundenzufriedenheit ist neben einem hohen Produktstandard eine hohe Qualität der Beratung und Versicherungsvermittlung.

Das Interesse der Versicherungsunternehmen und der Versicherungsvermittler ist es, dies sicherzustellen. Der Gesetzgeber hat in jüngster Vergangenheit für die Versicherungswirtschaft mit den neuen Regelungen zum Versicherungsvertragsgesetz und zur Versicherungsvermittlung Maßstäbe im Finanzdienstleistungsbereich gesetzt. Dieser hohe Standard kann nur gewährleistet werden, wenn akzeptiert wird, dass eine gute Beratung Geld kostet.

Die nachfolgenden Leitsätze sollen den Versicherungsunternehmen in der Zusammenarbeit mit den Versicherungsvermittlern als Leitlinien dienen, um den Interessen der Kunden gerecht zu werden.

1. Klare und verständliche Versicherungsprodukte – Angaben über mögliche zukünftige Gesamtleistungen basieren auf standardisierten und fairen Verfahren

Die wichtigsten Merkmale des Versicherungsproduktes – inklusive der für den Kunden bedeutenden Ausschlüsse vom Versicherungsschutz – sind dem Kunden möglichst einfach und verständlich aufzuzeigen. Angaben über mögliche künftige Leistungen, insbesondere im Bereich lang laufender Altersvorsorgeprodukte, wie Annahmen zu der Entwicklung des Kapitalmarktes und zur Renditeentwicklung eines Produktes, sind transparent auf standardisierten branchenweit akzeptierten Verfahren plausibel darzustellen.

Dem Kunden ist durch diese Informationen eine individuelle Entscheidung zu ermöglichen.

2. Beachtung des Kundeninteresses sowohl bei der Organisation des Vertriebes als auch bei der Beratung und Vermittlung

Versicherungsschutz ist für den Verbraucher eine Vertrauensangelegenheit. Um dieses Vertrauen zu wahren, orientieren sich die Unternehmen und der Versicherungsvertrieb an den Belangen des Kunden und stellen diesen in den Mittelpunkt ihres Handelns.

Die Vertriebssteuerung darf nicht der bedarfsgerechten Beratung widersprechen.

3. Bedarfsgerechte Beratung des Kunden

Die Wünsche und Bedürfnisse des Kunden zum Versicherungsschutz werden vom Versicherungsvermittler analysiert und bewertet. Die Empfehlung des Versicherungsvermittlers erfolgt nach Erörterung mit dem Kunden in einer für diesen verständlichen Weise.

4. Beratungsdokumentation bei Abschluss

Die ordnungsgemäße Dokumentation des Beratungsgespräches ist von besonderer Bedeutung. Versicherungsunternehmen und ihre Vermittler gehen hierbei mit besonderer Sorgfalt vor. Das Dokument ist dem Kunden im Falle des Abschlusses auszuhändigen.

Zu berücksichtigen ist, dass der Gesetzgeber die Möglichkeit des Verzichts auf Dokumentation als Ausnahme vorgesehen hat.

5. Beratung des Kunden auch nach Vertragsschluss

Die Beratung des Versicherungsnehmers nach Maßgabe seiner Wünsche und Bedürfnisse ist auch nach Vertragsschluss die Grundlage für eine nachhaltige Kundenbeziehung. Aus diesem Grund erfolgt, soweit ein Anlass für eine Beratung des Versicherungsnehmers erkennbar ist, eine solche auch nach Vertragsschluss während der Dauer des Versicherungsverhältnisses.

6. Bei Abwerbungen bzw. Umdeckungen von Versicherungsverträgen ist das Kundeninteresse zu beachten

Die Abwerbung von Versicherungsverträgen ist nur mit wettbewerbskonformen Mitteln zulässig. Der Kunde ist zu bereits bestehenden Versicherungsverträgen zu befragen. Besonders im Bereich der Lebens- und Krankenversicherung kann eine Abwerbung von Versicherungsverträgen oft mit erheblichen Nachteilen für den Kunden verbunden sein. Der Kunde ist in jedem Fall über eventuelle Nachteile konkret aufzuklären.

7. Eindeutige und klare Legitimation von Vertretern, Maklern und Beratern gegenüber dem Kunden

Alle Vermittler haben ihren Status gegenüber dem Kunden schon beim Erstkontakt unaufgefordert klar und eindeutig offenzulegen. Versicherungsvertreter haben gegenüber dem Kunden das bzw. die Auftrag gebenden Versicherungsunternehmen bzw. Obervertreter zu benennen.

8. Hoher Stellenwert der Vermittlerqualifikation

Die Versicherungsunternehmen stellen eine hochwertige Ausbildung der Vermittler sicher. Sie arbeiten nur mit qualifizierten Vermittlern zusammen. Über die gesetzlich vorgeschriebene Qualifizierung selbstständiger Versicherungsvermittler hinaus haben sich die Versicherungsunternehmen im Manteltarifvertrag verpflichtet, auch den angestellten Werbeaußendienst durch die Ablegung einer IHK-Prüfung entsprechend zu qualifizieren. Die stetige Weiterbildung der Versicherungsvermittler ist in der Versicherungswirtschaft Standard. Die Versicherungsunternehmen bieten hierzu über die gesetzlich geforderte Qualifikation hinaus umfangreiche interne Weiterqualifizierungsmaßnahmen an.

9. Bei Vereinbarungen über Zusatzvergütungen ist die Unabhängigkeit des Versicherungsmaklers so zu beachten, dass das Kundeninteresse nicht beeinträchtigt wird

Vereinbarungen zwischen Versicherungsunternehmen und Versicherungsmaklern über umsatzbezogene Zusatzvergütungen, d.h. Vergütungen über die vertragsgemäße Courtagevereinbarung hinaus, können die Unabhängigkeit des Versicherungsmaklers tangieren.

10. Hinweis auf das bestehende Ombudsmannsystem für Versicherungen

In der Versicherungswirtschaft besteht ein Ombudsmannsystem. Hiermit bietet die Branche ihren Kunden ein unabhängiges, unbürokratisches System zur Beilegung von Meinungsverschiedenheiten mit Versicherungsunternehmen und -vermittlern. Der Kunde soll auf das bestehende Ombudsmannsystem in geeigneter Form hingewiesen werden.

Quelle: http://www.gdv.de/Themen/Vertrieb_Recht/Verhaltenskodex/Verhaltenskodex.pdf

Auch der Verhaltenskodex des Gesamtverbandes der deutschen Versicherungswirtschaft zeigt deutlich, dass der Markt eine bedarfsgerechte und verständliche Beratung erwartet.

Jede Veränderung hat ihre Chancen. Gehören Sie zu den Gewinnern und passen Sie Ihre Beratung entsprechend an.

Doch leider ist es gar nicht so einfach bisherige Denk- und Verhaltensgewohnheiten zu ändern.

Eine kleine Übung

Falten Sie Ihre Hände wie zum Gebet. Schauen Sie, ob der Daumen der rechten Hand oder der der linken Hand oben liegt. Jetzt legen Sie die Daumen umgekehrt übereinander.

Wie fühlt sich das für Sie an? Richtig und gut, oder eher fremd und komisch? Vermutlich Letzteres. Genau das Gleiche passiert, wenn Sie Denk- und Verhaltensgewohnheiten ändern.

Am einfachsten eignen Sie sich neue Verhaltensweisen an, wenn Sie

- am Anfang nicht auf Ihr Gefühl hören, das Ihnen zu sagen scheint, dass Sie auf dem Holzweg sind, und
- für eine gewisse Zeit das neue Verhalten ausüben, bis es zur Gewohnheit geworden ist.

Für unser Gehirn sind Gewohnheiten unverzichtbar. Neue Verhaltensweisen wertet es am Anfang meist als falsch. Nur durch ständiges Training lernt unser Gehirn, Neues als richtig anzusehen. Denn alles ist Gewohnheitssache.

Stellen Sie sich der Herausforderung und überprüfen Sie Ihren Beratungsprozess. Nutzen Sie Neuerungen als Chance. Lassen Sie sich von anfänglichen Misserfolgen nicht entmutigen. Halten Sie durch, bleiben Sie dran.

Sie können sicher sein, dass wir Ihnen von ganzem Herzen viel Erfolg bei der Umsetzung der Ideen und Tipps wünschen. Denn wenn Sie erfolgreicher werden, dann sprechen Sie mit anderen Menschen über dieses Buch. Dadurch verkaufen wir mehr Bücher, und vielleicht sehen wir uns sogar bei einem Seminar.

Ralf Meyer   Robert Müller

Anhang: Beispiel für einen Beratungsbogen

Ihre Vorsorgeanalyse

Kundenname/-nummer

- ✓ Kosten senken
- ✓ Einkommen absichern
- ✓ Erträge steigern

Jetzt beraten lassen!

Verschenken Sie kein Geld!
Lassen Sie Ihre Finanzen regelmäßig prüfen.

Datum: _____

Kundeninformation

Kunde	Partner
Kunden-Nr.: _____	**Kunden-Nr.:** _____

Gemeinsame Kunden-Nr.: _____

Name, Vorname:	Name, Vorname:
_____	_____
Telefon: _____	Telefon: _____
Handy: _____	Handy: _____
eMail: _____	eMail: _____
Geburtsdatum: _____	Geburtsdatum: _____
Beruf: _____	Beruf: _____
Arbeitgeber: _____	Arbeitgeber: _____
Steuernummer: _____	Steuernummer: _____
Steuer-Ident-Nr. _____	Steuer-Ident-Nr. _____
Steuerberater: _____	Steuerberater: _____
Hobbys: _____	Hobbys: _____

Familienstand/Güterstand: _____

Anschrift: _____

Name(n) Kind(er)/Geb.-Datum:	Name(n) Kind(er)/Geb.-Datum:
_____	_____
Name(n) Enkel/Geb.-Datum:	Name(n) Enkel/Geb.-Datum:
_____	_____
Name(n) Patenkind(er)/Geb.-Datum:	Name(n) Patenkind(er)/Geb.-Datum:
_____	_____
Hausbesitzer: ☐ ja ☐ nein	Hausbesitzer: ☐ ja ☐ nein

2

Ziele und Wünsche

Je genauer wir Ihre finanzielle Situation kennen, desto gezielter können wir Sie beraten. Wie wichtig ist für Sie:

Vermögen aufbauen

☐ Priorität:

☐ wichtig ☐ sehr wichtig ☐ weniger wichtig

Vorsorge für die Zukunft

☐ Priorität:

☐ wichtig ☐ sehr wichtig ☐ weniger wichtig

Risiken absichern rechtzeitig planen und gestalten

☐ Priorität:

☐ wichtig ☐ sehr wichtig ☐ weniger wichtig

Wie viel sind Sie bereit, für Ihre Ziele und Wünsche zusätzlich zu investieren?

monatlich: _____ €   einmalig: _____ €

Vorsorge für die Zukunft
Den Lebensstandard erhalten

Kennen Sie Ihre persönliche Versorgungslücke?

	Kunde	Partner
Aktuelle Renteninformation liegt vor?	☐ ja ☐ nein	☐ ja ☐ nein
Eintritt in den Ruhestand geplant mit wie viel Jahren?		
Gewünschte Rente: inkl. Inflationsrate (___ % p.a.)	_____ €	_____ €
voraussichtlicher gesetzl. Renten-/Pensionsanspruch (Vorlage aktuelle Renteninformation)	_____ €	_____ €
Ansprüche aus betrieblicher Altersversorgung	_____ €	_____ €
Zusätzliche Vorsorgeleistung (Riester)	_____ €	_____ €
Private Altersvorsorge	_____ €	_____ €
Meine aktuelle Versorgungslücke beträgt	_____ €	_____ €

Was planen Sie für die Vorsorge Ihrer Kinder/Enkel-/Patenkinder?
(Ausbildung, Führerschein, Eheschließung etc.)

Art der Vorsorge   €   Abrufzeitpunkt:
_____ _____ _____

4

Risiken absichern
- vor finanziellen Ausfällen schützen

Haben Sie sich, Ihre Familie und Ihre Vermögenswerte gegen wesentliche Risiken geschützt?

Lebensversicherung	☐ ja LV-Summe:	☐ nein	_____ €
Rentenversicherung	☐ ja RV-Summe:	☐ nein	_____ €
Berufsunfähigkeit	☐ ja BU-Rente:	☐ nein	_____ €
Unfall	☐ ja Invaliditätssumme:	☐ nein	_____ €
Krankheit	☐ ja Krankentagegeld:	☐ nein	_____ €
Pflegefall	☐ ja Pflegegeld mtl:	☐ nein	_____ €
Krankenzusatz	☐ ja Zahnersatz/Brille/Heilpraktiker usw.	☐ nein	
Haftpflicht	☐ ja	☐ nein	
Wohngebäude	☐ ja	☐ nein	
Hausrat	☐ ja	☐ nein	
Rechtsschutz	☐ ja Welche Art?:	☐ nein	_____
Auto	☐ ja Wo?:	☐ nein	_____
Sonstiges	_____		

Sind Sie Ihrem Versicherungsvertreter verpflichtet _ ?   ☐ ja   ☐ nein

5

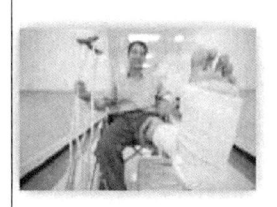

Berufsunfähigkeit
Angenommen Sie hätten gestern einen Unfall gehabt...

Viele Berufsunfähigkeiten haben noch ganz andere Ursachen:

Oft unterschätzt: Hauptursache von Berufsunfähigkeit sind nicht Unfälle, sondern Krankheiten

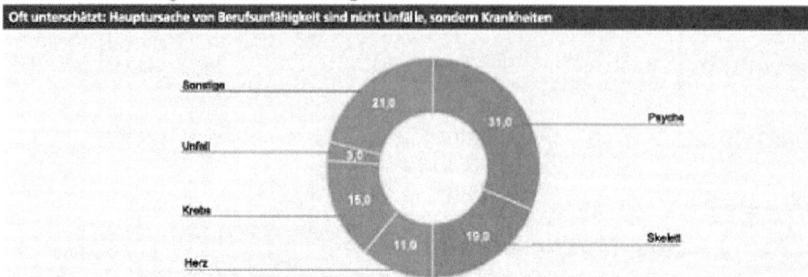

- Sonstige 21,0
- Psyche 31,0
- Unfall 3,0
- Krebs 15,0
- Herz 11,0
- Skelett 19,0

Lohnfortzahlung im Krankheitsfall

6 Wochen Lohnfortzahlung Arbeitgeber	1,5 Jahre Lohnfortzahlung durch Krankenkasse	das jeweils Niedrigere von 70 % Bruttogehalt oder 90 % Nettogehalt abzgl. 12,5 % Arbeitslosen- und Rentenversicherung	75 % vom Netto ca. ___ €

■ **Leistungsvoraussetzungen der Erwerbsminderungsrente aus der DRV**

Seit 01.01.2001 kann nur noch eine halbe oder volle Erwerbsminderungsrente (EMR) beantragt werden, die von der täglichen Arbeitsfähigkeit (Resterwerbsfähigkeit) abhängt.

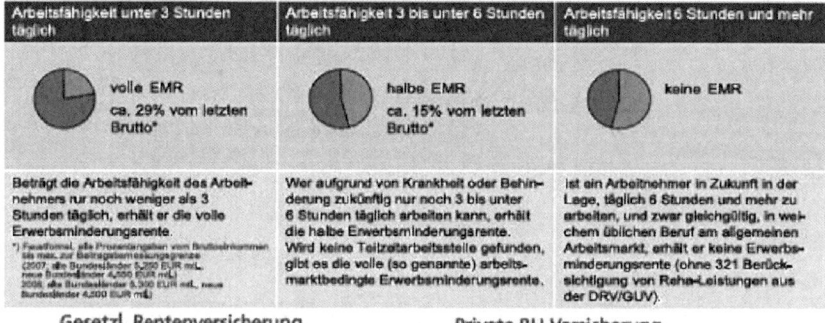

Arbeitsfähigkeit unter 3 Stunden täglich	Arbeitsfähigkeit 3 bis unter 6 Stunden täglich	Arbeitsfähigkeit 6 Stunden und mehr täglich
volle EMR ca. 29% vom letzten Brutto*	halbe EMR ca. 15% vom letzten Brutto*	keine EMR
Beträgt die Arbeitsfähigkeit des Arbeitnehmers nur noch weniger als 3 Stunden täglich, erhält er die volle Erwerbsminderungsrente. *) Faustformel, alle Prozentangaben vom Bruttoeinkommen zur Beitragsbemessungsgrenze (2007, alte Bundesländer 5.250 EUR mtl., neue Bundesländer 4.550 EUR mtl.; 2008, alte Bundesländer 5.300 EUR mtl., neue Bundesländer 4.500 EUR mtl.)	Wer aufgrund von Krankheit oder Behinderung zukünftig nur noch 3 bis unter 6 Stunden täglich arbeiten kann, erhält die halbe Erwerbsminderungsrente. Wird keine Teilzeitarbeitsstelle gefunden, gibt es die volle (so genannte) arbeitsmarktbedingte Erwerbsminderungsrente.	Ist ein Arbeitnehmer in Zukunft in der Lage, täglich 6 Stunden und mehr zu arbeiten, und zwar gleichgültig, in welchem üblichen Beruf am allgemeinen Arbeitsmarkt, erhält er keine Erwerbsminderungsrente (ohne 321 Berücksichtigung von Reha-Leistungen aus der DRV/GUV).

Gesetzl. Rentenversicherung
Prüft unabhängig von der beruflichen Qualifikation, wie viele Stunden pro Tag noch gearbeitet werden kann

Private BU-Versicherung
Tritt in Kraft, wenn der Versicherte seinen Beruf zu mind. 50 % nicht mehr ausüben kann.

Sind Sie bereit, „**IRGENDEINE**" Tätigkeit auszuüben? ☐ ja ☐ nein

Wieviel möchten Sie im Falle einer Berufsunfähigkeit erhalten? ☐ €

Pflegeversicherung

Die Anzahl der Pflegebedürftigen wird in Zukunft stark ansteigen

Entwicklung der Pflegefälle in Millionen

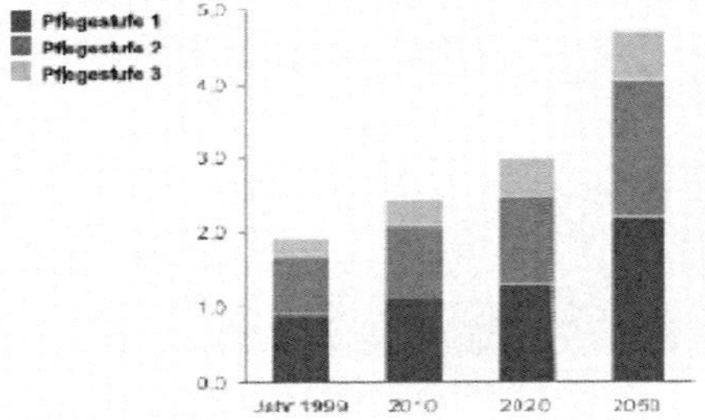

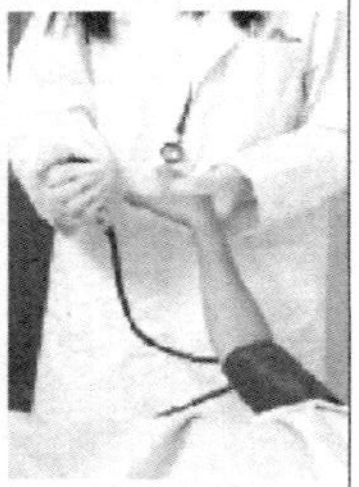

- Pflegestufe 1
- Pflegestufe 2
- Pflegestufe 3

(Balkendiagramm: Jahr 1999, 2010, 2020, 2050; Skala 0,0 bis 5,0)

Nach der Häufigkeit des Hilfsbedarfs werden folgende Pflegestufen unterschieden:

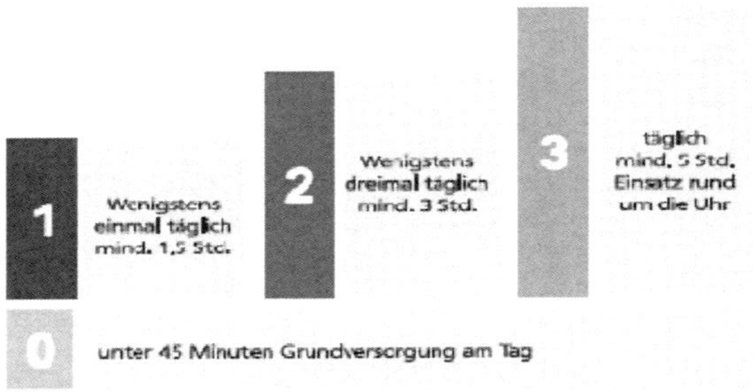

- **0** – unter 45 Minuten Grundversorgung am Tag
- **1** – Wenigstens einmal täglich mind. 1,5 Std.
- **2** – Wenigstens dreimal täglich mind. 3 Std.
- **3** – täglich mind. 5 Std., Einsatz rund um die Uhr

Leistungen der gesetzlichen Pflegeversicherung im Überblick

Häusliche Pflege durch ein Familienmitglied/ehrenamtlich
- Pflegestufe 1: 225 €
- Pflegestufe 2: 430 €
- Pflegestufe 3: 685 €

Häusliche Pflege durch einen zugelassenen Pflegedienst
- Pflegestufe 1: 440 €
- Pflegestufe 2: 1.040 €
- Pflegestufe 3: 1.510 €
- Härtefälle: 1.918 €

Vollstationäre Pflege
- Pflegestufe 1: 1.023 €
- Pflegestufe 2: 1.279 €
- Pflegestufe 3: 1.510 €
- Härtefälle: 1.918 €

Teilstationäre Pflege
- Pflegestufe 1: 440 €
- Pflegestufe 2: 1.040 €
- Pflegestufe 3: 1.510 €

- Neu seit 01.01.2008 „Pflegestufe 0" z. B. Demenz
- Grundbetrag vor bis zu 100,00 € mtl.
- Erhöhter Betrag von bis zu 200,00 € mtl.

Beispiele für Pflegeheimkosten in der Region

	Burkarduswohnpark Bad Kissingen	AWO Bad Brückenau	Kreisseniorenzentrum Gemünden
Pflegestufe 1:			
Pflegeversicherung:	2.409,60 €	2.461,20 €	2.398,92 €
Restkosten für der Patienten:	1.023,00 €	1.023,00 €	1.023,00 €
	1.386,60 € (TGS 45€)	1.438,00 € (TGS 50€)	1.375,92 € (TGS 45€)
Pflegestufe 2:			
Pflegeversicherung:	2.759,70 €	2.818,80 €	2.783,13 €
Restkosten für der Patienten:	1.279,00 €	1.279,00 €	1.279,00 €
	1.480,70 € (TGS 50€)	1.539,80 € (TGS 50€)	1.504,13 € (TGS 50€)
Pflegestufe 3:			
Pflegeversicherung:	3.039,60 €	3.082,20 €	3.090,37 €
Restkosten für der Patienten:	1.510,00 €	1.510,00 €	1.510,00 €
	1.529,60 € (TGS 50€)	1.572,20 € (TGS 55€)	1.580,97 € (TGS 55€)

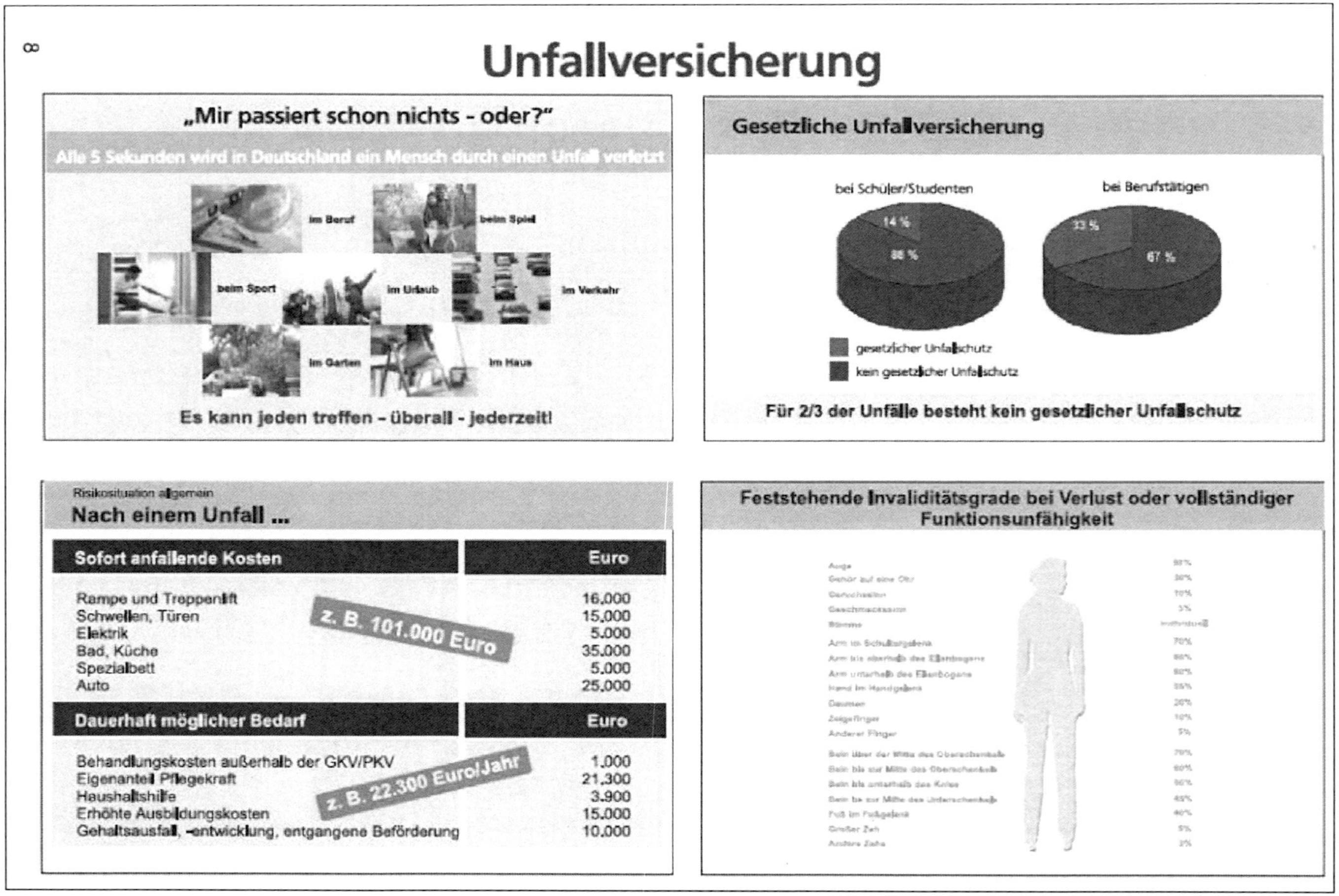

Unfallversicherung

„Mir passiert schon nichts - oder?"

Alle 5 Sekunden wird in Deutschland ein Mensch durch einen Unfall verletzt

- beim Beruf
- beim Sport
- beim Spiel
- im Urlaub
- im Garten
- im Verkehr
- im Haus

Es kann jeden treffen – überall – jederzeit!

Gesetzliche Unfallversicherung

bei Schüler/Studenten: 14 % gesetzlicher Unfallschutz / 86 % kein gesetzlicher Unfallschutz

bei Berufstätigen: 33 % / 67 %

Für 2/3 der Unfälle besteht kein gesetzlicher Unfallschutz

Risikosituation allgemein
Nach einem Unfall ...

Sofort anfallende Kosten — Euro

	Euro
Rampe und Treppenlift	16.000
Schwellen, Türen	15.000
Elektrik	5.000
Bad, Küche	35.000
Spezialbett	5.000
Auto	25.000

z. B. 101.000 Euro

Dauerhaft möglicher Bedarf — Euro

	Euro
Behandlungskosten außerhalb der GKV/PKV	1.000
Eigenanteil Pflegekraft	21.300
Haushaltshilfe	3.900
Erhöhte Ausbildungskosten	15.000
Gehaltsausfall, -entwicklung, entgangene Beförderung	10.000

z. B. 22.300 Euro/Jahr

Feststehende Invaliditätsgrade bei Verlust oder vollständiger Funktionsunfähigkeit

Auge	50%
Gehör auf einem Ohr	30%
Geruchssinn	10%
Geschmackssinn	5%
Stimme	100%
Arm im Schultergelenk	70%
Arm bis oberhalb des Ellenbogens	65%
Arm unterhalb des Ellenbogens	60%
Hand im Handgelenk	55%
Daumen	20%
Zeigefinger	10%
Anderer Finger	5%
Bein über der Mitte des Oberschenkels	70%
Bein bis zur Mitte des Oberschenkels	60%
Bein bis unterhalb des Knies	50%
Bein bis zur Mitte des Unterschenkels	45%
Fuß im Fußgelenk	40%
Großer Zeh	5%
Andere Zehe	2%

Anhang: Beispiel für einen Selling-Guide zur Vorsorgeberatung

Bedarfsermittlung

Gesprächseinstieg

Wir haben ein neues Beratungskonzept zur Vorsorgeberatung.

Dabei prüfen wir für Sie, wie Sie...
1. Ihre Kosten reduzieren
2. Ihr Einkommen absichern
3. Ihre Erträge steigern können.

Was halten Sie davon?

Wie wichtig ist für Sie eine Vorsorgeberatung, die genau auf Ihre Bedürfnisse zugeschnitten ist?

Kunde mit „Bild" emotionalisieren

Bei einer Vorsorgeberatung gehen wir vor wie ein guter Architekt, der einen Anbau an ein Haus plant.

Was macht ein Architekt, der einen Anbau plant? (Rhetorische Frage)

Er bespricht mit dem Kunden was er vorhat, schaut sich das bestehende Haus an, klärt den Etat und erstellt einen Plan.
Und genau so arbeiten wir in finanzieller Hinsicht.

Ablauf erklären

Unsere Vorsorgeberatung läuft in drei Schritten:
1. Sie legen Ihre Ziele und Wünsche fest.
2. Wir besprechen Ihre bisherigen Entscheidungen.
3. Ich erarbeite Ihnen ein Konzept und Sie entscheiden über die Umsetzung.

Was halten Sie davon?

Es geht um ein wichtiges Thema – Ihr Geld. Damit wir die Sicherheit haben, dass keine Informationen vergessen werden, haben wir unseren Bogen zur Vorsorgeberatung. Diesen möchte ich jetzt gemeinsam mit Ihnen besprechen.

Herr Kunde, können wir ganz offen über Ihre Ziele und Ihre persönliche Situation reden?

Wünsche und Ziele

Persönliche Daten abgleichen

Dann lassen Sie uns noch Ihre persönlichen Daten aktualisieren.

Wollen Sie noch weitere Personen (Partner, Kinder, Enkel oder Patenkinder) in Ihrer finanziellen Planung berücksichtigen?

Vermögen aufbauen

Jetzt kommen wir zum ersten Schritt – Ihren Zielen und Wünschen.

Herr Kunde, ich gehe mal davon aus, dass Sie hart für Ihr Geld arbeiten müssen.

Wie wichtig ist es für Sie, dass Ihr Geld auch hart für Sie arbeitet und Sie sämtliche staatlichen Förderungen in Anspruch nehmen?

Vorsorge für die Zukunft

Wann geben Sie mehr Geld aus? Wenn Sie arbeiten oder in Ihrer Freizeit?

Welches Vertrauen haben Sie in die gesetzliche Rentenversicherung?

Deshalb leben viele meiner Kunden nach dem Motto „Hilf Dir selbst, sonst hilft Dir keiner!" und sorgen privat vor! Wie sehen Sie das?

Wie lange möchten Sie einen guten Lebensstandard? Bis zur Rente, oder auch danach?

Wünsche und Ziele

Risiken absichern

Welche Bedeutung hat es für Sie, dass Ihre Familie abgesichert ist, wenn Sie gestern verstorben wären?

Kennen Sie Ihren WdA?

Es handelt sich um den „Wert der Arbeitskraft". Wollen wir den mal berechnen?

Nettogehalt x Anzahl der Gehälter pro Jahr x Restlebensarbeitszeit. Wie lange müssen Sie bis zur Rente noch arbeiten?

Herr Kunde, Ihr WdA beträgt X,- Euro.

Angenommen, Sie hätten eine Maschine im Keller, die Ihnen bis zur Rente monatlich X,- Euro druckt. Das sind bis zum Rentenalter X,- Euro. Wie würden Sie diese versichern?

Im übertragenen Sinn sind Sie diese Maschine. Welche Bedeutung hat es für Sie, dass Ihnen Ihr Einkommen erhalten bleibt, auch wenn Sie aufgrund eines Unfalls oder Krankheit Ihren Beruf nicht mehr ausüben können?

Möchten Sie nun noch wissen, was Sie im Falle der Berufsunfähigkeit vom Staat bekommen?

Dann drücken Sie mal „C" auf dem Taschenrechner!

Risiken absichern

Herr Kunde, welche Bedeutung hat es für Sie, dass Ihr Vermögen für Sie und Ihre Familie erhalten bleibt, wenn Sie einmal ein Pflegefall sein sollten?

Herr Kunde, welche Bedeutung hat es für Sie, dass Ihre Kinder nicht für Sie zahlen müssen, wenn Sie zum Pflegefall werden?

Herr Kunde, welche Bedeutung hat es für Sie, dass Sie jemanden haben der sich um Sie kümmert, wenn Sie zum Pflegefall werden?

Herr Kunde, welche Bedeutung hat es für Sie, dass die einmaligen Kosten abgesichert sind, wenn Sie dauernde gesundheitliche Einschränkungen nach einem Unfall haben?

Ziele priorisieren und Investitionsbereitschaft klären

Ziele priorisieren und Investitionsbereitschaft klären

Jetzt haben wir Ihre Ziele besprochen. Legen Sie bitte jetzt noch fest, was Ihnen am wichtigsten ist. Bitte kennzeichnen Sie mit „1.", „2." und „3.".

Henry Ford hat einmal gesagt: „Man wird nicht durch das Geld reich, das man verdient, sondern durch das Geld, das man nicht ausgibt.". Wie viel wollen Sie monatlich mindestens investieren?

Wie viel ist Ihnen das Erreichen Ihrer Ziele monatlich mindestens wert?

Herr Kunde, lassen Sie uns gemeinsam eine Haushaltsrechnung erstellen und dann klären, wie viel Sie monatlich investieren wollen.

Vorabschlussfragen

Vorabschlussfragen

Angenommen, ich habe ein Konzept, dass genau zu Ihren Erwartungen und Zielen passt, setzen Sie es dann auch mit mir um?

Wollen oder müssen Sie in die Entscheidung über dieses Konzept noch jemanden mit einbeziehen?

Falls es sinnvoll ist bestehende Verträge umzustellen, sind Sie dann dazu bereit?

In unserem Konzept geht es auch um das Thema „Risiken absichern". Hierfür sind teilweise auch Fragen zu Ihrer Gesundheit notwendig. Deshalb stellt sich die Frage: „Haben Sie gesundheitliche Einschränkungen, die wir berücksichtigen müssen?"

Ist-Analyse

Ist-Analyse

Herr Kunde, Ihnen ist das Thema „staatliche Förderungen" wichtig. Welche staatlichen Förderungen nutzen Sie bereits?

Herr Kunde, verzichten Sie bewusst auf die Zulagen und steuerlichen Vorteile der Riester-Förderung?

Herr Kunde, wann planen Sie denn in Rente zu gehen?

Herr Kunde, viele meiner Kunden nehmen den Punkt „betriebliche Altersvorsorge" als Joker und lassen diese bei der Berechnung der Altersvorsorge unberücksichtigt. Wie sehen Sie das?

Sie sagten, dass Ihnen das Thema „Ausbildung der Kinder" wichtig ist. Was planen Sie für die Vorsorge Ihrer Kinder? Was haben Sie für die Vorsorge Ihrer Kinder bereits getan?

Ist-Analyse

Angenommen Sie hätten gestern einen Unfall gehabt und aufgrund dieses Unfalls dauernde Konzentrationsprobleme. Könnten Sie Ihren Beruf dann noch ausüben?

Herr Kunde, als Arbeitnehmer erhalten Sie sechs Wochen das Gehalt vom Arbeitgeber weiter. Danach zahlt die Krankenkasse für weitere 78 Wochen. Sie erhalten dann 70 Prozent vom Brutto oder 90 Prozent vom Netto – je nachdem, was niedriger ist. Von diesem Betrag werden noch Renten- und Arbeitslosenversicherung abgezogen. In Ihrem Fall bekämen Sie X,- Euro.

Danach wird geprüft, wie lange Sie noch irgendeine Tätigkeit ausüben können.

Wenn Sie mehr als sechs Stunden täglich irgendeine Tätigkeit ausüben können, dann erhalten Sie gar keine Erwerbsminderungsrente.

Wenn Sie zwischen drei und sechs Stunden irgendeine Tätigkeit ausüben können, dann erhalten Sie die halbe Erwerbsminderungsrente.

Wenn Sie weniger als drei Stunden irgendeine Tätigkeit ausüben können, dann erhalten Sie die volle Erwerbsminderungsrente.

Sind Sie bereit, irgendeine Tätigkeit auszuüben?

Ist-Analyse

Nach meiner Erfahrung haben Anleger bei einer Geldanlage drei Ziele, nämlich Sicherheit, Rendite und Verfügbarkeit. Es können nicht alle drei Ziele gleichzeitig erreicht werden.

Lassen Sie mich das anhand von zwei Beispielen erläutern. Bei einem Sparbuch haben Sie ein hohes Maß an Sicherheit, können jederzeit verfügen, dafür ist aber die Rendite wenig attraktiv. Bei Aktien haben Sie eine hohe Renditechance, Sie können jederzeit zum aktuellen Tageskurs verkaufen, dafür bieten sie wenig Sicherheit. Was ist Ihnen bei Ihrer Geldanlage wichtig?

Was haben Sie mit dem Geld vor?
Welche Anschaffungen sind geplant?
Wann wird wie viel Geld für diese Anschaffungen benötigt?
Wie haben Sie Ihr Geld bisher angelegt?
Mit welchen Geldanlagen haben Sie Erfahrungen, die Sie aktuell nicht mehr nutzen?

Hier sehen Sie die Wertentwicklungen einzelner Anlagestrategien. Welche davon gefällt Ihnen am besten?

Praxisbericht von Reiner Zeller

Filialdirektor und Geschäftsfeldverantwortlicher Versicherungen,
VR-Bank Bad Kissingen-Bad Brückenau eG

Seit 2009 arbeiten wir in unserem Hause mit Ralf Meyer Seite an Seite. Zuerst haben wir mit allen Service- und Kundenberatern ein gemeinsames Konzept für Vermögensanlagen erarbeitet. Danach haben wir uns Schritt für Schritt über das Vorsorgekonzept hin zum VR-Finanzplan erfolgreich weiterentwickelt. Die Einbindung aller Verantwortlichen wurde konsequent umgesetzt.

Nutznießer der Weiterbildungsaktivitäten sind in erster Linie unsere Kunden. Die Kunden, die diese Art der Beratung bereits erleben durften, fühlen sich im Gespräch sehr gut informiert. Ich habe durchwegs eine sehr gute Resonanz seitens der Kunden erfahren.

Durch die Einbringung verschiedener Produkte in unser Beratungskonzept ist die Individualität jeder einzelnen Beratung gegeben. Wir möchten mit dieser Beratungsoffensive die Nr. 1 in der Qualität der Beratung in unserer Region werden. Dies ist nur möglich durch ständiges Training und wiederkehrende gemeinsame Workshops zur Verfeinerung der Angebotsstrategie.

Hier haben wir den richtigen Partner mit Ralf Meyer an unserer Seite gefunden. Er kann mit seiner offenen Art sehr praxisnah die Gesprächsleitfäden gut verständlich erörtern.

Durch die Konzeption in der Vorsorgeberatung und im VR-Finanzplan sind die Gespräche sauber strukturiert und klar verständlich.

Die Mitarbeiter unserer Bank werden mit einem „Roten Faden" durch das Gespräch geführt. Es bleibt dennoch genügend Spielraum für die Eigenständigkeit, auf jeden einzelnen Kunden persönlich und individuell einzugehen.

Gerade die gesetzliche Rentenversicherung inklusive Hinterbliebenenabsicherung und Erwerbsminderungsrente sowie die gesetzliche Unfallversicherung und Pflegeversicherung werden seitens des Staates immer weniger abgesichert. Das Fangnetz des Sozialstaats wird sozusagen immer löchriger.

Hier sind die Berater besonders motiviert, die Versorgungslücken unserer Kunden verständlich aufzuzeigen und mit Vorsorgekonzepten sinnvoll zu schließen.

Dieses Beratungskonzept motiviert unsere Kunden, ihre Vermögensverhältnisse ehrlicher offenzulegen. So können unsere Berater besser und zielgenauer ein Gesamtkonzept in der Vermögensanlage und der Vorsorge gemeinsam mit dem Kunden erarbeiten.

Dank der über zweijährigen Begleitung durch Ralf Meyer haben wir mit diesen Inhalten schon einen großen Schritt in die Zukunft getan. Die Entscheidung zur Zusammenarbeit war genau richtig.

Ich freue mich auf das neue Buch von Ralf Meyer und Robert Müller und erwarte mir davon wieder viele praxisgerechte und gut einsetzbare Inhalte.

Viel Erfolg
Ihr Reiner Zeller

Praxisbericht von Peter Kunze
Diplom Bankbetriebswirt und Bereichsleiter Privatkunden
Prokurist der VR-Bank Rhön-Grabfeld eG

Wir arbeiten seit Jahren erfolgreich mit dem Bankentrainer Ralf Meyer zusammen. Er unterstützt uns dabei, die Komplexität der Produkte so aufzubereiten, dass diese für die Kunden verständlich sind. Der Anspruch unserer ganzheitlichen Beratungsphilosophie ist, dass die bedarfsgerechten Produktlösungen kundengerecht erklärt werden. Wenn die Kunden wirklich verstehen, was sie brauchen, werden sie auch die Kaufempfehlungen mit einem guten Gefühl annehmen. Die Zufriedenheit der Kunden kann man am besten gemäß folgendem Spruch messen: „Beratungsqualität heißt, wenn der Kunde zurückkommt und nicht das Produkt."

Jeder Kunde genießt bei uns das Privileg, ein ausführliches VR-Finanzplan-Gespräch mit seinem zuständigen Berater führen zu können. Dabei prüfen wir, wie der Kunde seine Erträge steigern, seine Kosten reduzieren und sein Einkommen absichern kann. Viele unserer Kunden erwarten heute, dass wir als Bank auch der kompetente Ansprechpartner im Versicherungsbereich sind. So gilt es einerseits fachlich korrekt zu informieren und andererseits das „Versicherungsdeutsch" in eine verständliche Sprache zu bringen. Dazu dienen auch entsprechende Beratungshilfen, die im Gespräch mit hoher Akzeptanz der Berater eingesetzt werden.

Wir haben die großen Themenblöcke „Altersvorsorge" und „Risikoabsicherung" in verschiedene Seminarbausteine aufgeteilt. Vor den Verkaufstrainings wird das fachliche Know-how der Berater in Schulungen aufgebaut. Am Trainingstag wird ein strukturierter Gesprächsverlauf erarbeitet, der den Kunden immer wieder mit einbindet. Die erarbeiteten Gesprächsleitfäden werden in Rollenspielen geübt. So gewährleisten wir eine erstklassige Beratung, die sich von den Gesprächen der Mitbewerber abhebt. Die Zufriedenheit unserer Kunden lassen wir in regelmäßigen Abständen messen und unternehmen vieles, diese für die kommenden Jahre weiter zu optimieren.

Die Ergebnisse der Kundenbefragungen bestätigen uns seit Jahren eine steigende Kundenzufriedenheit. Parallel stellen wir eine höhere Zufriedenheit unserer Kundenberater fest, die mit der erlernten Vorgehensweise ihre Kunden beraten. Insbesondere auch die Entwicklung der Verkaufsergebnisse unserer Bank bestätigt den Einsatz von Ralf Meyer.

Ich freue mich schon auf das Buch Vorsorgekonzepte verständlich verkaufen von Ralf Meyer und Robert Müller. Hier wurde das komplexe Thema „Vorsorgeberatung" in fachlicher und verkäuferischer Hinsicht so aufbereitet, dass es als fundiertes

Nachschlagewerk oder als Leitfaden für Verkaufsgespräche herangezogen werden kann. Deshalb planen wir, unsere Berater mit diesem Buch auszustatten. Besonders gut gefallen mir die Beispielpräsentationen mit konkreten Formulierungen zu allen wichtigen Bereichen. Hier werden die Autoren ihrem Motto „aus der Praxis – für die Praxis" gerecht.

Viele erfolgreiche Gespräche wünscht Ihnen

Peter Kunze

Abbildungsverzeichnis

Abbildung 1: Behaltensquoten nach Art der Informationsaufnahme 10
Abbildung 2: Klartextinitiative der ERGO 15
Abbildung 3: Die fünf Klartext-Basisregeln 23
Abbildung 4: Die Klartext-Checkliste 24
Abbildung 5: Altersstruktur der Bevölkerung im Jahr 2010, 2030 und 2060 25
Abbildung 6: Entwicklung von Bevölkerung und Altersstruktur 1960 - 2060 26
Abbildung 7: Verteilung der Versichertenrenten in den alten Bundesländern 2009 27
Abbildung 8: Rentenzahlbetrag nach Geschlecht 2007 28
Abbildung 9: Entwicklung des Netto-Rentenniveaus vor Steuern 1985 - 2023 28
Abbildung 10: Rentenerhöhung und Inflation von 2001 bis 2010 29
Abbildung 11: Berechnung der Rentenlücke 29
Abbildung 12: Durchschnittliche Witwen- und Waisenrenten 2007 bis 2010 32
Abbildung 13: Erwerbsminderungsrenten im Überblick 34
Abbildung 14: Durchschnittlicher Rentenzahlbetrag wegen verminderter Erwerbsfähigkeit . 35
Abbildung 15: Beispiel monatlicher Ansprüche aus gesetzlicher Erwerbsminderungsrente .. 35
Abbildung 16: Erwerbsminderungsrente nach Altersklassen 2010 36
Abbildung 17: Gründe für Erwerbsminderungsrenten 36
Abbildung 18: Anteil erstmalig pflegebedürftiger Personen an der jeweiligen Altersgruppe . 38
Abbildung 19: Durchschnittliche Versorgungslücke in den Pflegestufen I, II und III 38
Abbildung 20: Beispielrechnung für Pflegekosten in Pflegestufe III 39
Abbildung 21: Beispiel einer Ermittlung des monatlichen Elternunterhalts bei Pflegekosten 40
Abbildung 22: Versicherte Personen und Orte der gesetzlichen Unfallversicherung 42
Abbildung 23: Gesamtunfallgeschehen in der Bundesrepublik Deutschland im Jahr 2010 42
Abbildung 24: Beispiel für die Rentenberechnung aus der gesetzlichen Unfallversicherung . 43
Abbildung 25: Renten in der gesetzlichen Schüler-Unfallversicherung 2011 43
Abbildung 26: Wirkung einer Botschaft 60
Abbildung 27: Antriebskräfte der Menschen 62
Abbildung 28: Macht der Gewohnheit 63
Abbildung 29: „… so, jetzt wird´s Ernst!" 89
Abbildung 30: Renteninformation der Deutschen Rentenversicherung 94
Abbildung 31: Inflation im Euroraum 2000 bis 2011 97
Abbildung 32: Renteninformation zur Erwerbsminderung 100
Abbildung 33: Versorgungslücke bei Erwerbsminderung 101
Abbildung 34: Erfolgsformel in der Beratung 107
Abbildung 35: Handlungsempfehlungen nach Dringlichkeit und Wichtigkeit 108
Abbildung 36: Beispiele für die Anwendung des Eisenhower-Prinzips 109
Abbildung 37: Risikoabsicherung und Altersvorsorge nach Lebensphasen 110
Abbildung 38: Beispiel für selektive Wahrnehmung I 113
Abbildung 39: Beispiel für selektive Wahrnehmung II 114
Abbildung 40: Beispiele für Metaphern im Kundengespräch 126
Abbildung 41: Kriterien der Kaufentscheidung 132
Abbildung 42: Versorgungslücke nach Ansprüchen aus gesetzlicher Leistung 142
Abbildung 43: Beispielhafter Verlauf der zukünftigen Leistungen und Beiträge 147
Abbildung 44: Zielerreichung nach Umsetzung der Lösungsvorschläge 149
Abbildung 45: Versorgungslücke ohne Berücksichtigung des Versorgungsvorschlags 151
Abbildung 46: Versorgungslücke nach Berücksichtigung der Versorgungsvorschläge 154
Abbildung 47: Historische Wertentwicklung verschiedener Anlageklassen 155

Abbildung 48: Mögliche Rentenhöhen bei unterschiedlichen Fonds-Wertentwicklungen ... 156
Abbildung 49: Beispiel für eine Fondsgebundene Rentenversicherung 157
Abbildung 50: Leistungen der gesetzlichen Unfallversicherung 164
Abbildung 51: Modelle der betrieblichen Altersvorsorge... 176
Abbildung 52: Kundenbindungsmaßnahmen.. 184

Der Autor Ralf Meyer

Der Bankvertriebstrainer: Mit System zum Verkaufserfolg - GARANTIERT!
Ein Interview mit Ralf Meyer

Ralf Meyer ist ausgebildeter Bankkaufmann und studierter Bankbetriebswirt (BA), Versicherungsfachmann (BWV) und Fachberater für Finanzdienstleistungen (IHK). Er war Leiter Privatkunden und Service bei einer Großbank, Vertriebsleiter bei einer großen Privatbank, zuständig u.a. für Wertpapier-Coaching, und Centerleiter bei einer Finanzplanungsfirma. Seit 15 Jahren ist er zudem als Dozent bei der Frankfurt School of Finance and Management tätig.

Seit 2003 arbeitet Ralf Meyer selbständig als Berater im Bereich Anlage- und Vorsorgeberatung. Bereits seit 1995 führt er im Rahmen seiner Tätigkeiten auch Verkaufstrainings durch. Im Jahr 2004 machte er sich, parallel zu seiner Tätigkeit als Berater, auch als Verkaufstrainer selbständig. Seit 2007 arbeitet er dabei mit dem Selling-Guide-Konzept, das er aufbauend auf seiner langjährigen Erfahrung in der Beratung selbst entwickelt hat. Weitere Informationen finden Sie auf seiner Homepage im Internet unter: www.verkaufsstrategienfuerbanken.de

Herr Meyer, Sie haben im Jahre 2004 entschieden, sich neben Ihrer Tätigkeit als Berater auch als Verkaufstrainer für Finanzdienstleister selbständig zu machen. Was hat Sie nun dazu bewogen, ein eigenes Konzept, das Selling-Guide-Konzept, zu entwickeln?

Wenn Sie sich heute anschauen, welche Formen der Verkaufstrainings es gibt, dann geht es ja meistens um das Thema Kommunikation. Das wird in der Regel sehr allgemein gehalten, ganz egal, ob Sie Waschmittel, Autos oder Finanzdienstleistungen verkaufen. Kommunikation mit Menschen ist auch ein sehr allgemeines Thema. Die Finanzdienstleistungsbranche hat allerdings ganz spezielle Anforderungen, und das hat mich dazu gebracht, spezielle Verkaufstrainings zu bestimmten Themen aus den Bereichen Anlage-, Vorsorge- und ganzheitliche Beratung und zu entwickeln. Mein Selling-Guide-Konzept unterscheidet sich von anderen Angeboten insofern, als es um die Ausarbeitung ganz konkreter Vorgehensweisen für die Gesprächsführung mit dem Kunden geht. Gemeinsam mit den Seminarteilnehmern wird ein konkreter Selling-Guide, also ein „Weg zur Gesprächsführung", für die Themen Anlage-, Vorsorge- und ganzheitliche Beratung erarbeitet. Dieser ist nach dem Training dann eins zu eins umsetzbar.

An welche Zielgruppen richten sich Ihre Verkaufstrainings?

Meine Zielgruppe sind Berater von Privatkunden im Finanzdienstleistungsbereich rund um die Themen Anlage-, Vorsorge- und ganzheitliche Beratung. Ich habe mich dabei auf In-House-Seminare für Unternehmen spezialisiert.

Nun gibt es heute für die Anbieter im Bereich Anlage- und Vorsorgeberatung in erster Linie zwei Arten von Trainings: zum einen allgemeine Verkaufstrainings und zum anderen Fachtrainings. Wo ordnen Sie Ihre Trainings ein?

Meine Trainings setzen genau an der Schnittstelle zwischen Verkaufs- und Fachtrainings an. Das heißt, es geht um die Frage: Wie kann ich gemeinsam mit meinen Kunden ein Gespräch so führen, dass dieser sich wohl und gut aufgehoben fühlt? Das Alleinstellungsmerkmal meiner Trainings ist, dass am Ende eine konkrete Angebotspräsentation vorliegt, in der fachliche Fundiertheit und professionelle Kommunikation vereint werden. Damit entsteht für die Berater, die nach dem Selling-Guide-Konzept geschult werden, ein sofortiger Mehrwert.

Wenn ich nun an einem Ihrer Trainings teilnehme, welcher Ablauf erwartet mich dort?

Das Ziel meiner Trainings ist natürlich, die Arbeit der Berater in positiver Weise zu verändern. Jede Veränderung ist aber erst einmal mit Widerständen verbunden. Zu Beginn meiner Trainings setzen wir uns deshalb zusammen und thematisieren diese Widerstände, damit die Teilnehmer dafür auf offene und humorvolle Weise sensibilisiert werden. Im Anschluss sprechen wir darüber: Wie ziehe ich ein Verkaufsgespräch zu einem bestimmten Thema auf? Welche Fragen sind in der Bedarfsanalyse zu klären, um zu sehen, ob das Thema für den Kunden überhaupt interessant ist? Das erarbeiten wir in gemeinsamen Dialogen, aufbauend auf gezielten Fragen. Dann werden diese Gespräche in Rollenspielen eingeübt, damit die Teilnehmer sofort Verhaltenssicherheit bekommen. Nach der Analysephase machen wir dasselbe mit den Themen Präsentations- und Abschlussphase. Und wenn wir dann das Seminar verlassen, wissen alle, wie sie das Gespräch zu führen haben. Im zweiten Schritt erstellt jeder Teilnehmer seinen eigenen Selling-Guide. Im Selling-Guide wird festgehalten: Welche Fragen stelle ich in welcher Reihenfolge dem Kunden bzw. wie präsentiere ich ganz konkret mein Angebot? Dieser zweite Schritt dient dazu, das Konzept an die Individualität und die Persönlichkeit des einzelnen Beraters anzupassen. Die Änderungen werden schließlich noch einmal mit mir besprochen, um sicherzustellen, dass die ursprüngliche Idee hinter dem Konzept beibehalten wird.

Wie stellen Sie nach einem solchen Seminar sicher, dass das Erarbeitete von den Teilnehmern auch umgesetzt wird?

Dazu bin ich in einem dritten Schritt bei den Kundenberatern direkt im Gespräch mit dem Kunden dabei und beobachte, wie der Berater das Erarbeitete in der Praxis anwendet. Nach dem Kundengespräch reden wir über die erzielten Ergebnisse und über mögliche Verbesserungen des Erlernten. Ich mache das über mindestens zwei Kundengespräche. Weiterhin ist es wichtig, dass die Führungskraft ebenfalls zwei Kundengespräche begleitet, sodass der Mitarbeiter mindestens vier begleitete Gespräche geführt hat. Immer wenn man etwas Neues ausprobiert und es nicht funktioniert, kann es zu einem gewissen Anfangsfrust kommen. Um das zu verhindern, ist es einfach wichtig, dass man hier die Gespräche begleitet. Schließlich führe ich als vierten Schritt einmal im Jahr Gespräche zur Qualitätssicherung mit den Beratern. Erst durch diese letzten beiden Schritte wird auch garantiert, dass die Ergebnisse aus meinem Training einen nachhaltigen Effekt für die Teilnehmer haben.

Welches Feedback bekommen Sie von den Unternehmen, die Ihre Beratung in Anspruch genommen und in der Praxis umgesetzt haben?

Die einzelnen Berater, die an meinen Verkaufstrainings teilgenommen haben, geben als Feedback an, dass sie schneller erkennen, ob der Kunde wirklich ernsthaftes Interesse hat. Als weiteres Ergebnis meiner Trainings erlebt der Kunde nun, dass seine Interessen im Mittelpunkt des Beratungsgesprächs stehen. Dadurch schließt er schneller ab, nimmt die Beratung gerne wieder in Anspruch und empfiehlt das Angebot im Bekanntenkreis weiter. Diese Erfahrungen der einzelnen Berater spiegeln sich auch im wirtschaftlichen Erfolg der Unternehmen, die ich beraten habe, wider. Das können Sie übrigens auch auf meiner Homepage nachlesen, denn dort finden Sie die Referenzen meiner Auftraggeber.

Können Sie noch einmal kurz die wichtigsten Vorteile Ihres Selling-Guide-Konzepts zusammenfassen?

Zunächst einmal zeichnet sich mein Training nach dem Selling-Guide-Konzept durch eine konkrete Anwendungsorientierung aus. Die Ergebnisse sind sofort umsetzbar und steigern unmittelbar und nachhaltig die Erlöse. Weiterhin vereinfacht die einheitliche Vorgehensweise nach definierten Qualitätsstandards die Kommunikation unter den Beratern. Auch die Kunden erleben die daraus entstehende besondere Beratungskompetenz. Schließlich zeichnen sich meine Trainings wegen ihrer modularen Gestaltung durch eine hohe Flexibilität aus. So kann ich je nach Bedarf sehr gezielt einzelne Seminare zu speziellen Themenbereichen anbieten, aber ebenso gut stark aufeinander aufbauende Seminarreihen. Auftraggeber, die mich schon seit Längerem immer wieder eingesetzt haben, konnten so ihren Schulungsaufwand effektiv verringern, was langfristig die Kosten senkt.

Sie haben das FAIRSelling-Konzept entwickelt. Welche Überlegungen stehen hinter diesem Ansatz?

Der Begriff „Fairness" geht auf das englische Wort „fair" („anständig", „ordentlich") zurück. Er drückt eine (nicht gesetzlich geregelte) Vorstellung individueller Gerechtigkeit aus. Fairness lässt sich im Deutschen mit akzeptierter Gerechtigkeit und Angemessenheit oder Anständigkeit gleichsetzen.

Selling kommt ebenfalls aus dem Englischen und bedeutet „verkaufen". Verkaufen wird als Prozess verstanden, der die Kundenbedürfnisse in den Mittelpunkt stellt und dem Kunden dabei hilft, das zu bekommen, was er braucht und ihm dabei ein gutes Gefühl vermittelt.

Die Kunden sind durch Gesetzgebungsverfahren, Presseberichterstattung und nicht zuletzt durch eigene Erfahrungen erheblich verunsichert. Dies erfordert ein neues Verständnis in der Beratung, nämlich Verständlichkeit und Transparenz für den Kunden in den Vordergrund zu stellen. Das FAIRSelling-Konzept orientiert sich somit an den aktuellen Herausforderungen.

Der Kunde muss nachvollziehen können, wofür er sich entschieden hat. Nur wenn der Kunde dies einschätzen kann, kann er auch eine eigenverantwortliche Entscheidung treffen. Ziel ist also auch eine Minimierung der Haftungsrisiken, denn

Probleme entstehen meistens dann, wenn dem Kunden mögliche Konsequenzen und Entwicklungen nicht klar waren.

Was ist das Besondere an dem FAIRSelling-Konzept?

Ziel des FAIRSelling ist, dass die Berater durch eine ausführliche Analyse und eine gut nachvollziehbare Ergebnispräsentation die Erwartungen der Kunden an Verständlichkeit und Transparenz erfüllen. Mit dieser Gesprächsführung heben sie sich somit deutlich von der Konkurrenz ab. Damit steigen die Kundenzufriedenheit und die Bereitschaft für Neukundenempfehlungen. Eine höhere Abschluss- und Cross-Selling-Quote sind die Konsequenzen.

Vielen Dank für das Gespräch.

Der Autor Robert Müller
Versicherungsvermittler: Verantwortung oder Umsatz?

Robert Müller hat seinen Beruf von der Pike auf erlernt. Er absolvierte eine Lehre als Bankkaufmann und studierte anschließend Diplom-Kaufmann an der Universität Bayreuth. Seine Studienschwerpunkte waren Finanzen und Bankbetriebslehre sowie Personal- und Führungslehre. Nach dem Studium kehrte er im Rahmen eines Privatkunden-Traineeprogramms in das Bankgeschäft zurück. Es folgten mehrere Führungspositionen im Privatkundengeschäft einer Großbank. Großen Wert legte er dabei immer auf die Betreuung eines eigenen Kundenstamms, um nicht nur über Vertrieb zu reden, sondern auch Vertrieb zu leben. Seit 2007 arbeitet er als Spezialist für Altersvorsorge und Ruhestandsplanung bei einem großen Versicherer.

Versicherungen nehmen bedeutende volkswirtschaftliche Aufgaben wahr. Die wichtigste ist die Übernahme von Risiken, die die finanzielle Existenz eines Einzelnen bedrohen, durch die Bündelung der Beiträge von vielen Personen. Die Versicherten zahlen in einen gemeinsamen Topf ein, aus dem sie im Schadensfall Leistungen erhalten.

In diesem Buch haben wir ausführlich dargestellt, welche wichtigen Aufgaben Versicherungen bei der Abdeckung persönlicher Lebensrisiken übernehmen. Die finanziellen Folgen von Schicksalsschlägen, wie Unfall, Krankheit oder Tod, können für den Einzelnen, seinen Partner und seine Familie dramatisch sein. Gesetzliche Sicherungssysteme reichen nicht aus, das ist bewiesen.

Wenn die Versicherungen bzw. ihre Repräsentanten so wichtige Funktionen wahrnehmen, warum fällt ihnen die Zusammenarbeit mit ihren Kunden so schwer und warum leidet ihr Ansehen in Bevölkerung? Das Institut Forsa fragte im Auftrag des Magazins *Stern* im Februar 2009 mehr als 2.000 Personen, welchen Institutionen großes Vertrauen entgegengebracht wird. Von 20 zur Auswahl stehenden Einrichtungen erreichten Versicherungen gerade einmal Platz 15.

Die Gründe für diese geringe Wertschätzung sind sicherlich auf beiden Seiten des Wohnzimmertisches bzw. des Beraterschreibtisches zu suchen.

Die Verbraucher haben entweder keine Lust oder kein Interesse, sich über Versicherungen zu informieren. Das Thema scheint zu komplex, die Bedingungen sind intransparent. Das Verbraucherportal 1blick kommt nach einer Expertenbefragung zu dem Schluss, dass mehr als 60 Prozent der Bürgerinnen und Bürger „keine Ahnung" haben, welche Versicherungen für sie hilfreich oder überflüssig sind. Häufig bestehen überflüssige Luxusversicherungen, während gleichzeitig Versicherungslücken existieren, die den Verbraucher im Schadensfall in den wirtschaftlichen Ruin treiben können.

Die gesetzlichen Sicherungssysteme täuschen vor, dass sie ausreichenden Existenzschutz bieten. Deshalb wird privater Versicherungsschutz lieber für offensichtliche

Risiken abgeschlossen, die aber tatsächlich nicht existenzgefährdend sind, z.B. Hausrat, Reisegepäck, Glasbruch oder selbst die Vollkasko für den PKW.

Dazu kommt, dass „Versicherung" ein abstraktes Gut ist, eine Dienstleistung, die man vereinbart in der Hoffnung, sie eigentlich nie in Anspruch nehmen zu müssen. „Versicherung" riecht nicht, schmeckt nicht und kostet doch jeden Monat Geld. Kein Verbraucher findet Versicherungen sexy und steht am Morgen begeistert auf mit dem Ruf: „Heute ist ein Tag, um eine Versicherung abzuschließen!"

Auch die Handlungsweise einzelner Versicherter, aus Sachversicherungen mindestens wieder das herauszuholen, was man eingezahlt hat, erweist sich als Milchmädchenrechnung. Die Versicherten zahlen indirekt ihre Schäden selbst, denn die Versicherer legen die Kosten natürlich wieder auf die Versicherten um. Versicherungsbetrug konkurriert mit Steuerhinterziehung um den ersten Platz der als „Kavaliersdelikte" wahrgenommenen Betrügereien.

Auf der anderen Seite des Tisches sitzt der Versicherungsvermittler. Seine Aufgabe sind die Beratung des Kunden und der Verkauf von Versicherungsleistungen. Er ist die Brücke zwischen den differenzierten Produkten der Versicherungsgesellschaft und dem Absicherungsbedarf des Kunden. In dieser Brückenfunktion liegen auch seine Chancen.

Er ist das Ohr am Markt und kennt die Wünsche seiner Kunden am besten. In der Kommunikation mit der Versicherungsgesellschaft kann er wertvolle Impulse setzen, die in die Produktgestaltung und die Versicherungsbedingungen mit einfließen. Wechselnde Lebensphasen und -situationen der Menschen verändern auch deren Ansprüche an ihre Versicherung, von der die Kunden erwarten, dass sie diese Entwicklungen aktiv begleitet.

Dem Kunden, der sich mit dem Versicherungsvermittler an einen Tisch setzt, ist eine persönliche Beratung wichtig. Sonst hätte er auch im Internet recherchieren können. Dieser Kunde will nicht selbst herausfinden, wie er seine Versicherungsbedürfnisse befriedigt. Er verlässt sich auf den Versicherungsvermittler und bringt ihm sein Vertrauen entgegen. Er vertraut auf die Kompetenz des Beraters. In dieser Situation übernimmt der Vermittler eine besondere Verantwortung für sein Handeln.

Mit einer Gesprächsführung, wie wir sie hier vorgestellt haben, zeigt der Vermittler seinen Kunden, wie viel Mühe er sich gibt, die Wünsche und Ziele seines Kunden kennenzulernen. Die nach einer solchen Analyse angebotenen Versicherungen sind individuelle, maßgeschneiderte Lösungen. Diese Qualität hat ihren Preis, das wird der Kunde bei dieser Vorgehensweise verstehen und akzeptieren.

Kunden, die so beraten werden, bleiben ihrem Berater über Jahre verbunden. Denn ihnen wird dann eine Erfahrung erspart, wie sie offensichtlich Woody Allen gemacht hat, dem das folgende Zitat zugesprochen wird: „Es gibt Schlimmeres als den Tod. Wer schon einmal einen Abend mit einem Versicherungsvertreter zugebracht hat, wird wissen, was ich meine."